丛书编委会

主 编：胡春晓 龚林涛

副主编：翁贞林 陈美球 朱晓东 魏 毅

朱述斌 徐小萍 陈 慧 郑瑞强

编 委：

南昌市乡村振兴局

龚林涛 徐小萍 陈 慧 易连发

胡 群 翟 侃 王样平

江西农业大学

胡春晓 翁贞林 陈美球 朱晓东

魏 毅 朱述斌 郑瑞强 汤 晋

胡永升 熊红华 刘小春 梁志民

谌 洁 贺亚琴 廖彩荣 刘志兵

潘锡杨 陈洋庚 曹大宇 朱美英

于丽霞 高 芸 赖运生 李海峰

王诗慧 周连伟 廖运生 肖意风

周国平 彭剑锋 朱国海 吴 平

胡永华 曹人龙 周 波 刘 滨

谢芳婷 宋振江 康小兰 杜 娟

刘小进 饶 盼 宁才旺 肖 慧

熊飞雪 梁 贤 李观祥 吴新标

光辉历程

南昌市乡村振兴局　江西农业大学 ⊙ 编著

—— 南昌市脱贫攻坚纪实

江西人民出版社
Jiangxi People's Publishing House
全国百佳出版社

图书在版编目（CIP）数据

光辉历程：南昌市脱贫攻坚纪实 / 南昌市乡村振兴局，江西农业大学编著 . — 南昌：江西人民出版社，2021.10
ISBN 978-7-210-12647-8

Ⅰ . ①光…　Ⅱ . ①南…　②江…　Ⅲ . ①扶贫－工作概况－南昌　Ⅳ . ①F127.561

中国版本图书馆CIP数据核字（2020）第271884号

光辉历程——南昌市脱贫攻坚纪实
GUANGHUI LICHENG——NANCHANG SHI TUOPIN GONGJIAN JISHI

南昌市乡村振兴局　江西农业大学　编著

责 任 编 辑：徐　旻
封 面 设 计：同异文化传媒

江西人民出版社
Jiangxi People's Publishing House
全国百佳出版社　出版发行

地　　　址：江西省南昌市三经路 47 号附 1 号（330006）
网　　　址：www.jxpph.com
电 子 信 箱：jxpph@tom.com
编辑部电话：0791-88629871
发行部电话：0791-86898815
承 印 厂：南昌市红星印刷有限公司
经　　　销：各地新华书店

开　　　本：787 毫米 ×1092 毫米　1/16
印　　　张：21
字　　　数：212 千字
版　　　次：2021 年 10 月第 1 版
印　　　次：2021 年 10 月第 1 次印刷
书　　　号：ISBN 978-7-210-12647-8
定　　　价：120.00 元
赣版权登字-01-2021-657

总　序

　　党的十八大以来，以习近平同志为核心的党中央带领广大人民以大无畏的勇气和力量向贫困宣战，成功走出了一条具有中国特色的脱贫攻坚道路，使现行标准下9899万农村贫困人口成功摆脱了贫困，谱写了人类脱贫攻坚、消除贫困的辉煌篇章，实现了中华民族几千年来苦苦追求的梦想和期盼，写下了中华民族发展史浓墨重彩的一笔，具有非常深远的现实意义、历史意义和世界意义。

　　近年来，南昌市委、市政府始终坚持以习近平新时代中国特色社会主义思想为指导，坚决贯彻落实党中央关于脱贫攻坚的决策部署和江西省委、省政府工作要求，聚焦打赢脱贫攻坚战，做了大量卓有成效的工作，取得了显著的成效。南昌市"十三五"80个省市级贫困村实现高质量退出，全市建档立卡贫困群众义务教育全面保障、基本医疗全面覆盖、住房和饮水安全全面解决，"两不愁三保障"全面实现。现行标准下47192名农村建档立卡贫困人口全部脱贫。

　　习近平总书记指出，脱贫攻坚不仅要做得好，而且要讲得好。为全面梳理总结南昌市脱贫攻坚工作，2020年6月开始，南昌市脱贫攻坚总结项目课题组深入南昌市及各县区，通过实地调研、交流座谈、深入访谈等方式，深入了解南昌市脱贫攻坚的伟大历程、主要做法、辉煌成就和特色经验，形成了南昌市脱贫攻坚系列成果《南昌脱贫攻坚宣传片》及一套《光辉历程——南昌市脱贫攻坚纪实》《举市发力——南昌市脱贫攻坚文件汇编》《使命担当——南昌市脱贫攻坚典型案例和先锋模范》《泥土真情——南昌市脱贫攻坚理论与实践探索》系列丛书。

　　《光辉历程——南昌市脱贫攻坚纪实》全面收录了各级领导对南昌市脱贫攻坚工作的批示指示、南昌市脱贫攻坚纪实、南昌市脱贫攻坚大事记和南昌市脱贫攻坚图片集萃，真实反映了南昌市推进脱贫攻坚工作的经验做法、实际成效和精彩瞬间。

《举市发力——南昌市脱贫攻坚文件汇编》系统收集了党的十八大以来市级、县（区）级及市直各单位有关决策部署、组织实施、具体操作、制度保障和县区落实等方面的政策文件，彰显了举市发力、协同作战的省会担当。

《使命担当——南昌市脱贫攻坚典型案例和先锋模范》遴选了一批脱贫攻坚实践的典型案例，收集了一批脱贫攻坚领域获得南昌市级以上表彰荣誉的先进人物事迹，生动诠释了各级党员干部及社会各界参与脱贫攻坚的使命担当。

《泥土真情——南昌市脱贫攻坚理论与实践探索》在总结南昌市脱贫攻坚成就基础上，从南昌市脱贫人口生计发展现状与可持续能力调查、南昌市脱贫村集体经济发展现状与发展路径调研、南昌市脱贫攻坚与乡村振兴有效衔接研究等方面，提出巩固南昌市脱贫攻坚成果的对策建议，具有很强的针对性、前瞻性和实效性。

丛书主题明确、内涵丰富，资料翔实、图文并茂，相互联系、前后呼应，相辅相成、相得益彰。《光辉历程——南昌市脱贫攻坚纪实》体现经验做法，全景式总结了脱贫攻坚工作的"南昌经验"；《举市发力——南昌市脱贫攻坚文件汇编》体现协同作战，彰显了南昌市上下同心、尽锐出战的"协同体"意识；《使命担当——南昌市脱贫攻坚典型案例和先锋模范》体现敬业奉献，再现了党员干部和社会各界攻坚克难、不负人民的精神力量；《泥土真情——南昌市脱贫攻坚理论与实践探索》体现战略举措，为南昌市推进脱贫攻坚成果同乡村振兴有效衔接提供高质量方案。

征途漫漫，精神永恒。脱贫摘帽不是终点，而是新生活、新奋斗的起点。希望通过本丛书的出版发行，系统展现南昌市脱贫攻坚工作的伟大历程，全面推广南昌市脱贫攻坚工作的特色经验、先进典型、成功案例，大力弘扬脱贫攻坚精神，坚定信心决心，积极推动巩固拓展脱贫攻坚成果同乡村振兴有机衔接，以永不懈怠的精神状态、一往无前的奋斗姿态，向着实现第二个百年奋斗目标奋勇前进。

序　言

党的十八大以来，以习近平同志为核心的党中央带领广大人民以大无畏的勇气和力量向贫困宣战，成功走出了一条具有中国特色的脱贫攻坚道路，使现行标准下 9899 万农村贫困人口成功摆脱了贫困，谱写了人类脱贫攻坚、消除贫困的辉煌篇章，实现了中华民族几千年来苦苦追求的梦想和期盼，写下了中华民族发展史浓墨重彩的一笔，具有非常深远的现实意义、历史意义和世界意义。

习近平总书记指出，脱贫攻坚不仅要做得好，而且要讲得好。近年来，南昌市各部门认真贯彻落实习近平总书记系列重要讲话精神和中央、江西省委省政府脱贫攻坚部署，做了大量扎实细致的工作，取得了令人瞩目的成绩，得到了各级领导和广大群众的充分肯定。2020 年 6 月开始，南昌市脱贫攻坚总结项目课题组在实地调研的基础上，细心收集各级领导对南昌市脱贫攻坚工作的批示指示，全面梳理南昌市脱贫攻坚工作成效及相关重大事件，认真挑选脱贫攻坚工作中的精彩图片，以出版物形式记载留存。

本书由四部分内容组成，分别是各级领导对南昌市脱贫攻坚工作的批示指示、南昌市脱贫攻坚纪实、南昌市脱贫攻坚大事记、南昌市脱贫攻坚图片集萃。其中，"各级领导对南昌市脱贫攻坚工作的批示指示"梳理了各级领导的批示指示内容；"南昌市脱贫攻坚纪实"总结了南昌市委、市政府在脱贫攻坚工作中的一些好做法和好经验；"南昌市脱贫攻坚大事记"收录了南昌市在 2013 年至 2020 年间的一些脱贫攻坚重大事件；"南昌市脱贫攻坚图片集萃"选取了脱贫攻坚工作中的精彩瞬间和珍贵画面。这些内容较好地反映了近年来南昌市贫困地区脱贫致富的生动变化，展现了省会城市在脱贫攻坚中的积极作为，总结了各地精准扶贫精准脱贫的有益经验，彰显了各级党组织和广大党员干部群众的使命担当，诠释了社会各界积极参与脱贫攻坚的奉献作为，谱写了英雄城南昌决战脱贫攻坚、决胜全面小康的历史新篇章。

"立下愚公移山志，打赢脱贫攻坚战。"确保到 2020 年所有贫困地区和贫困人口一道迈入全面小康社会，这不是轻轻松松、敲锣打鼓就能实现的，需要咬定目标、上下一心、苦干实干。南昌市在脱贫攻坚工作方面，充分利用"省会城市区位优势、企业聚集帮扶优势、科技创新推动优势、城乡融合先行优势"，全面实施精准扶贫精准脱贫方略，采取了一些好做法，取得了良好成效。本书总结了南昌市脱贫攻坚经验，积极做好与乡村振兴的有机衔接，并为其他区域提供一定的借鉴。

南昌市乡村振兴局

江西农业大学课题组

2021 年 5 月

目　录

一

市领导关于南昌市
脱贫攻坚工作批示指示

市委书记脱贫攻坚工作批示

2017 年 6 月 30 日，江西省委常委、时任南昌市委书记殷美根就《关于继续开展全市脱贫攻坚整改督查工作的方案》批示：既要督查到位，更要整改到位。

2017 年 7 月 5 日，江西省委常委、时任南昌市委书记殷美根就《市各民主党派开展脱贫攻坚专项民主监督工作有关情况汇报》批示：请向军同志研究借鉴。

2018 年 2 月 3 日，江西省委常委、时任南昌市委书记殷美根就《政协南昌市委员会关于报送〈关于我市脱贫攻坚工作有关建议〉的报告》批示：建议很好！请向军同志研究借鉴。

2018 年 9 月 22 日，江西省委常委、时任南昌市委书记殷美根就《关于 10 起扶贫领域腐败和作风问题典型案例的通报》批示：我市要从中吸取教训、引以为戒、举一反三，全力杜绝扶贫领域中的腐败，请伟柱同志阅研。

2018 年 10 月 8 日，江西省委常委、时任南昌市委书记殷美根就《关于省纪委深化扶贫领域腐败和作风问题专项治理工作推进会精神及我市贯彻落实措施的汇报》批示：赞成贯彻意见，并尽快抓好落实。

2018 年 10 月 13 日，江西省委常委、时任南昌市委书记殷美根就《关于请求单独组建设立"南昌市扶贫和移民办公室"机构的建议》批示：请寒光同志统筹研究。

2018 年 12 月 9 日，江西省委常委、时任南昌市委书记殷美根就《关于印发〈江西省 2018 年市县党委和政府脱贫攻坚工作成效考核实施方案〉的通知》批示：请向军同志牵头抓好落实。

2019 年 1 月 5 日，江西省委常委、时任南昌市委书记殷美根就《政协南昌市委员会关于报送〈我市脱贫攻坚情况的调研报告〉的报告》批示：请三宝同志研究借鉴吸纳，全力打赢精准脱贫攻坚战。

2019 年 2 月 6 日，江西省委常委、时任南昌市委书记殷美根就《省委办公厅关于成立省委脱贫攻坚专项巡视整改工作领导小组及其办公室的通知》批示：参照省里的做法，成立我市整改工作相应机构，全面抓好专项巡视整改工作。

2019 年 4 月 6 日，江西省委常委、时任南昌市委书记殷美根就脱贫攻坚巡视整改工作批示：建议很好！请三宝同志研究借鉴，确保我市中央专项巡视问题如期整改到位，如期实现真脱贫目标。

2019 年 5 月 8 日，江西省委常委、时任南昌市委书记殷美根就《中办国办关于 2018 年脱贫攻坚成效考核情况的通报》批示：我市要对标对表、举一反三、落实责任、强化整改、夯实作风，全面打赢脱贫攻坚战。

2019 年 7 月 18 日，江西省委常委、时任南昌市委书记殷美根就《全市脱贫攻坚整改工作情况报告》批示：近期我市脱贫攻坚整改工作推进有力、推进有效。望再接再厉，充分利用好"夏季提升"整改契机，继续加强推进，彻底全面整改到位。

2019 年 9 月 20 日，江西省委常委、时任南昌市委书记殷美根就《关于南昌轨道交通集团在萍乡市莲花县招收企校合作扶贫班的思路报告》批示：招生时间是否可以提前？若能提前，可以更早更好发挥地铁扶贫效果。

2020 年 1 月 31 日，江西省委常委、时任南昌市委书记殷美根就《市政协"脱贫攻坚情况"专项民主监督的调研报告》批示：请三宝同志研究借鉴吸纳，以助脱贫攻坚的全面胜利。

2020 年 2 月 10 日，江西省委常委、时任南昌市委书记殷美根就贯彻落定《省委省政府关于有效应对新型冠状病毒感染的肺炎疫情坚决打赢脱贫攻坚战的意见》批示：请三宝同志专题研究，结合南昌实际，落细落小，抓好落地落实！

2020 年 2 月 19 日，江西省委常委、时任南昌市委书记殷美根就《全省扶贫办主任视频培训会精神及我办贯彻落实意见》批示：赞成贯彻意见，望逐项抓好落实。其三点建议请镇发同志研究意见。

2020 年 3 月 6 日，江西省委常委、时任南昌市委书记殷美根就《关于组织实施消费扶贫国家试点工作专题报告》批示：赞成所提建议，并要专门制定工作方案，出台综合政策措施。

2020 年 3 月 10 日，江西省委常委、时任南昌市委书记殷美根就市委统战部《市各民主党派就脱贫攻坚工作所提意见建议的汇报》批示：市各民主党派就脱贫攻坚工作提出的意见建议具有很强的针对性、指导性和可操作性，请三宝同志研究借鉴。

2020 年 3 月 31 日，时任江西省委常委、南昌市委书记吴晓军就《南昌市脱贫攻坚情况》批示：按今天全省电视电话会议刘奇书记、炼红省长讲话要求认真抓好落实。务必高质量打好打赢脱贫攻坚战，体现省会担当。

2020年4月6日，时任江西省委常委、南昌市委书记吴晓军就贯彻落实《印发〈江西省关于中央脱贫攻坚专项巡视"回头看"反馈意见、"不忘初心、牢记使命"主题教育检视问题、成效考核指出问题整改工作方案〉的通知》批示：速认真抓好落实①市委成立整改工作领导小组，我和喜忠同志任组长，②制定我市整改方案上市委常委会，③召开整改专题民主生活会，④认真抓好各项整改，⑤按时间节点要求及时上报相关整改情况。

2020年4月20日，时任江西省委常委、南昌市委书记吴晓军就中央脱贫攻坚专项巡视"回头看"整改工作作出批示：中央脱贫攻坚巡视"回头看"整改是一项重大政治任务、一次重要政治考验，全市各地、各有关部门要深入贯彻落实习近平总书记在听取中央脱贫攻坚专项巡视"回头看"和成效考核汇报时的重要讲话精神，站在讲政治的高度，切实增强"四个意识"，坚定"四个自信"，坚决做到"两个维护"，不折不扣抓好问题整改。要对标问题担当，坚持问题导向，对照清单抓整改，销号管理抓落实，对中央巡视"回头看"指出问题、"不忘初心、牢记使命"主题教育检视问题、国家成效考核反馈问题等涉及脱贫攻坚方面的问题，务必做到一体推进、一体整改，确保高质量完成整改任务。要将问题整改贯穿"补短板、强弱项、促提升"全过程，以整改的实际成效来保障脱贫攻坚成果经得起实践、人民、历史检验。

2020年5月14日，时任江西省委常委、南昌市委书记吴晓军就《2019年全省市县脱贫攻坚成效考核问题整改重点督办工作会议主要精神及我市贯彻意见》批示：同意贯彻意见，认真抓好会议精神落实。

2020年5月19日，时任江西省委常委、南昌市委书记吴晓军就《关于中央脱贫攻坚专项巡视"回头看"涉及宗教问题整改工作进展情况汇报》批示：好！巩固整改成果，建立常态长效管理。

2020年5月22日，时任江西省委常委、南昌市委书记吴晓军就《关于2019年市县党委和政府脱贫攻坚工作成效考核情况的通报》批示：举一反三，坚决整改。

2020年6月1日，时任江西省委常委、南昌市委书记吴晓军就《关于全省决战决胜脱贫攻坚工作情况的汇报》批示：请喜忠、郭毅、三宝同志对照高质量要求，坚决做好脱贫攻坚的整改，夯实脱贫基础，确保夺取全市脱贫攻坚的全面胜利。

2020年6月4日，时任江西省委常委、南昌市委书记吴晓军就《全省扶贫开发领导小组（扩大）会议主要精神》批示：认真抓好落实。

2020年7月7日，时任江西省委常委、南昌市委书记吴晓军就《2020年上半年全市决战决胜脱贫攻坚工作情况汇报》批示：巩固脱贫成果，坚持问题导向，持续发力，高质量打好打赢脱贫攻坚战。

2020年7月29日，时任江西省委常委、南昌市委书记吴晓军对政协南昌市委员会报送的《我市脱贫攻坚情况的调研报告》作出重要批示：报告很好，有问题，有案例，具有很强的针对性和指导性，请喜忠、严允、三宝同志坚持问题导向，加强整改力度，高质量打好我市脱贫攻坚战。

市领导脱贫攻坚讲话

党的十八大报告指出，解决好"三农"问题是党和国家工作的重中之重，城乡一体化发展是解决"三农"问题的根本途径。加快南昌城乡一体化发展，必须要同步抓好城市和农村"两头"工作，实现两头相向推进。对城市来说，重点要在推动农民市民化方面取得突破。重点要解决好两个方面的问题：一是要解决好城市扩张过程中，农民如何转变为市民，以及如何加强失地农民保障问题；二是要解决好进城务工农民在生活稳定后如何转变为市民的问题。对农村来说，就是要按照十八大报告提出的"工业化、信息化、城镇化、农业现代化"同步发展的要求，加快推进农业现代化。关键是要抓好"规模化、特色化、市场化"三个方面的工作：一是规模化。要做大做强现代农业产业，促进农业致富，无论是以村集体的方式还是以合作社的方式，都有一个上规模的问题，没有规模就谈不上农业现代化。二是特色化。农村要发展、农民要致富，必须紧紧抓住特色发展这一条不放松。要坚持"一乡一业、一村一品"的发展道路，找准定位，加快特色产业发展，壮大村集体经济。三是市场化。要促进农民、农业与市场的对称，将"田头"和"桌头"对接起来，尽可能多的掌握市场变化信息，使各类农产品不仅产得出，还要销得畅、销得好。

——时任江西省委常委、南昌市委书记王文涛在新建县调研"三农"及农村基层党建工作时的讲话（2012年12月29日）

中国农村不走农业现代化是没有出路的。怎么样实现农业现代化？一定要有规模化和机械化。在现有制度下，走规模化和机械化的核心就是在农民自愿的前提下推动土地流转，流转的核心是长期。"长期"的关键是保证农民和土地经营者双方的利益，同时又要是规范的。既能保证长期，又能保证规范。没有规范，是不可能长期的，长期也要依赖于规范。

——时任江西省委常委、南昌市委书记王文涛在安义县调研农业现代化时的讲话（2013年4月1日）

从目前我市发展情况看，虽然农业占 GDP 的比重很低，并且还将继续下降，但农业对经济社会发展的基础地位和决定性作用永远不会动摇，我们要坚决克服思想认识以及工作实践中"重工轻农、重城轻乡"的倾向，克服农业发展"可有可无"的模糊认识，始终坚持农业的基础性地位不动摇，始终坚持贯彻多予、少取、放活的强农惠农富农的政策方针不动摇，始终坚持保障粮食和农产品有效供给的底线思维不动摇，高度重视"三农"发展，切实加大对"三农"的支持保护力度，努力将我市农业农村建设成为"全省菜篮子产品主要供给区、农业先进要素聚集区、现代农业示范区、农业多功能开发样板区、农村综合改革试验区"。

——时任江西省委常委、南昌市委书记王文涛在全市农村工作会议上的讲话（2014 年 3 月）

南昌作为省会城市，突出工业化、城市化发展理应成为主战略，但绝不意味着农业农村的发展可以忽视。按照城乡一体化发展的要求做好"三农"工作，我们就必须按照城乡规划一体化、城乡基础设施一体化、城乡产业发展一体化、城乡社会保障一体化、城乡公共服务一体化、城乡生态建设一体化的目标要求，努力在规划引领、产业发展、管理体制创新、公共服务完善、生态文明建设等方面加大工作力度，按照以城带乡、以工促农的方针，努力破解城乡二元结构，让农业农村强起来。南昌作为全国、全省首批统筹城乡发展的试点地区，通过这些年来的努力，已经在城乡一体化发展的目标定位、模式探索、政策举措、工作实施方面有了很好的进展，并且试点工作成效走在全省前列。但是城乡一体化发展的格局尚未形成，体制机制等深层次的障碍依然突出，城乡居民的收入、生活质量、就业就医、子女受教育、社会保障等方面差别仍然很大。应该说，按照城乡一体化发展的要求，我们的任务还十分艰巨。因此，全市各级党委、政府要在继续推进工业化、城市化进程的同时，切实加大农业农村工作力度，按照"四化"同步的要求，接长短板，促进全市经济社会的协调发展。

——时任江西省委常委、南昌市委书记王文涛在全市农村工作会议上的讲话（2014 年 3 月）

南昌要成为带动全省发展的核心增长极，需要方方面面的支撑，也特别需要农业农村的现代化发展作保障。打造核心增长极，核心在工业，潜力在农业；关键看城市，基础看农村。省委、省政府，市委、市政府一直高度重视南昌农业农村工作的开展，一直非常期望南昌农业农村工作通过改革创新、通过先行先试，走在全省乃至全国的前面。从我市现实情况看，这些年来，全市农业农村工作虽然取得了巨大成就，但与先进地区相比，与发展现代农业的要求比，农业发展的规模化、标准化程度还不够高，农业的组织化、合作化程度还不够紧密，农业农村发展的基础设施还不够坚实，机制体制活力还不够强。特别是随着工业化、城市化的快速发展，大量农民外出务工甚至进城居住后的农业农村如何发展，新形势下的农业经营主体如何培植，农业经营体系和服务体系如何构建，农业生产的经济效益如何提升，村镇的规划、建设、管理如何完善创新，农业农村的发展如何与工业化、城市化、信息化发展同步，都要求我们认真研究、积极探索，都要求我们必须用改革创新的思维和办法来解决。我们要将改革创新贯穿农业农村工作的始终，结合南昌农业农村发展的实际，积极先行先试，大胆创新，认真用好改革权、试验权，努力开创农业农村工作的新局面。

——时任江西省委常委、南昌市委书记王文涛在全市农村工作会议上的讲话（2014年3月）

要按照规模化开发、标准化提升、产业化发展、低碳化改良、工业化装备、市场化经营的理念，以园区化发展为载体，推进南昌农业发展的现代化。在园区建设上，一是要突出产业特色。要结合粮食主产区建设、发展都市现代农业、培植县区主导特色产业，积极建设和发展各类现代农业示范园。要按照省里提出的"百县百园""一县一园"的部署，巩固提升已有的国家级、省级现代农业园区，积极创建新的现代农业示范园，大力推进集农业科技园、农产品深加工产业园、农产品批发交易市场、一站式办证中心于一体的综合示范园建设，并努力将其打造成各具特色、优势明显、竞争力强的农业产业园。二是要突出规模发展。要围绕规模化开发的要求，以成片建设高标准农田、改造中低产田、建设百个都市现代农业项目、无公害农产品基地、大型农业综合开发项目和大型特色种养殖基地为途径，着力抓好农业园区内的山水田林路综合治理，形成田成方、树成行、路成网、农林牧副渔综合发展的格局。三是要提升科技含量。要大力推进农业先进生产技术、新型健康种养模式向园区集中。扩大先进农业设施在园区的推广和应用，通过生产设施化和精准化，提高产品质量和经济效益。发挥机械化在园区建设中的支撑作用，不断提高机械化配套水平。

——时任江西省委常委、南昌市委书记王文涛在全市农村工作会议上的讲话（2014年3月）

我们要结合正在开展的中心镇、特色镇和农村新社区、中心村的建设，通过"培育中心村、整治保留村、撤并萎缩村、保护特色村"，建设南昌农民的美好家园。一是规划要先行。无论是集镇建设，还是村落社区建设，都要望得见山、看得见水、记得住乡愁，要使乡村各美其美、美美与共。避免出现"千村一面、千镇一面"。村庄社区内的规划，要有功能分区，合理规划建设村民居住区、产业发展区、文化活动和公共服务区等。要按照农民住房"一户一宅"的原则，认真做好村点民居建设的规划管理工作，严禁违章建设和乱搭乱建现象，努力使全市农村民居建设有规划，村点有风貌，管理上层次。二是规模要适度。村镇建设既要防止过小、过于零散，也不是规模越大越好。村落社区规模的确定，要结合农村生产力发展的实际水平，尊重群众的意愿，做到既有一定规模，节约建设成本，又方便群众生产生活，规模合理适度，以中心村的形式为主。每个中心村或新社区以100—200户为宜。三是功能要齐全。要结合我们在村镇建设中提出的"八通八有两集中"的思路，着力完善农村社区的水、电、路、气以及医疗、基础教育、商业购物、体育文化活动等公共服务网点，确保民生改善与经济增长同步，切实提高农村居民的生活质量和幸福指数。管理服务要跟进。要借鉴和引进城市社区的管理模式和理念，加强农村环境卫生、公共设施、社会秩序的管理，倡导文明新风。要全面加强村委会和村民理事会、村务监督委员会的建设，着力构建系统治理、依法治理、综合治理、源头治理的工作格局，真正使农村社区成为农民幸福生活的美丽家园。

——时任江西省委常委、南昌市委书记王文涛在全市农村工作会议上的讲话（2014年3月）

如何让千家万户的小生产经营与千变万化的大市场对接，一种行之有效的模式就是经营合作化。就是按照产业化发展的要求，组建"龙头企业＋合作组织＋农民家庭农场"的经营联合体。这种联合体，既形成了规模经营的优势，又保持了分散经营的优势，把龙头企业和合作组织的成规模、创品牌、闯市场同农民分户精耕细作有机结合起来。为此，我们要大力扶持龙头企业、家庭农场、合作农场、专业合作社、专业大户的发展，鼓励跨村、乡镇、县区建立合作社，鼓励合作社按产业链、产品、品牌等组建联合社，增强合作经营主体的农户带动力和市场竞争力。强化龙头企业在闯市场、创品牌中的引领作用，强化合作社联系农民、服务社员的桥梁纽带作用，强化农民家庭经营精耕细作的基础作用，发挥它们在市场经济条件下发展农业、致富农民的叠加效应。

——时任江西省委常委、南昌市委书记王文涛在全市农村工作会议上的讲话（2014年3月）

南昌市城乡一体化建设不断加强，但由于历史欠账较多，农村基础设施建设总体仍然滞后，城乡社会保障、公共服务差别仍然较大。要切实加快城乡要素平等交换和公共资源均衡配置，建立健全城乡一体化基础设施和社会保障体系。要通过深化户籍制度改革，加快城乡户籍制度一元化登记管理，消除附加在户籍制度上的社会保障、就业、子女就学等不均等现象。要完善农村征地用地制度改革，加快城乡医保、低保、养老保险等各类社会保障机制的有效对接，努力构建城乡基本公共服务和社会保障一体化的新格局。

——时任江西省委常委、南昌市委书记王文涛在全市农村工作会议上的讲话（2014 年 3 月）

南昌农业农村工作的改革创新，必须坚持问题导向，把解决"三农"发展中存在的实际问题，特别是机制体制方面的问题，作为改革创新的主攻方向。以问题倒逼改革，着力在解决农业生产的适度规模、农产品质量安全、农业经营体系、设施装备水平等方面下功夫。必须坚持分类指导。对于方向明确、实践中有经验、认识上较一致的改革，像土地经营权的流转，要加快推进；对于目标明确、取得共识但具体办法还需要完善的改革，像农村宅基地的确权登记和抵押、担保，要积极开展试点；对于涉及面广，需要中央、省委决策的改革，特别是对于认识还有争议但又必须推进的改革，像农村建设用地入市入股、同权同价，要按照中央、省委的统一部署稳妥推进。必须坚持统筹协调。把农村基本经营制度的改革创新，同农村户籍制度、社会保障制度和农村社会管理制度的改革创新有机结合起来，做到既积极抓好当前改革，又确保农村社会和谐稳定。

——时任江西省委常委、南昌市委书记王文涛在全市农村工作会议上的讲话（2014 年 3 月）

这三年来，我们的帮扶工作探索了一些好的经验做法，主要有四个方面：帮扶思路是指导不领导、实干不包干。整个帮扶工作在信丰县委、县政府的领导之下来开展，省里更多的是起指导作用，而不是大包大揽。帮扶原则是内外结合、以外撬内。扶贫开发的最终目的是通过外在力量去撬动、调动当地内部力量，提升内部能力，主要是通过外在的政策性资金、项目性资金和教育培训，撬动当地的资源要素、思想观念和发展能力。帮扶途径是点面结合。既注重面上，又注重点上，面上以扶持产业发展和加强培训为主，点上注重整村推进和坚持实施"5+2"项目。帮扶机制有四大机制。即推进协调机制，成立了前后方指挥部，对相关问题进行协调调度；信息报送机制，落实月报制，每月定期报送进展情况、编发简报；资金使用机制，按照集中、规范的原则使用管理资金；督查考核机制，定期不定期深入挂点村进行督促检查。

——时任江西省委常委、南昌市委书记王文涛在信丰县扶贫开发"四位一体"工作座谈会上的讲话（2015 年 2 月 3 日）

扶贫工作要坚持正确思路方法。这三年来的成效充分证明，信丰县扶贫工作的思路、原则、途径、机制是符合实际的。对这些行之有效的做法，要持之以恒地坚持下去，与时俱进地完善下去，使我们的扶贫开发工作制度化、长效化、常态化。从哪些方面改善呢？我想重点是在"精细"上做文章，使我们的操作管理、项目建设更加精细、更加规范。比如每一笔资金的扶持项目，都要明确对接部门和领导，明确具体任务和完成时限；比如项目建设方面，要进一步做好"延续、提升、集成、突破"工作，把硬件的提升与产业发展、软件配套结合起来；等等。

——时任江西省委常委、南昌市委书记王文涛在信丰县扶贫开发"四位一体"工作座谈会上的讲话（2015年2月3日）

扶贫工作要聚焦持续发展能力。开展"四位一体"扶贫开发工作，最主要的目的就是变"输血"为"造血"，提升当地的发展能力。怎么样提升发展能力？关键有三个方面：一是聚焦产业发展。依托信丰丰富的产品资源尤其是信丰脐橙的品牌资源，加大政策支持、技术指导和拓宽市场渠道等方面的力度，进一步强化市场化的理念和方式，对脐橙的产、销、营链条进行优化整合，形成线上线下融合发展的模式，唱响"信丰脐橙"品牌。二是加大人力资源培训。要继续坚持实施"三个十"项目，又要灵活安排，丰富培训方式，多种方式共同推进。三是改善生产生活条件。继续加大对农村道路硬化、工程水利建设、教育医疗、休闲娱乐设施等方面建设力度，并逐步扩大范围、拓展领域，为持续发展打牢基础。

——时任江西省委常委、南昌市委书记王文涛在信丰县扶贫开发"四位一体"工作座谈会上的讲话（2015年2月3日）

扶贫工作要顺应当地群体诉求。开展扶贫工作，最重要的是要结合实际，顺应当地群众的诉求。决不能简单地以自我判断代替群众感受，把自己的意愿强加到百姓身上，否则必然会导致"政府买单、老百姓不买账"的情况。要探索采取协商民主的方式，通过政府搭建交流沟通平台，让相关群众坐在一起，积极表达诉求，做到"民事、民议、民决"。同时，要始终坚持以问题为导向，在推进过程中遇到什么问题就解决什么问题，群众反映了什么问题，就力所能及地解决什么问题，真正把扶贫工作做到老百姓的心坎上。

——时任江西省委常委、南昌市委书记王文涛在信丰县扶贫开发"四位一体"工作座谈会上的讲话（2015年2月3日）

要扩大现有扶贫成果。具体来说就是三句话。第一句话，没有建成的，要延续好。切实按照扶贫项目建设的计划安排，对在建、续建项目，尤其是一些事关产业发展的基础设施项目和群众福祉的民生实事项目，倒排工期，挂图作战，确保按时保质完成任务，严格防止出现"半拉子"工程。第二句话，建好了的，要运用好。

让项目真正发挥作用，才能为当地老百姓服务，为当地发展提供助力。比如，党员创业孵化基地、特色产业基地建好了，产业发展的水平和规模就要及时跟进；现代化、标准化的学校建好了，就要抓紧研究部署怎么提升师资力量和教学水平；村级卫生所建好了，就要切实抓好农村医疗队伍建设和提升医疗水平。第三句话，运用好了的，要集成好。充分发挥以点带面、由点串线的作用，努力形成叠加效应，不断延伸帮扶领域，不断扩大帮扶覆盖面，增强帮扶整体效果，巩固和发展好现有的扶贫成果。

——时任江西省委常委、南昌市委书记王文涛在信丰县扶贫开发"四位一体"工作座谈会上的讲话（2015 年 2 月 3 日）

脱贫攻坚工作时间紧迫、任务繁重，我们耽误不起；责任重大、使命光荣，我们懈怠不得。要第一时间把中央、全省脱贫攻坚的精神，把打赢这场史无前例脱贫攻坚战役的信心及时传递出去，进一步把脱贫攻坚的各项工作任务压紧、压实。

——江西省委常委、时任南昌市委书记殷美根在全市扶贫攻坚工作会上的讲话（2017 年 1 月 23 日）

南昌作为省会城市，"担当首位使命"是省委、省政府对南昌发展的希望和要求，脱贫攻坚作为首要政治任务，南昌更应当好表率、做好示范。必须以更高的标准、更超前的目标、更超常的举措，在脱贫攻坚上做到精准发力、持续发力，确保如期实现现行标准下农村建档立卡贫困人口全部脱贫、贫困村全部退出的目标。

——江西省委常委、时任南昌市委书记殷美根在全市扶贫攻坚工作会上的讲话（2017 年 1 月 23 日）

全面建成小康社会，关键在农村，关键在农民，关键在改变农村面貌。我们只有帮助这些贫困群体实现真正脱贫了，农村面貌才会发生实质性变化，全市才能实现全面小康社会目标。从当前现实情况来看，2016 年全市农村居民可支配收入达到 15062 元，而贫困农民的收入只有 3583 元，相差 10000 多元，在现实的差距面前，贫困农民迫切期盼收入能上去、实现共同富裕；全面小康，我们还要看群众的"幸福指数"，全市 49 个贫困村农民出行难、看病难、上学难、饮水难等难题，一直是困扰贫困农民摆脱贫根、摘掉贫帽的顽疾，在现实的需要面前，贫困农民更加期盼设施能跟上、服务能配套。面对贫困农民的热切期盼和需求，我们必须把脱贫大事当家事、把贫困群众当家人，千方百计、齐心协力、众志成城打赢脱贫攻坚这场硬战。

——江西省委常委、时任南昌市委书记殷美根在全市扶贫攻坚工作会上的讲话（2017 年 1 月 23 日）

当前，全市脱贫攻坚已进入攻坚拔寨的关键时期、冲刺阶段，越到后面越是难啃的"骨头"，难就难在致贫原因更加复杂，贫困问题千差万别，过去"一招管用""一举多得"的做法已难奏效。不仅如此，在工作过程中，我们还不同程度地存在一些问题，比如，一些干部思想认识不足，存在"犯迷糊""掉链子"的现象；一些地方工作落实不够，部分县区财政投入、人员队伍配备、政策落实上打折扣，在压力传导上也存在层层递减的现象；一些部门工作推进合力不均，"大扶贫格局"没有真正落实到位；一些扶贫干部联系群众不紧等问题。这些现象的存在不仅会影响全面脱贫进度，更会影响率先全面小康的进程。我们一定要正视存在的问题，找到问题的症结，咬定目标不放松，凝心聚力抓落实，想尽一切办法加以解决，努力在全省打造脱贫攻坚"南昌样板"。

——江西省委常委、时任南昌市委书记殷美根在全市扶贫攻坚工作会上的讲话（2017 年 1 月 23 日）

要按照"两不愁三保障"（不愁吃、不愁穿，义务教育、基本医疗、住房安全有保障）的贫困户脱贫要求，对符合政策的贫困人口做到应兜尽兜、兜住兜牢。一是社保全覆盖。目前，全市仍有 9228 名贫困人口未纳入最低生活保障，最基本的生活保障还没有落实。各级、各相关部门一定要按照应保尽保、应扶尽扶的原则，将建档立卡贫困户中符合条件但还没有享受低保政策的，全部纳入低保范围，实现社会保障兜底全覆盖。二是医保全覆盖。大力实施"健康扶贫"工程，全面落实农村低保、五保对象参加城乡居民医保个人缴费部分财政全额补助政策。同时，对于享受大病救助、商业保险政策之后，还不能实现脱贫的大病、重病等特殊贫困户，卫计部门要负起责任，组织各级医院及乡镇卫生所进行兜底，为农村贫困人口提供有力的健康保障支撑。三是安居全覆盖。各县区要摸清底数、制定计划、安排资金，严格按照贫困退出标准，将贫困户中的危房和无房户全部纳入农村住房保障体系，严格按照时间节点加快建设进度，同时统筹做好通水、通电和生活必需品的配备工作，确保今年 8 月底前搬迁入住。四是救助全覆盖。积极搭建政府部门救助资源、社会组织救助项目与贫困户救助需求相对接的信息平台，不断强化民政、残联、妇联、红十字会组织等慈善救助的职能，切实鼓励、引导和支持社会组织、企事业单位和爱心人士开展慈善救助。同时，坚持分类施救，对因支出型贫困造成基本生活特别困难的群体予以重点救助。

——江西省委常委、时任南昌市委书记殷美根在全市扶贫攻坚工作会上的讲话（2017 年 1 月 23 日）

南昌作为省会城市，不仅要确保通过中央、省里的验收，而且还要成为全省的示范。一是退出指标要高。按照省里贫困村退出的八项标准，我们进一步调整提高了全市扶贫村的退出指标。有两个指标尤其需要注意：在贫困户收入方面，我们将脱贫标准从 3335 元提高到 4000 元以上；在入户道路硬化和水冲卫生厕所方面，我们将完成率为 75% 和 65% 分别提高到 90% 和 80%。各县区一定要严格按照这个指标体系来实施，不能打折、不能缩水、不能走样。二是建设水平要高。贫困村的项目建设要与村庄发展的规划布局、产业特色、公共设施等结合起来，紧紧围绕标准做计划，紧紧围绕不足选项目，市级农村公路、农村安全饮水、新农村建设以及农村电网改造等项目要向贫困村倾斜，集中用于贫困村基础设施完善提升和改造建设，迅速提升农村建设的整体水准，使脱贫项目能够永远造福群众。三是验收要求要高。市扶贫开发领导小组作为贫困村退出验收的责任主体，要进一步增强责任感、使命感、荣誉感，在验收过程中，一定要做到要求高、程序严，不能为人情所扰、不能为面子所累，坚决防止贫困村"被摘帽"、贫困户"被脱贫"的现象发生。

——江西省委常委、时任南昌市委书记殷美根在全市扶贫攻坚工作会上的讲话（2017 年 1 月 23 日）

近期，中央、省里都出台了严格的脱贫考核评估制度，我们要对标对表上级要求，以严格的手段抓督查、以苛刻的标准抓考核。一是创新方式。市里将委托第三方机构，对包括市四套班子成员在内的所有结对帮扶的党员干部，随机电话询问精准扶贫"政策卡、明白卡、连心卡"的内容，抽查数量将达到建档立卡贫困户总数 50% 以上，抽查结果将每月通报。这项工作马上就会展开，请大家务必高度重视，特别是领导干部要吃透政策，入户交心，真情帮扶，为大家做好示范。二是加大力度。组建脱贫攻坚督查组，加强对我市脱贫攻坚工作的全面督查。督查组要进村入户，排除干扰，揭短亮丑，全面督查扶贫对象准不准、数据全不全、措施实不实、力量强不强、资金使用准不准以及脱贫成效真不真，督查频率每月不少于一次，时间不少于一周。同时，对财政扶贫资金整合、资金使用绩效等开展督查。三是严肃问责。中央明确规定，对在脱贫攻坚战役中失职人员要"军法处置"。对电话抽查结果总分低于 80 分的，要给予单位及个人通报批评，并作为年度综合考核的重要依据；对督查中发现问题不迅速整改、整改不到位的，要对单位或个人启动问责程序。如因贫困户、贫困村未通过核调评估和抽查验收从而影响全市脱贫目标如期实现的，直接取消相关单位年度评优评先资格，并按干部管理权限，严肃追究相关人员责任。

——江西省委常委、时任南昌市委书记殷美根在全市扶贫攻坚工作会上的讲话（2017 年 1 月 23 日）

责任压下去，工作才能抓上来。各级各部门要自觉强化履责意识，把既定安排部署不折不扣落实到位。一是党政齐动。脱贫攻坚必须党委、政府同担责、齐上手，重点工作一起研究、重要工作一起推进、重大问题一起破解，党政主要领导既要牵头抓总，又要亲力亲为，引领带动各方力量迅速行动起来。二是上下联动。坚持市县乡四级纵向联动，市民政、人保、卫计等相关部门要按照责任分工扎实抓好落实，各县区要切实担起责任主体职责，各乡镇要充分发挥工作主体作用，形成"市级主抓、县区主责、乡镇主体、村级主阵地，部门包村、干部包户"的脱贫攻坚工作格局。三是左右互动。建立定期协调调度机制，市扶贫开发领导小组要至少每月调度一次，及时掌握情况，发现问题，对问题涉及的县区、挂点单位、相关部门，要加强沟通调度，推动大家齐心协力解决问题。

——江西省委常委、时任南昌市委书记殷美根在全市扶贫攻坚工作会上的讲话（2017 年 1 月 23 日）

完成全面脱贫任务，需要发挥各类要素的支撑作用，把各类资源、各种力量都聚焦到脱贫攻坚上来。一是资金投入要舍得。加大对脱贫攻坚的投入力度，充分发挥财政投入在扶贫开发的主体和主导作用，整合各类惠民政策和涉农资金，最大限度地向脱贫攻坚重点倾斜，切实解决脱贫资金安排分散、交叉重复、力量跑偏等问题，保持脱贫资金只增不减、高效利用。二是工作队伍要配齐。各县区要加强县乡村三级扶贫机构建设，加大脱贫攻坚专职人员配备力度，"仗没打完，决不收兵"，要强化扶贫下派干部及"第一书记"的作用，为全面打赢脱贫攻坚提供强有力的人力支持。三是作风效能要跟上。以"两学一做"专题民主生活会为契机，牢固树立执政为民的宗旨意识，不讲条件、不怕困难地推进工作，严格遵守各项纪律，模范遵守中央八项规定，以良好形象和优良作风把脱贫攻坚工作推向深入。

——江西省委常委、时任南昌市委书记殷美根在全市扶贫攻坚工作会上的讲话（2017 年 1 月 23 日）

要多方位全覆盖营造脱贫攻坚的浓厚氛围，为全市脱贫攻坚工作注入强劲动力。一是要树典型。要深入宣传中央和省、市脱贫攻坚的战略部署和惠民政策，特别是大力宣传脱贫攻坚工作中涌现出来的成功典型，讲述贫困群众勤劳致富的先进事迹、推动精准脱贫的成功案例、全身心投入工作的干部榜样。二是要重引导。充分发挥工商联、共青团、妇联、慈善协会、公益组织等机构的引领和带动作用，广泛动员民营企业、社会组织、爱心人士参与脱贫攻坚，形成"人人都可为、人人都愿为、人人都能为、人人都有为"的脱贫攻坚氛围。三是要抓教育。发挥贫困村和贫困群众的主体作用，通过各种形式教育贫困群众发扬自力更生的精神，明白"幸福不会从天降，小康社会等不来"的道理，激发贫困群众的脱贫志向，形成"群众干、干部扶、社会帮"的脱贫攻坚氛围。

——江西省委常委、时任南昌市委书记殷美根在全市扶贫攻坚工作会上的讲话（2017年1月23日）

"三农"不仅是一个现实问题，也是一个战略问题，不仅是一个经济问题，也是一个政治问题。首先，"三农"工作事关粮食安全。习总书记多次强调，中国人的饭碗任何时候都要牢牢端在自己手上。对于我们这样一个十几亿人口的大国，必须始终把粮食安全摆在突出位置上。江西是新中国成立以来两个从未间断向国家贡献粮食的省份之一，南昌又是重要的产粮大市，去年全市粮食总产量达48亿斤，维护国家粮食安全，南昌责无旁贷。其次，"三农"工作事关社会稳定大局。目前，我国仍是一个农业大国，农村人口有9亿，占全国人口70%，从一定程度上说，农村稳则国家安。从南昌自身看，我市也有200多万的乡村人口，只有不断提升"三农"工作水平，把他们的切身利益解决好，把他们的发展解决好，才能确保南昌的长治久安。再次，"三农"工作事关全面小康目标。当前，我们正处于全面建成小康社会决胜阶段。小康不小康，关键看老乡，特别是我市提出要在全省率先实现全面建成小康社会，现在距离"交卷"只有不到两年时间，面对紧迫而繁重的目标任务，我们必须把"三农"工作摆在重中之重的位置，毫不动摇地推动强农兴农富农，才能确保率先全面小康的战略目标如期实现。

——江西省委常委、时任南昌市委书记殷美根在全市农村工作暨农村环境综合整治工作动员会上的讲话（2017年2月21日）

农业是国民经济的基础。作为省会城市，南昌在农业产业发展方面一直走在全省前列。但对比周边省会城市，我市农业发展仍有诸多短板。比如产业规模不够大，同合肥、长沙等周边省会城市相比有一定差距。比如产业质量不够优，农业生产科技含量不高、农产品加工链条不完整、农产品附加值低、产业化程度不高。比如农业龙头企业规模偏小、层次较低。从现实看，农业已经成为南昌市构建"一核两重"产业格局的短板。只有加快追赶，趁势而上，才能助推南昌在区域竞争中后发先至，才能使"一核两重"的产业格局加快形成，才能真正打造富裕美丽幸福江西"南昌样板"。

——江西省委常委、时任南昌市委书记殷美根在全市农村工作暨农村环境综合整治工作动员会上的讲话（2017年2月21日）

我们一切工作的根本出发点和落脚点，就是要不断增进人民群众的福祉，而最直接、最外在的体现，就是让老百姓尤其是广大农民的腰包鼓起来。近年来，我们通过政策引导、资金扶持、就业创业指导等多种方式，努力提高农民收入，取得了一定成效，2016年我市农村居民人均可支配收入达到了1.5万元。但值得我们警惕的是，近两年来，我市农村居民可支配收入增速呈逐年放缓趋势。此外，我市有2万多的农村贫困人口仍待脱贫。做好新时期"三农"工作，任重道远。我们必须以更强的信念、更高的要求、更硬的举措，持续推动全市"三农"负重发展、超常发展，不断提升全市人民尤其是广大农民的获得感和幸福感。

——江西省委常委、时任南昌市委书记殷美根在全市农村工作暨农村环境综合整治工作动员会上的讲话（2017年2月21日）

推动当前和今后一个时期"三农"工作发展，必须摒弃传统的观念和举措，树立新思路、落实新举措、激发新动力，努力将我市都市现代农业打造成全国生态文明先行示范区的典范，将县城和乡村打造成为全省的样板，将"南昌绿谷"规划建设成为集生产、生活、生态于一体的中部领先、国内一流、有国际影响力的标杆。

——江西省委常委、时任南昌市委书记殷美根在全市农村工作暨农村环境综合整治工作动员会上的讲话（2017年2月21日）

坚持把农业农村发展纳入城市总体规划，全域统筹、通盘考虑。一要坚持"全域规划"。按照统一规划、分批实施、连线成片的思路，编制新农村建设总体规划，修编完善县域镇村布局规划，优化乡村空间布局，着力构建"中心城市—县城—重点镇—中心村"四级城镇体系，形成城乡一盘棋、空间一体化的发展格局。特别是要以"绿谷"建设为统领，优化农业传统产业布局，统筹"两区一廊"建设发展。二要坚持因地制宜。规划不能搞"一刀切"，更不能"千村一面"，要充分遵循乡村自身发展规律、充分体现各地农村特点，扬优补短，突出乡村味道、保留乡村风貌、留住田园乡愁。三要尊重农民意愿。从农民反映最强烈、需求最迫切又能落实的项目和问题入手，发挥村民理事会等村民自治组织的作用，激发广大农民参与新农村规划建设的热情和动力，真正做到"共谋、共建、共管、共享"。

——江西省委常委、时任南昌市委书记殷美根在全市农村工作暨农村环境综合整治工作动员会上的讲话（2017年2月21日）

以提质增效为目标推进现代农业产业。一要坚持市场导向。将农业发展动力由"生产导向"变为"消费导向"，按照大产业布局的要求，从产业结构、区域布局、产品结构等角度入手，加大农业结构调整力度，培育优势特色产业，拓展休闲农业、观光农业、都市农业，推动农业生产功能向服务功能转化。二要坚持融合发展。以实施农业"接二连三"工程为抓手，实行规模化生产、一体化经营、项目化推进，加快农业产业链条的前延后伸，在一二三产融合发展上寻求和培育新的增长点，提升农业综合竞争力。三要坚持科技驱动。加快农业科技创新与推广应用，推动产学研、农科教紧密结合，促进农业科研院所、高等院校和企业开展联合攻关，力争到2020年农业科技贡献率达62%。特别是要发挥招大引强的作用，积极引进农产品精深加工、高端现代种养业、智慧农业、电商总部等新兴项目和业态，进一步带动农业产业转型升级。

——江西省委常委、时任南昌市委书记殷美根在全市农村工作暨农村环境综合整治工作动员会上的讲话（2017年2月21日）

坚持把城乡一体化作为"三农"工作的重点，全面建设"整洁美丽、和谐宜居"新农村。一要做实城镇建设。各县区重点镇、特色镇要进一步挖掘资源潜力，拉开道路框架，优化功能配套，提升镇区形象，并着力引项目、培税源、强开发、增亮点，不断推进产镇融合。其他镇要依托农村田园风光、乡土文化等资源，大力发展休闲度假、旅游观光、养生养老等繁荣农村、富裕农民的新型服务产业，努力打造各具特色的现代城镇。二要做优公共服务。坚持把基础设施建设和社会事业发展的重点放在农村，推动城区公共服务资源有序向农村流动，促进城乡基本公共服务均等化，让广大农村居民平等分享全面小康建设成果。三要做美城乡环境。深入实施新农村建设三年全覆盖和农村环境综合整治三年行动，依托农村生活垃圾处理工作，农村水环境重要水域、乡镇集镇、重点村组、排污企业、休闲景区治理"五大工程"建设，以及"河湖长制"和"森林创建"活动，打好生态田园人居塑造组合拳，加快形成长效管护机制常态化，推动新农村建设从"一处新"迈向"一片新"。

——江西省委常委、时任南昌市委书记殷美根在全市农村工作暨农村环境综合整治工作动员会上的讲话（2017年2月21日）

千方百计拓渠道、调结构、优机制，全力提升富民强村水平，让农民平等参与现代化进程、共享改革发展成果，有效夯实"三农"发展基石。一要拓宽增收渠道。"三农"问题的核心是农民收入问题。要加强农民技能培训和政策扶持，帮助农民自主创业、联合创业、返乡创业、居家创业；要有序推进土地流转，大力发展高效设施农业，培育壮大新型经营主体；要进一步活跃要素市场，拓宽租金、股息、红利等增收渠道，努力增加农民的财产性、产权性收入。二要壮大集体经济。把发展村集体经济作为富民强村的重要途径，鼓励村委会通过集体自办、能人领办等方式，兴办经济实体，增加集体经济收入。同时，深挖村级资产资源增收潜力，通过"资源变股权、资金变股金、农民变股东"，增强集体经济的持续发展能力。

三要推进精准扶贫。积极构建政府主导、社会参与、因户施策、精准脱贫的工作机制，按照"输血"与"造血"相结合、扶贫与扶志相结合、治标与治本相结合的原则，落实行之有效的帮扶措施，做到发展产业脱贫一批、提供岗位脱贫一批、就医助困脱贫一批、社会保障兜底一批，力争如期完成在全省率先全面脱贫的目标。

——江西省委常委、时任南昌市委书记殷美根在全市农村工作暨农村环境综合整治工作动员会上的讲话（2017年2月21日）

主动适应发展需要，不断深化改革创新，推动农业发展动能转换。一是改革激发。以推进农业供给侧结构性改革和农村综合改革为主线，着力优化资源配置，优化产品结构，优化经营体系。尤其要以保产能、降成本、去库存、补短板、优生态为手段，形成结构更加合理、保障更加有力的农产品有效供给机制，提高我市农业质量效益和竞争力。二是创新培育。探索创新"产加销"一体、"镇村园"联动、"农文旅"结合、"政企社"互动等模式，构建政府主导、企业参与、各方共赢的良性互动格局。特别是要建立健全金融支农体制，做大做强农业产业化信用担保公司和市水投公司等融资平台，破解"三农"发展融资难题。三是开放带动。把农业招商引资作为推进农业现代化的一项关键举措来抓，聚焦我市粮食、水产、农产品物流等八大农业主导产业，围绕南昌绿谷"两区一廊"和现代农业示范园区建设，紧盯智慧农业、智能物流、新零售流通等新型业态，瞄准重点产业、重点项目、重点区域，集中精力开展产业延链、补链、强链招商，力争引进一批龙头型、潜力型、绩优型项目，推动已有产业的"点"加快串成"链"、连成"片"。

——江西省委常委、时任南昌市委书记殷美根在全市农村工作暨农村环境综合整治工作动员会上的讲话（2017年2月21日）

"重农"调子要确保不变。进一步建立健全党委统一领导、党政齐抓共管、农村工作综合部门组织协调、相关部门各负其责的领导机制和工作机制，在政策制定、工作部署、财力投放、干部配备上切实体现全党工作重中之重的战略思想。各县区、涉农部门要加强对"三农"工作的组织领导，主要领导亲自抓，分管领导具体抓，相关领导配合抓。其他部门要从自身职能和行业特点出发，积极主动地关心、支持、参与农业农村工作，努力营造全社会关心农业、关注农村、关爱农民的良好氛围。

——江西省委常委、时任南昌市委书记殷美根在全市农村工作暨农村环境综合整治工作动员会上的讲话（2017年2月21日）

要强化政策倾斜，确保"惠农"力度不减。在全面落实国家和省各项强农惠农政策的同时，进一步加大支农资金整合、配套力度，提高资金使用效率，集中财力办大事。要创新财政投入机制，持续增加财政对"三农"的投入；要科学确定扶持对象，进一步完善相关奖补政策落实机制；要注重发挥财政资金"四两拨千斤"的作用，进一步完善政策引导和激励机制，将城市工商资本、外来资本等"活水"引入农业农村，投资新兴产业、发展新型业态，带动更多农户就业创业。

——江西省委常委、时任南昌市委书记殷美根在全市农村工作暨农村环境综合整治工作动员会上的讲话（2017 年 2 月 21 日）

要强化平台支撑，确保"支农"标准不降。切实建立健全农业产业发展基金，充分发挥"财政惠农信贷通"、产业化"转贷资金"等融资作用，努力破解农业经营主体的资金瓶颈。要加快完善农村综合产权流转交易市场服务体系建设，实现农村资源要素的有序流通、集中流转。要大力支持市农科院、市林科院等科研平台建设，推动产学研、农科教紧密结合，促进农业科研院所、高等院校和企业开展联合攻关。

——江西省委常委、时任南昌市委书记殷美根在全市农村工作暨农村环境综合整治工作动员会上的讲话（2017 年 2 月 21 日）

要强化基层基础，确保"强农"意志不移。积极探索"党建＋新农村""党建＋脱贫攻坚"等农村党建新模式，推动党组织工作全面覆盖、有效覆盖，推进基层党建与农村改革发展稳定各项工作相互融合、相互促进，进一步提升农村基层党组织战斗力。要加强"三农"队伍建设，大力开展教育培训，配齐配强基层班子，加大人才选派力度，努力建设一支有思想、有干劲、有能力，能够带领广大农民发家致富奔小康的基层党员干部队伍。

——江西省委常委、时任南昌市委书记殷美根在全市农村工作暨农村环境综合整治工作动员会上的讲话（2017 年 2 月 21 日）

要强化作风建设，确保"为农"情怀不改。建立经常性的联系群众工作制度，及时了解农村发展的新情况、新问题，积极帮助群众出主意、想办法、办实事。要大力弘扬攻坚克难的作风，不管压力多大、任务多重，只要有利于农村发展、农民致富，都要锲而不舍，一抓到底。要强化"责任胜于能力、细节决定成败"的意识，切实把高标准严要求贯彻到农业农村工作的每一个环节。要切实把"两学一做"学习教育成果运用到"三农"工作中，以"三农"工作的实际成效检验干部作风的"成色"。

——江西省委常委、时任南昌市委书记殷美根在全市农村工作暨农村环境综合整治工作动员会上的讲话（2017 年 2 月 21 日）

南昌作为省会，必须站在讲政治、讲大局的高度，坚决把脱贫攻坚各项工作抓紧抓实抓出成效，确保完成省里下达的各项目标，体现出省会城市的责任担当。

要更加注重贫中之贫、困中之困，更加注重增强造血功能，更加注重补齐民生短板，更加注重激发贫困地区和贫困群众"我要脱贫我能脱贫"的内生动力。这些既是我们推进脱贫攻坚工作的"路线图"和"指南针"，也是我们抓好脱贫攻坚工作的"着力点"和"突破口"，必须毫不动摇地抓好贯彻落实。要做好着力推进贫困地区农业转型升级、大力发展村集体经济、大力培育新型农村经营主体、扎实推进贫困地区环境整治等四项工作，在推动农业农村工作中展现责任担当、敢于先行先试、争当表率示范，为全省农业供给侧结构性改革创造更多好经验、好做法。要按照打造"党建工作样板区"的要求，在脱贫攻坚中展现出省会干部的干事能力、担当精神和拼搏作风，更加主动作为、积极有为，为全省完成脱贫攻坚工作任务作出南昌的应有贡献。

——江西省委常委、时任南昌市委书记殷美根在深入推进全市脱贫攻坚工作电视电话会议上的讲话（2017 年 9 月 27 日）

当前，脱贫攻坚工作已经到了一个重要关口，面对的都是最难啃的"硬骨头"。各级各部门必须认真总结经验做法，全面梳理突出问题，科学分析形势任务，保持定力，精准发力，持续加力，不断以实干务求脱贫实效。

——江西省委常委、时任南昌市委书记殷美根在深入推进全市脱贫攻坚工作电视电话会议上的讲话（2017 年 9 月 27 日）

精准识别、建档填卡等基础工作是做好脱贫攻坚工作的基础。如果基础工作经不起推敲，脱贫攻坚就经不起检验。当前，我们在脱贫攻坚工作中存在的诸多问题、遇到的许多难题，根子就在于基础工作没有做扎实、做牢靠。第一，识别要精准再精准。坚持实事求是、精益求精，逐村、逐户、逐人，对贫困户建档立卡工作进行再核实、再复查，按照"两不愁三保障"标准，确保应进就进、该退则退，真正做到不漏一人、不错一户。第二，档案要完善再完善。按照统一标准和模板，进一步完善档案资料，一件一件事情核对，一个一个信息采集，进一步加强村级档案资料管理和"一户一档"规范化管理工作，确保进入全国建档立卡扶贫信息系统数据、每家每户档案数据、贫困户的实际情况三者之间高度一致。现在，全省各地都在抢抓"窗口期"，各有关县区要抓紧完善数据工作，决不能有丝毫的马虎。第三，程序要规范再规范。严格按照统计摸底、民主评议、核实认可、公告公示、脱贫销号的程序规范操作，既不能该退不退，更不能不该退的强退，坚决杜绝数字脱贫、数字造假，坚决防止平均数掩盖大多数。

——江西省委常委、时任南昌市委书记殷美根在深入推进全市脱贫攻坚工作电视电话会议上的讲话（2017 年 9 月 27 日）

在做好基础工作的同时，要把更多的时间、精力、资源用在提升帮扶实效上、用在让群众得实惠上，千万不能出现只重视摸底调查、建档填卡等基础工作，却忽略具体帮扶的本末倒置现象。一要聚焦政策。把精准落实政策作为攻克各种难题的"金钥匙"，精准落实好就业扶贫、搬迁扶贫（危旧房改造）、交通扶贫、健康扶贫、教育扶贫、金融扶贫、保障扶贫等政策。市直各牵头部门要对接省里政策，进一步完善政策措施，对照"百日行动"的要求，尽快补齐短板、强化实效，切实做到脱贫与各行业部门政策的有效衔接。二要聚焦产业。牢牢牵住产业脱贫"牛鼻子"，将产业脱贫作为长效脱贫的根本之策，抓紧制定出台全市产业扶贫的实施细则，根据贫困群众成员结构和当地资源禀赋，大力发展贫困村特色种养扶贫产业、休闲旅游产业、电商扶贫产业和光伏产业，积极培育农民合作社等新型农业经营主体，实现扶贫产业全覆盖，着力提升贫困地区和贫困人口的自我造血功能和脱贫致富能力。三要聚焦重点。更加注重贫中之贫、困中之困、难中之难，重点聚焦自然条件差、经济基础弱、贫困程度深的地区尤其是贫困发生率仍然较高的非贫困村，特别关注残疾人、孤寡老人、长期患病者等"无业可扶、无力脱贫"的贫困人口以及文化技能水平低的贫困群众，进一步加大帮扶力度，确保生活上有人照顾，精神上有人慰藉。

——江西省委常委、时任南昌市委书记殷美根在深入推进全市脱贫攻坚工作电视电话会议上的讲话（2017 年 9 月 27 日）

打赢脱贫攻坚战，必须从各方面给予支持、在全方位予以保障。一要强化组织保障。认真按照省里提出的"市县抓落实、乡镇推进"的工作机制，四级书记一起抓，层层抓落实。各级党政主要领导要带头履行脱贫攻坚"一岗双责"；各级扶贫开发领导小组要强化督促指导作用，及时研究解决脱贫攻坚中遇到的困难和问题，确保各项工作落实到位。要切实加强基层党组织建设，充分发挥党支部在脱贫攻坚工作中的战斗堡垒作用，让"两委"班子尤其是驻村第一书记成为带领群众脱贫致富的中坚力量。二要强化资金保障。打赢脱贫攻坚战，资金保障是关键。要围绕脱贫攻坚目标任务按需安排财政资金，足额落实财政专项扶贫资金，整合各类资源和涉农资金向扶贫村倾斜，确保资金到村到户、直接用于扶贫对象。三要强化作风保障。脱贫攻坚是一项工作任务重、难度系数高的系统工程，必须坚决克服浮躁情绪，脚踏实地，真抓实干，一步一个脚印，按照既定的工作计划，把每个环节都做好做到位，把每项任务都落实落到位。在这里强调一点，对行动不实不力、工作弄虚作假的，将严格执行脱贫领域监督问责规定，绝不姑息，不留情面。

——江西省委常委、时任南昌市委书记殷美根在深入推进全市脱贫攻坚工作电视电话会议上的讲话（2017年9月27日）

脱贫攻坚既是重大政治任务，又是重大发展机遇。近年来，从中央到地方所有目光都在向脱贫攻坚上聚焦、所有政策都在向脱贫攻坚上倾斜。我们一定要抓住这次千载难逢的历史机遇，统筹发展农村经济，实现城乡一体化发展。做到"三个有机结合"：第一，实现脱贫攻坚与环境整治的有机结合。依托我市新农村建设"三年全覆盖"和农村环境"三年"综合整治提升工作，将"整洁美丽和谐宜居"新农村建设和农村环境综合整治向贫困村集中倾斜，推动贫困村率先实现新农村建设全覆盖，率先完成农村环境综合整治提升目标，并以此为引领，全力做好农村生活垃圾专项治理、农村水环境治理、农业面源污染治理、河湖长制、农民建房管理、铁路沿线环境整治等工作，着力解决"有新房无新村、有新村无新貌"难题。第二，实现脱贫攻坚与设施建设的有机结合。注重补齐贫困村的基础设施短板，加快推进25户以上自然村公路建设，全面解决贫困村农户住房安全、饮水安全，实现贫困村100%农户通电、通网络，着力破解路、水、电、讯等制约贫困村发展的瓶颈问题，进一步提升贫困村公共服务和持续发展能力。第三，实现脱贫攻坚与城乡统筹的有机结合。建立城乡一体化、县域一盘棋的规划管理和实施机制，抓好县城扩容提质、特色小城镇和美丽乡村建设，注重城乡公共资源均衡配置和基本公共服务均等化，形成城乡互动、良性循环的发展机制。

——江西省委常委、时任南昌市委书记殷美根在深入推进全市脱贫攻坚工作电视电话会议上的讲话（2017年9月27日）

脱贫攻坚战，是重要政治任务、重大民生工程，慢不得、输不起，必须打好打赢。全市各级党员干部要在新要求下明方向、新形势下破难题、新机遇下增动力，进一步坚定大信心、铆足精气神，全力打好攻坚战。要深刻领会中央和省委对做好新时代脱贫工作提出的新要求，紧紧围绕精准脱贫这一核心，全面落实各项决策部署，完成各项目标任务，突出问题导向，下足"绣花"功夫，以决战决胜的信心和定力，不折不扣落实好脱贫攻坚这一重大政治任务。

——江西省委常委、时任南昌市委书记殷美根在全市脱贫攻坚工作推进会上的讲话（2018年1月2日）

抓扶贫就是抓发展。精准扶贫工作中蕴含了难得的发展机遇。一方面，是政策支持对加快发展带来的红利。中央将精准脱贫工作提高到前所未有的高度，经济工作会议高度聚焦脱贫攻坚，农村工作会议全面部署乡村振兴战略，下一步，必将在农村基础设施、社会事业、产业发展等领域，持续加大投入支持力度，这既是我们改善生产生活条件的有利契机，也是加快推动转型升级发展的重大机遇。另一方面，是扶贫措施对经济增长带来的助力。扶贫开发对于撬动内需、拉动经济可以产生极大的促进作用。比如，基建扶贫有利于拉动投资，形成新的经济增长点；电商、光伏等产业扶贫，有利于推动产业结构调整优化；教育扶贫有利于提升贫困人口素质，释放人力资源红利；等等。我们一定要抓住机遇，把脱贫攻坚放在经济社会发展大局中去思考、去谋划，推动脱贫攻坚与强产业、兴城市、促改革、优生态、惠民生等各项工作深度融合，实现"在扶贫中发展、在发展中扶贫"的良性互动。

——江西省委常委、时任南昌市委书记殷美根在全市脱贫攻坚工作推进会上的讲话（2018 年 1 月 2 日）

脱贫攻坚讲的是政治、干的是民生、体现的是大局、反映的是党性。中央和省委对脱贫攻坚的目标、任务、举措已经非常明确，关键在抓好落实。我们必须用非常之力竟非常之功，打赢这场硬仗中的硬仗，确保深度贫困地区和贫困群众同全市、全省、全国人民一道进入全面小康社会。

——江西省委常委、时任南昌市委书记殷美根在全市脱贫攻坚工作推进会上的讲话（2018 年 1 月 2 日）

严格执行中央确定的"两不愁三保障"标准，精准识别、动态调整，既不降低标准，也不吊高胃口，确保现行标准下贫困人口和贫困地区如期脱贫。当前，重点要明确国家脱贫攻坚省级交叉考核和年度考核评估的内容标准、方式方法和工作要求，准确把握好"考核谁""考什么""怎么考""如何用"等方面的内容，精准对表、咬定目标、全面梳理、查漏补缺、奋力冲刺。

——江西省委常委、时任南昌市委书记殷美根在全市脱贫攻坚工作推进会上的讲话（2018 年 1 月 2 日）

要加强扶贫、卫生、教育、民政等各部门间数据比对和信息共享，强化扶贫对象动态管理，实现有进有出，确保贫困一个不漏、脱贫一个不留，使帮扶政策、资源要素向重点贫困对象精准倾斜。要分清致贫原因，科学划分贫困村、贫困户类型，根据贫困地区和贫困家庭的实际情况，制定针对性的措施，做到对症下药、精准滴灌、靶向治疗。对有就业能力的，要千方百计帮助实现就业；对有意愿发展特色产业的，要扶持发展特色产业；对完全丧失劳动能力、因病因疾致贫的，要纳入最低生活保障，切实做到因人因地施策、因贫困原因施策、因贫困类型施策。尤其是对老年人、残疾人、重病患者等特殊贫困人口，要以农村低保、医保、大病救助等社会保障和救助政策"兜底"，保障他们的基本生活条件。

——江西省委常委、时任南昌市委书记殷美根在全市脱贫攻坚工作推进会上的讲话（2018年1月2日）

扶贫既要富口袋，也要富脑袋。在推进脱贫攻坚工作的过程中，最关键的是要激发贫困群众的内生动力。要统筹发展好贫困地区的学前教育、义务教育和职业教育，全面落实国家教育资助政策，确保贫困家庭孩子不因贫失学、辍学，切断贫困代际传递根源。针对当前大部分贫困群众受教育程度不高、缺乏专业技能等短板，有针对性地开展培训工作，力争使每户有劳动力的家庭都能掌握一项以上的就业技能。要教育引导贫困群众坚定战胜贫穷、改变落后面貌的信心和决心，克服"等靠要"依赖思想，依靠自己勤劳的双手，创造幸福生活。积极引导贫困群众以主人翁的身份与地位参与扶贫开发规划制定、扶贫项目建设、扶贫项目管理和监督的全过程，充分尊重他们的脱贫意愿和民主权利，使贫困群众在参与精准扶贫过程中唱主角、当主体，增加自信，获得尊严，提升能力。

秀美的环境是第一形象，是看得到的变化，是感受得到的幸福。采取统筹规划、贫困优先、示范带动、整体推进的方式，结合全市开展的农村环境"三年综合整治提升"工作，瞄准环境"脏"、建房"乱"、设施"差"等问题，实施贫困村整村提升工程，确保贫困村村容村貌有明显改善。要开展专项治理行动，重点解决乱搭乱建、乱悬乱挂、乱堆乱放、乱占道路等问题，确保干净整洁、畅通有序。要加大水利、交通、电力、通信以及科技、文化、卫生等方面项目投入及建设力度，切实改善贫困地区的发展条件。

——江西省委常委、时任南昌市委书记殷美根在全市脱贫攻坚工作推进会上的讲话（2018年1月2日）

要把扶持贫困地区产业发展,增加就业岗位作为增强"自我造血"功能的关键。根据当地自然条件和资源禀赋，着力培育特色产品、特色产业，发展特色种养业、壮大农业龙头企业、支柱产业和农村合作社，当前尤其要充分发挥20个田园综合体建设带动贫困户和贫困村发展的积极作用，为长远发展、可持续发展创造条件。要全面推进农村土地"三权分置"，通过资源变资产、资金变股金、农民变股东"三变"改革，将村集体、农户和经营主体三者联合，激活生产要素，释放产业扶贫潜能，推进村集体经济市场运转、健康发展。探索"党总支＋集体公司＋新型经营主体（龙头企业、种养大户、合作社等）＋贫困户"利益联结模式，深入挖掘村集体所拥有的各类资源，有效整合、优化包装，实现所有贫困户和贫困人口捆绑发展、抱团增收。对于已经脱贫摘帽的,要保证帮扶政策的连续性,强化后续扶持,做到"扶上马送一程"，坚决做到脱贫不返贫。同时要统筹兼顾，做到既要关心贫困线以下的贫困户，又关心贫困线以上的临界户，在推进扶贫工程特别是申报实施特色产业发展、基础设施建设等相关项目的过程中，同步考虑带动非贫困户，切实减少贫困户增量。

——江西省委常委、时任南昌市委书记殷美根在全市脱贫攻坚工作推进会上的讲话（2018年1月2日）

脱贫攻坚这场战役中，没有旁观者，没有局外人，个个身上有责任、人人肩上有指标，要严格落实责任、层层压实责任。市"四套班子"特别是各挂点市领导要以上率下，既要压力传导，更要一线调度，决不当"甩手掌柜"。县、乡两级党委、政府要担负主体责任，尤其党政一把手要负总责、总负责。各级对口部门要落实帮扶责任，发挥职能优势，有针对性开展帮扶，做到贫困对象不脱贫、帮扶单位不脱钩。村"两委"干部、驻村帮扶干部、第一书记要与贫困群众一块上一块干，尤其要结合村"两委"换届，进一步选优配强致富本领高、带动能力强的好班子，切实发挥好"领头雁"作用，不等不靠、主动担当，积极带领群众增收致富。各类帮扶企业、社会组织要齐上阵，担当社会责任，积极参与脱贫攻坚，努力形成大扶贫格局。

——江西省委常委、时任南昌市委书记殷美根在全市脱贫攻坚工作推进会上的讲话（2018年1月2日）

工作作风的好坏，直接关系脱贫攻坚战的成败。一要坚持实事求是。扶贫领域存在的"四风"问题，集中反映在形式主义层面，这也是中纪委赵乐际书记在强调扶贫领域监督执纪工作中，重点指出的执纪重点。全市各级扶贫干部要坚持求真务实、实在实干的工作作风，坚决不搞形式主义，不搞花拳绣腿，不搞繁文缛节，不做表面文章，确保扶贫工作务实、脱贫过程扎实、脱贫结果真实。二要秉持为民宗旨。开展帮扶是共产党人的宗旨所系、职责所在，我们绝不能有"恩赐"的老爷心态、"高高在上"的官僚作风，要真正俯下身子，与贫困户"结对子""认亲戚"，与贫困群众同吃同住同劳动，用真心换取民心。三要保持冲刺状态。脱贫攻坚任务是个艰巨而长期的任务，越往后越困难。我们要克服享乐主义和应付心理，牢固树立"年年都要打硬仗、年年都啃硬骨头、年年都是攻坚战"的意识，始终带着感情、带着责任，全力以赴打好脱贫攻坚战，确保圆满完成脱贫攻坚任务。

——江西省委常委、时任南昌市委书记殷美根在全市脱贫攻坚工作推进会上的讲话（2018年1月2日）

做好脱贫攻坚，是检验各级干部作风能力的"试金石"。要加强督导工作，把纪律和规矩立起来、严起来，为脱贫攻坚提供坚强的政治保证。一要加大考核运用。把脱贫攻坚列为各县区、各部门年度考核的重要内容，加强对精准扶贫工作考核结果的运用，把考核结果与绩效考核、评先评优、干部任用"三挂钩"，对工作实绩突出的县区、部门和个人进行表彰奖励，对扶贫责任落实不力、扶贫效果不实的，从严追究责任。二要加大巡查督导。既要盯紧扶贫资金使用管理不规范、帮扶工作不实、虚假脱贫、数字脱贫等老问题，也要对新的苗头性倾向性问题保持警惕。对脱贫攻坚存在的一些重点难点问题，要在实践中找到解决问题的办法，提出建议，做到奔着问题下去、带着建议回来。三要加大执纪问责。重点查处贪污挪用、截留私分、优亲厚友、虚报冒领、雁过拔毛、强占掠夺问题，对胆敢向扶贫资金财物"动奶酪"的要严惩不贷，对工作不力和不作为、慢作为的干部，尤其是在这次国考和省考中"掉链子"的，严格问责。

——江西省委常委、时任南昌市委书记殷美根在全市脱贫攻坚工作推进会上的讲话（2018 年 1 月 2 日）

脱贫攻坚是一场攻坚战，也是一场持久战，更是干部能力的"试金石"、工作作风的"练兵场"。全市上下要深刻认识到脱贫攻坚工作的重要性、复杂性、长期性，以舍我其谁的担当、执政为民的情怀、拼搏实干的作风，咬紧牙关、迎难而上，积小胜为大胜，坚决打好打赢脱贫攻坚战！

——江西省委常委、时任南昌市委书记殷美根在全市脱贫攻坚工作推进会上的讲话（2018 年 1 月 2 日）

贫困村退出主要围绕村庄环境整治、总结材料整理、公告公示规范、档卡信息完善、项目建设等五个方面薄弱环节展开。第一，要集中开展环境大整治。对村庄内、周边以及沿线的乱搭乱建、乱堆乱放、裸露垃圾等进行大整治、大清理，村容村貌必须干净清爽。第二，要全面完善总结材料。特别是总结提炼本地在脱贫攻坚工作中的典型案例和经验做法。第三，要规范公告公示。各村建档立卡贫困户信息、扶贫项目、扶贫资金情况以及扶贫政策等公示内容要做到规范统一，全面上墙。第四，要完善档卡信息。做到档案材料完善、字迹清晰无涂改、数据真实准确、前后符合逻辑及统计口径一致，实现"一户一档"规范归档；村"两委"要协助连心小分队及驻村第一书记完善本村贫困户档案材料。第五，要加快做好项目的查遗补缺工作。针对 2015 年以来实施的扶贫项目，各县区要完善项目档案资料，对项目实施不规范、不到位、标准不高的要立即采取措施予以完善。

——时任南昌市委常委、南昌高新技术产业开发区党工委书记邱向军在全市脱贫攻坚工作推进会上的讲话（2018 年 1 月 2 日）

贫困户脱贫主要围绕"两不愁三保障"，重点针对家居环境、政策知晓、政策落实、重点人群四个方面薄弱环节展开。第一，要全面改善贫困户家居环境，做到墙面、地面"两面光"，生活用品基本齐全。第二，要全面提高政策知晓度。帮扶单位和帮扶干部要将贫困户当作亲人、朋友，与他们真诚、真心交流，切实解决群众的实际困难，做到各类政策上墙，提升群众对帮扶政策的知晓度、帮扶工作的认可度。第三，要全面落实脱贫政策。主要有产业政策和教育、医疗、住房改造政策。第四，要全面关注"病、残、学、懒"等群体，及时解决他们生活中遇到的困难，克服等、靠、要思想，发挥贫困户内生动力。

——时任南昌市委常委、南昌高新技术产业开发区党工委书记邱向军在全市脱贫攻坚工作推进会上的讲话（2018年1月2日）

在确保漏评率和错退率控制在2%以内的基础上，要尽快补齐贫困户满意度不高这块短板。乡镇要组织村"两委"班子及时化解历史遗留问题，帮扶单位和帮扶干部要深入贫困户家中交心交流，赢得群众的支持和认可。

县区党委、政府要切实担负起脱贫攻坚的主体责任，统筹组织好本地以及市直驻县各帮扶单位的各项脱贫攻坚工作。要在人力、财力、物力上全力支持，确保各项工作的顺利开展。要精心组织安排好行之有效的帮扶活动。要全面梳理已成规模、带动效应强的产业扶贫基地、项目，积极做好产业扶贫项目的宣传、展示工作。

——时任南昌市委常委、南昌高新技术产业开发区党工委书记邱向军在全市脱贫攻坚工作推进会上的讲话（2018年1月2日）

乡镇党委、政府要承担脱贫攻坚的具体责任。党政主要领导要亲自带队，一村一村地走、一户一户地过，确保无漏评、无错退。要指导帮助村里解决实际问题，抓好项目实施和资金管理。要支持驻村第一书记工作，不能把所有任务和责任都推给第一书记。要积极帮助村里化解历史纠纷和矛盾，提高群众满意度。

——时任南昌市委常委、南昌高新技术产业开发区党工委书记邱向军在全市脱贫攻坚工作推进会上的讲话（2018年1月2日）

党委政府，要主动扛起脱贫攻坚的主体责任，提高政治站位，强化目标导向，强化责任担当，强化问题意识，不能搞"权力下放"，不能当"甩手掌柜"，要围绕目标抓推进，针对问题抓整改。职能部门要落实监管责任，健全优化监管机制，细化责任分工，针对扶贫政策不落实、项目信息不公开、资金拨付不及时、扶贫工程推进不力等问题，加大监管，强力督办。纪检监察机关要明确监督责任，精准发现违纪问题，以精准监督助力精准扶贫，坚决打赢这场脱贫攻坚硬仗。

——时任南昌市委常委、市纪委书记吴伟柱在全市脱贫攻坚工作推进会上的讲话（2018年1月2日）

扶贫工作越往后越要攻坚，越需要硬朗作风。要解决好扶贫领域存在的问题，如期打赢脱贫攻坚战，迫切要求把解决干部作风不实问题摆在突出位置。各级各部门特别是各级领导干部要带头转变作风、改进作风，坚决反对弄虚作假，坚决抵制形式主义、官僚主义。要深入实际调查研究、深入一线督查落实、深入基层解决问题，确保脱贫攻坚部署精神和政策惠及贫困群众。

——时任南昌市委常委、市纪委书记吴伟柱在全市脱贫攻坚工作推进会上的讲话（2018 年 1 月 2 日）

脱贫攻坚是实实在在的硬任务，扶贫过程要务实，扶贫工作要扎实，扶贫效果要真实。要坚决刹住和纠正扶贫领域的歪风邪气。要杜绝"花拳绣腿"式扶贫，不能热衷于纸上扶贫、电话扶贫等这种重形式、轻实效的扶贫。要杜绝"投机取巧"式扶贫，不能项目工程拍脑袋决策，脱贫数据随意性填报，应付检查，糊弄群众，造成贫困群众"假脱贫"。要杜绝"沽名钓誉"式扶贫，扶贫要雪中送炭，不能搞不切实际、脱离群众的"形象工程""政绩工程"。

——时任南昌市委常委、市纪委书记吴伟柱在全市脱贫攻坚工作推进会上的讲话（2018 年 1 月 2 日）

加强扶贫领域监督执纪问责是当前及今后一个时期极其重要、极其严肃的政治任务，各级纪检监察机关要切实扛起政治责任，坚持无禁区、全覆盖、零容忍，坚持重遏制、强高压、长震慑，为脱贫攻坚提供坚强的纪律保障。

监督要不留盲点。各级各部门要本着对脱贫攻坚重大战略负责，坚持严管就是厚爱的理念，从严加强对扶贫领域各项工作的监督。一要突出监督重点，坚持问题导向，紧盯扶贫资金、重点项目、关键环节、重要岗位，完善监督监管制度，织密制度的笼子，加大内部监督。二要畅通监督渠道，运用科技手段，加大公开透明力度，积极接受群众的监督。三要创新监督机制，坚持把监督工作和业务工作同部署、同落实，使监督始终贯穿于脱贫攻坚的全过程，渗透到扶贫工作的全领域。执纪要严查快办。各级纪检监察机关针对扶贫领域的任何腐败问题和作风问题要从快从先从严从重严肃执纪。要加强对扶贫领域问题线索的处置工作，严格落实处理扶贫领域信访举报"当天呈批处置，第二天转办到位，一周后上报办理进展情况"工作要求，建立专门台账，第一时间转办，实行动态跟踪监管，定期对账销号，做到群众信访举报"零积压"。针对扶贫领域弄虚作假，干部作风漂浮，存在形式主义、官僚主义的作风问题和贪污侵占用、截留挪用、虚报冒领、挥霍浪费扶贫资金等性质恶劣、情节严重的腐败问题线索进行重点挂牌督办，直查快办，限期办结，将监督执纪的利剑一竿子插到底。

问责要毫不手软。扶贫领域的每一起案件，都要看有没有失职失责的问题。各级党委和纪检监察机关要坚持用好问责利器这个"撒手锏"，对扶贫领域腐败和作风问题要坚决"亮剑"，以严的问责倒逼责任落实。要聚焦决策执行不力的问题，对脱贫攻坚中党委政府组织领导、研究部署、督促检查不力的，对搞"数字脱贫""虚假脱贫"的，严肃追责问责。要聚焦监管责任缺失的问题，对各级职能部门履行监管责任不力的，特别是因监管失职失责致使违规违纪问题易发多发或造成重大损失的，要严肃追责问责。要聚焦监督执纪问责不严的问题，坚持"一案双查"，对违纪违法问题应发现而未发现，以及发现后不移送、不报告的；对扶贫领域问题频发，或者对突出问题整治不力、走过场以及查处问题不认真、责任处理不到位，以致造成严重损失、产生恶劣影响的，要严肃追究有关党委、纪委的责任。对典型案例要指名道姓通报曝光，达到"查处一个、警醒一片"的效果，确保如期打赢脱贫攻坚战。

——时任南昌市委常委、市纪委书记吴伟柱在全市脱贫攻坚工作推进会上的讲话（2018年1月2日）

实施乡村振兴战略，是党中央作出的重大决策，是新时代"三农"工作的总抓手。我们务必提高政治站位，扛起政治责任，准确把握"三农"工作新的历史方位，以强烈的使命感、紧迫感推进我市乡村振兴，为全省实施乡村振兴战略作出示范引领。

——江西省委常委、时任南昌市委书记殷美根在全市农村工作会议上的讲话（2018年3月2日）

我市"三农"工作虽然取得很大成绩，但弱项依然不少，短板仍然突出。差距就是发展潜力，短板就是努力方向。我们要"抓大产业、大抓产业"，就必须坚持重点发展农业，着力补短板、拉长板、树样板，使之成为我市现代经济体系的重要组成部分。实施乡村振兴战略，将为农业发展创造更好的环境，提供更优的政策，带来更大的机遇。我们要以此为载体，加快还清农业历史欠账，不断巩固农业基础地位，推动农业实现更大发展，为推进农业农村现代化提供强力支撑。

——江西省委常委、时任南昌市委书记殷美根在全市农村工作会议上的讲话（2018年3月2日）

广大农民对更满意的收入、更优质的公共服务、更丰富的精神文化、更美好的生态环境，有着越来越强烈的渴求和期盼。实施乡村振兴战略，有利于推动公共资源向农村倾斜，有利于拓宽农民增收致富渠道，有利于促进基本公共服务均等化。我们要以此为契机，协调推进农村物质文明、精神文明、生态文明建设，更好满足农民群众对美好生活的向往。

——江西省委常委、时任南昌市委书记殷美根在全市农村工作会议上的讲话（2018 年 3 月 2 日）

乡村振兴是全局战略、系统工程。实施乡村振兴战略，要以习近平新时代中国特色社会主义思想为指导，全面贯彻落实党的十九大精神和中央、全省农村工作会议精神，按照中央、省委关于实施乡村振兴战略的决策部署，把解决好"三农"问题作为全市工作重中之重，坚持农业农村优先发展，按照"产业兴旺、生态宜居、乡风文明、治理有效、生活富裕"总要求，建立健全城乡融合发展体制机制和政策体系，统筹推进农村经济建设、政治建设、文化建设、社会建设、生态文明建设和党的建设，加快推进乡村治理体系和治理能力现代化，加快推进农业供给侧结构性改革，加快推进农业农村现代化，走中国特色社会主义乡村振兴道路，让农业成为有奔头的产业，让农民成为有吸引力的职业，让农村成为安居乐业的美丽家园，为决胜全面建成小康社会、打造富裕美丽幸福现代化江西"南昌样板"奠定坚实基础。

——江西省委常委、时任南昌市委书记殷美根在全市农村工作会议上的讲话（2018 年 3 月 2 日）

深入推进农业供给侧结构性改革为主线，坚持质量兴农、绿色兴农，围绕我市农业产业四年提质增效的总体部署，着力转变发展方式、优化经济结构、转换增长动力，不断提高我市农业综合效益和竞争力，加快建设现代农业强市。重点抓好"五化"：一是产业化。要延长产业链、提升价值链、拓宽增收链，把农业打造成一二三产融合、上中下游一体、产供销加互促的"六次产业"。要注重培育和引进农业龙头企业，力争使我市国家级农业龙头企业占到全省半壁江山，同时要积极引导和推进龙头企业在境内外上市、新三板挂牌，促进龙头企业做大做强。二是项目化。要把项目作为推进农业发展的重要抓手，全面启动一批"田园综合体"建设，力争将"田园综合体"建设成为城乡融合发展的新支点、新引擎，打造都市现代农业"升级版"；要深入推进南昌绿谷"两区一廊"建设，高标准加快绿道、林网、水网等基础设施建设，努力将"南昌绿谷"建成国内一流的生态文明建设示范板块。需要注意的是，在推进农业项目特别是"田园综合体"、特色小镇等建设中，要防止内容重复、形态雷同、特色不鲜明和同质化竞争，要严防政府债务风险，严控房地产化倾向，严禁以建设特色小镇之名，大兴房地产之实，严格节约集约用地，严守生态保护红线。三是集约化。要大力发展家庭农场、农业大户等新型业态，促进"小户"变"大户"，培育多种新型农业经营主体；要大力推进农村产权流转交易平台建设，发展多种形式适度规模经营；要把农业空间、农业园区充分整合起来，深入实施"一乡一园"战略和"一村一品"工程，集中打造一批生产、加工、销售、休闲观光为一体的现代农业精品示范区，不断增强农业园区吸纳优质资源、承载重大项目、发展优势产业的能力。四是高质化。要坚持走质量兴农之路，把农产品质量安全作为现代农业发展的"生命线"，将质量管理贯穿于产品生产、运输、销售的全过程，深入实施绿色生态农业"十大行动"，积极开展农产品"三品一标"创建工作。要围绕绿色、优质、特色、品牌做文章，大力发展南昌县芦笋果蔬、安义县瓦灰鸡、进贤县清水大闸蟹、湾里区高山茶叶等特色农产品，提升农产品品牌影响力。要全面实施农业结构调整行动计划和林下经济行动计划，大力发展绿色富民产业，坚持"稳粮、扩菜、调畜、优渔"导向，大力发展高效经济作物及再生稻生产，力争今年全市粮食播种面积调整到万亩。五是科技化。要充分发挥南昌省会城市科技资源丰富的优势，抓好与高校、农科院、职校等合作，积极培育一批具有核心竞争力的新品种、新技术、新产品，培养一批农业科技带头人，推动科技成果进村入户、开花结果。同时，要积极运用"互联网+"思维，进一步拓宽农产品销售渠道，吸引更多的农业电商平台入驻，形成"线上线下"融合、农产品进城与农资和消费品下乡双向流通的格局。

——江西省委常委、时任南昌市委书记殷美根在全市农村工作会议上的讲话（2018年3月2日）

以"美丽南昌·幸福家园"环境综合整治和全市水环境综合治理为契机，坚持高标准建设、大力度整治、全方位保护，大力改善基础设施、环境面貌，打造整洁美丽、和谐宜居的新时代乡村，使农村成为安居乐业的美好家园。一要加快建设。要以全域规划为引领，结合我市"五位一体"示范村、新户型示范村和"六统四联创"等工作，把新农村建设"四精"工程打造成我市乡村振兴的示范工程。要把公共基础设施建设向农村延伸，加快农村公路、供水、电网、气象、信息和广播电视等基础设施建设，推动城乡基础设施共建共享、互联互通。二要加大整治。继续实施"美丽南昌·幸福家园"农村环境综合整治三年行动计划，大力改善农村人居环境。要聚焦农村垃圾、污水、粪污等主要污染源，集中开展系统整治，实现农村环境整治全领域、全范围、全覆盖。要全面完善农村环境整治的各项基础设施，建立健全科学管理机制，推动农村环境综合整治常态化、长效化。三要加强保护。要因地制宜，加大农村生态保护力度，统筹山水林田湖草系统治理。全力推进水环境综合治理，全面落实"河湖长制"，加快建立科学严格的水资源管理体系；大力推进林业生态建设，实施森林质量提升、富民产业、森林创建、生态文化、森林保护五大工程，继续开展严厉打击非法占用林地、鄱阳湖越冬候鸟和湿地保护等专项行动。

——江西省委常委、时任南昌市委书记殷美根在全市农村工作会议上的讲话（2018年3月2日）

积极倡导科学文明健康的生活方式和行为习惯，着力解决当前农村在乡风民风方面存在的不良现象、不良风气和不良习俗，培育农村健康积极向上的精神力量。一要开展基层文明创建。要大力开展基层文明系列创建活动，普及社会主义核心价值观公益广告宣传，开展文明村镇、文明信用农户、"六好村庄、六好农户"、"最美家庭"、"书香家庭"、"平安家庭"等农村精神文明创建活动，广泛开展"兴家风、淳民风、正社风"进农村活动，激发基层活力，深化创建内涵，让文明新风蔚然成风。二要开展先进文化活动。坚持以文化人、以文育人，不断丰富农村精神文化生活，更好地满足人民群众日益增长的精神文化需求。要完善农村文化设施，坚持多途径推进文化礼堂、乡风家风馆、农家书屋、文化广场等文化阵地建设。要加强传统文化保护，深入挖掘、继承创新南昌县采茶戏、安义县唢呐、进贤县泼蛇灯、湾里区关公灯、新建区板凳龙等优秀传统乡土文化，促使乡村优秀传统文化在新时代焕发出新的魅力和风采。三要开展陈规陋习整治。针对农村婚丧礼俗活动中存在的大操大办、封建迷信以及扰民现象，要加大整治力度，破除陈规陋习；积极倡导理性人情消费，提倡健康文明的社交礼仪，党员干部要自觉抵制各种庸俗的交往方式，带头遏制社会不良风气；要鼓励和引导群众不索要高额彩礼、财物，杜绝天价彩礼现象，推动形成文明节俭新风尚。

——江西省委常委、时任南昌市委书记殷美根在全市农村工作会议上的讲话（2018年3月2日）

充分发挥农村基层党组织作用，向贫困村、软弱涣散村、集体经济薄弱村党组织派出第一书记，并切实发挥作用。加强对农村基层干部的教育培训，做到干什么学什么、缺什么补什么，提高联系服务群众的能力、有效防控风险的能力、运用法律政策的能力，确保农村基层干部跟得上节拍、担得起重任。创新基层管理体制，健全乡村便民服务体系，打造"一门式办理""一站式服务"的综合便民服务平台，在真心为群众办实事、解难事中赢得群众信任，打牢社会治理的民心基础。

——江西省委常委、时任南昌市委书记殷美根在全市农村工作会议上的讲话（2018年3月2日）

加快农民脱贫致富步伐，改善农民生产生活条件，持续增进农民群众福祉，切实增强农民获得感幸福感。一要全力以赴打赢脱贫攻坚战。将精准脱贫作为实现"生活富裕"的基本任务，强化党政一把手负总责的责任制，加强政策保障，因地制宜、因户因人施策，统筹推进产业扶贫、就业扶贫、保障性扶贫、易地扶贫搬迁，注重扶贫与扶志、扶智、扶勤、扶德相结合，注重激发贫困群众内生动力，培养提升生产技能，教育引导群众勤劳致富。今年要坚决完成33个贫困村和7000名贫困人口的脱贫退出。特别是要对照省委、省政府脱贫攻坚"春季攻势"行动方案，充分利用春季3个月的有利时机，全力做好工作，为今年我市实现全面脱贫目标开好局、起好步、打好基础。二要全心全意促进农民大增收。要挖掘我市特色农业资源，壮大提升粮食、畜禽、水产养殖、饲料、特色经济作物与花卉苗木、中药材、农产品物流、富硒农产品等特色农业产业集群。要通过完善"田园综合体或龙头企业＋合作社（基地）＋农户"等利益联结机制，让农户分享生产、加工、销售环节的增值收益。要引导农民合作社通过土地入股、联合合作、技术服务、托管等方式，带动小农户发展农业生产，帮助小农户对接市场。三要全面兜底织好农村保障网。要加快发展农村社会事业，完善农村社保体系，推进城乡基本公共服务均等化，促进公共教育资源、医疗卫生资源、文化惠民工程等向农村倾斜。要按照兜底线、织密网、建机制的要求，着重在幼、学、劳、病、老、住、弱"七个有所"上用力，突出抓好乡镇薄弱中小学改造、农村留守儿童关爱、农村养老服务、健康乡村等项目建设，不断提高农村民生保障水平，增强农民的安全感、获得感和幸福感。

——江西省委常委、时任南昌市委书记殷美根在全市农村工作会议上的讲话（2018年3月2日）

按照"扩面、提速、集成"的要求，不断推进农村各项改革事业。要在巩固确权登记颁证成果的基础上，扎实推进"三权分置"改革试点，引导农村土地经营权有序流转。要大力推进农村集体产权制度改革，把农村经营性资产折股量化到人、确权到户，使资源变资产、资金变股金、农民变股东，让农民真正成为集体资产的所有者、管理者和受益者。同时，要统筹推进林权制度改革、水利改革、农垦改革、供销合作社综合改革等，不断增强农村发展动力活力。加强对创新举措和改革经验的总结提炼，形成制度成果，可复制、可推广的要加快推开。要统筹谋划城乡改革和农村内部改革，加快完善城乡融合发展体制机制。要积极探索宅基地所有权、资格权、使用权"三权分置"，适度放活宅基地和农民房屋使用权，努力为全省改革创造更多"南昌经验"。

——江西省委常委、时任南昌市委书记殷美根在全市农村工作会议上的讲话（2018年3月2日）

实施乡村振兴，是一项长期性、历史性任务，必须科学规划、注重质量、从容建设，不能刮风搞运动。一要科学谋划。抓紧研究我市乡村振兴战略的五年规划，统筹考虑全市产业发展、人口布局、公共服务、土地利用、生态保护等实际情况，切实增强规划的前瞻性、指导性、操作性和约束性。二要分类推进。科学把握不同村庄变迁发展趋势，分类指导、因地制宜、精准施策。对邻近城区、条件较好的乡村，要加快城镇基础设施和公共服务延伸；对自然历史文化资源丰富的乡村，要统筹做好保护和发展；对生态环境脆弱的乡村，要考虑实施渔民上岸等生态移民搬迁措施。三要突出特色。我市有很多乡镇特色鲜明，有的山清水秀，有的底蕴深厚，有的民俗独特。要发挥特色优势，以多样化为美，把挖掘原生态村居风貌和引入现代元素结合起来，提升乡村规划建设水平。要突出村庄的生态涵养功能，保护好林草、溪流、山丘等生态细胞，努力打造各具特色的现代版"富春山居图"。

——江西省委常委、时任南昌市委书记殷美根在全市农村工作会议上的讲话（2018年3月2日）

人才是乡村振兴的根本支撑。要把乡村人才队伍建设摆在突出位置，搭建发展平台，营造良好环境，让各类人才在乡村振兴的伟大实践中施展才华、实现价值。一要培育新型职业农民。实施乡村振兴，需要有一支爱农业、懂技术、善经营的新型职业农民队伍。要实施新型农民培育工程，鼓励返乡农民工、退伍军人、大中专毕业生和各类科技人员加入新型职业农民队伍。要加快发展农业职业教育，支持引导农民通过弹性学制接受中高等教育和技能培训。要着力培育壮大农业职业经理人、种粮能手、乡村工匠、文化能人、非遗传承人等农村实用人才队伍。二要加大招才引智力度。以贴近农业、农村发展需要为原则，拓宽引才渠道，创新引才方式，通过事业单位招聘、专业人才引进、企业自主引进等多种形式，加大科技、教育、医疗、文化等专业人才引进力度，培养造就一支懂农业爱农村爱农民的"三农"工作队伍。特别要深入实施"一村一名大学生工程"，鼓励和支持大学生在农村创新创业，使他们成为产业发展的领头雁、群众脱贫致富的领路人。三要大力推进回乡创业。以亲情、乡情、友情为纽带，打好"乡情牌""乡愁牌"，探索实施市民下乡、能人回乡、企业兴乡等"三乡"行动，鼓励支持农村外出人员返乡创业，做大"归雁经济"。各级党委、政府和相关部门要积极开通渠道、搭建平台，支持引导农村外出人员通过各种途径和方式建设家乡、回馈故里。

——江西省委常委、时任南昌市委书记殷美根在全市农村工作会议上的讲话（2018年3月2日）

乡村振兴是大战略，需要真金白银的大投入。要健全投入保障制度，创新投融资机制，拓宽资金筹集渠道，加快形成财政优先保障、金融重点倾斜、社会积极参与的多元投入格局。一要加大财政投入。坚持把农业农村作为财政支出的优先领域，加大倾斜力度，全面落实各项强农惠农富农政策。各县区要在土地出让金中，每年拿出一部分支持乡村振兴。要加大涉农资金统筹整合力度，加强资金绩效管理，提高财政支农资金使用效率。要积极盘活农村资源资产，拓宽资金来源。要发挥财政资金"四两拨千斤"作用，撬动金融资本和社会资本投入农业农村。二要强化金融支持。推动农村金融机构回归本源，把更多金融资源配置到农村经济社会发展，更好满足乡村振兴多样化金融需求。用好"滕王阁基金"，规范运作、积极投资、科学决策、严格审批，保证资金运行的公平、公正、公开。市属各金融机构要大力发展普惠金融，加快金融产品和服务创新，加大涉农贷款投放。要积极推进农业保险体系建设，提高农业大灾保险保障水平。三要用好社会资本。积极优化乡村投资环境，加强政策引导，落实和完善融资贷款、配套设施建设补助、税收减免等扶持政策，鼓励工商资本积极参与农村产业发展、脱贫攻坚等乡村振兴事业。同时，要加强监督管理，严禁下乡资本擅自改变农业用途、拖欠农民流转收益等违法违规行为，坚决防止因社会资本上山下乡、跑马圈地而把农民挤出去，保护好农民利益。

——江西省委常委、时任南昌市委书记殷美根在全市农村工作会议上的讲话（2018年3月2日）

作为省会城市要发展农业就必须区别于传统农业，必须走城乡融合发展之路，必须走都市观光农业之路，将"田园综合体"建设作为南昌实施乡村振兴战略的主平台和主抓手，作为南昌市发展现代农业的必由之路，这是市委、市政府从"一核两重"的战略目标指引和我市区域中心城市的产业定位出发作出的科学决策。从今年开始，我们在城市外环和"南昌绿谷"沿线，选择一批基础条件较好、产业发展较为成熟的现代农业园区和特色小镇，率先开展19个"田园综合体"建设，带动全市现代农业和都市观光农业整体转型升级。"田园综合体"建设不是简单的农业旅游空间布局，而是山水田园林的综合开发，是现代农业与旅游、教育、文化、健养等产业的深度融合以及智慧农业、现代商贸物流等新型业态的全面植入。

——时任南昌市委常委、南昌高新技术产业开发区党工委书记邱向军在全市农村工作会议上的讲话（2018年3月2日）

实施"田园综合体"建设要把握好四个关键。一要高标准规划。要瞄准国内一流"田园综合体"建设的标准，通过聘请国内一流的团队，因地制宜编制"田园综合体"总体规划和产业规划。二要注重龙头引进。要大举招大引强，加强与国内外有实力、有影响力的龙头企业合作，积极引进一批像南京巴布洛、山东三江集团、贵州镇远镖局以及省、市国有平台等企业投资"田园综合体"建设。三要强化产业支撑。"田园综合体"要实现可持续发展，关键是要有强大的产业作为基础，率先推进的 19 个"田园综合体"项目都是由现代农业龙头企业或者省、市国有平台为主导，但要坚决杜绝以建设"田园综合体"为名变相搞房地产开发。四要实现"政、企、民"互利。"田园综合体"所带来的利益不是投资方一家独大，而是"政、企、民"多方利益的分摊。政府要加大对"田园综合体"水、电、路、气等基础设施的配套完善力度，以"田园综合体"的示范效益带动当地新农村、特色小镇环境面貌的整体提升；原驻地的村集体、农户特别是贫困户要通过农民专业合作社这个纽带，以资产入股、土地流转或托管等方式，参与"田园综合体"的经营，从而实现村集体经济的壮大和农民及贫困户的稳定增收。

——时任南昌市委常委、南昌高新技术产业开发区党工委书记邱向军在全市农村工作会议上的讲话（2018 年 3 月 2 日）

过去的一年，全市上下坚决贯彻中央和省里决策部署，圆满完成了年度脱贫攻坚任务，47 个贫困村退出，9748 人实现脱贫，贫困发生率从 2% 下降到 0.66%。2018 年，全市上下要继续按照中央、省里提出的精准脱贫要求，全面发起脱贫攻坚强劲攻势，重点抓好三项工作。第一，继续强化责任。今年我市脱贫攻坚任务依然艰巨，省里下达了我市 6950 名贫困人口脱贫、33 个贫困村全部退出的年度计划，各县区、各部门要咬定目标不松劲，攻坚克难、真抓实干，确保年度任务圆满完成。第二，提高脱贫质量。要由过去的提升满意度向精准产业帮扶、提高脱贫质量转变，全力做好"两不愁三保障"政策落实落地、产业就业扶贫到户到人、问题整改全面到位、社会扶贫工作精准对接、贫困户脱贫内生动力充分激发、扶贫领域作风问题治理等工作。第三，迅速启动"春季攻势"。今天会上已印发了脱贫攻坚"春季攻势"行动方案，各县区、各部门要迅速落实有关要求，切实加强领导，抓紧制订方案，梳理列出清单，明确完成时限，实行台账管理，一件一件推进，一件一件销号。

——时任南昌市委常委、南昌高新技术产业开发区党工委书记邱向军在全市农村工作会议上的讲话（2018 年 3 月 2 日）

要按照"扩面、提速、集成"的要求，不断深化农业农村改革，激发农业农村发展活力。第一，扎实推进农村承包土地"三权分置"。推进农村承包土地"三权分置"改革是全面深化农村改革的破冰之举，各县区要强化组织领导，强化责任担当，合力务实推进。要进一步拓展确权成果的应用，加快土地经营权有序规范流转，发展多种形式的适度规模经营。第二，积极推进农村集体产权制度改革。这项改革是中央，省委、省政府作出的重要决策部署，时间紧、难度大、任务重，各先行开展试点的县区、乡镇，尤其是整体推进的湾里区，要切实增强责任感、紧迫感，全力做好这件惠及广大农民的实事，真正使农村资源变资产、资金变股金、农民变股东，让农民成为集体资产的所有者、管理者和受益者。要积极壮大农村集体经济，确保到 2020 年基本消除"空壳村"，尤其是南昌县、新建区要有更大作为，率先消除"空壳村"。第三，进一步深化农业农村投融资改革。乡村振兴需要大量的真金白银投入，各县区要在加大政府投入、整合涉农资金的基础上，进一步创新投融资机制，不断拓宽资金筹集渠道。市里已经明确，县区每年土地出让净收益不少于 15% 用于乡村振兴，各县区要用足用好这笔钱；要向市"滕王阁"基金争取更多的资金用于"田园综合体"和新农村建设；同时，要鼓励社会工商资本参与乡村振兴，创新采用 PPP 模式建设农业重大项目。

——时任南昌市委常委、南昌高新技术产业开发区党工委书记邱向军在全市农村工作会议上的讲话（2018 年 3 月 2 日）

党的十九大把脱贫攻坚作为决胜全面建成小康社会的三大攻坚战之一。我们要站在讲政治的高度，按照中央、省市脱贫攻坚工作要求，进一步巩固脱贫攻坚成果。一是抓好精准识别。扶贫、教育、农业、人社、住建、卫计、财政、公安、房管、市监、税务等部门要按照贫困户动态管理和数据比对工作要求，认真做好本部门的贫困户数据比对交换工作，确保贫困户对象精准。二是抓好扶贫小额信贷。要坚持户贷户用户还的原则，提升户贷比、提高户均贷。同时，要积极防范可能存在的信贷风险。三是抓好光伏扶贫。要按照"政府主导、确保质量、产权集体、收益分配"的原则，规范运维管理和效益使用。四是抓好驻村帮扶。要注重人员选派，将政治素质好、工作作风实、综合能力强、健康具备履职条件的人员派驻到贫困村。要严格对驻村工作队的考核检查，确保驻村帮扶工作取得实效。五是抓好资金项目管理。各县区要加快扶贫项目推进力度和资金拨付进度，规范资金使用管理，坚决杜绝扶贫资金闲置、滞留、套取挪用等现象的发生。

——时任南昌市委副书记、市人民政府市长刘建洋在全市实施乡村振兴战略暨脱贫攻坚工作推进会上的讲话（2018 年 9 月 7 日）

紧盯精准，着力提高脱贫质量。一是加大措施落实力度。对整体脱贫攻坚措施没有落实到位或工作有差距的镇村，要对照贫困村退出的九大指标体系，强化脱贫攻坚增收措施，加快贫困村基础设施建设进度，全力推进村容村貌改善。二是提升数据比对质量。要以精准扶贫数据比对为抓手，仔细甄别政策落实不到位、任务完成不到位的贫困户，实施重点整改、精准帮扶，切实增强脱贫攻坚的针对性和实效性。同时，要实行"谁分管、谁负责，谁比对、谁负责"，并以"签字背书"形式备案。三是加强贫困户动态管理。要统筹兼顾贫困边缘户的摸排和扶持工作，对符合贫困户条件的要动态管理、实时纳入，对不符合的要登记跟踪并耐心做好思想工作，防止出现漏评和群众认可度下降的问题。

——时任南昌市委副书记、市人民政府市长刘建洋在全市实施乡村振兴战略暨脱贫攻坚工作推进会上的讲话（2018年9月7日）

进一步强化政治意识，加大协调调度力度，发扬苦干实干、严谨细致的作风，真正做到懂扶贫、会帮扶、作风硬，以工作精准度提升群众满意度。一是主要领导要全力抓。要认真落实习近平总书记关于脱贫攻坚工作重要指示精神，强化一把手脱贫攻坚责任制，要靠前指挥、亲自过问，切实抓紧抓好抓实。二是分管领导要具体抓。要主动调度安排部署，做到遇到问题不回避、遇到困难不上交，面对问题主动化解、主动承担，将问题解决在一线、任务落实在一线。三是业务部门要协同抓。脱贫攻坚有关责任部门要进一步密切沟通配合，步调一致，协同作战，形成合力。牵头部门要切实担负责任，主动牵头、主动协调，配合部门要积极协助、密切配合，形成"宁可跨前一步形成交叉，也不能退后一步留下空档"的良好干事氛围。

——时任南昌市委副书记、市人民政府市长刘建洋在全市实施乡村振兴战略暨脱贫攻坚工作推进会上的讲话（2018年9月7日）

改善农村人居环境是现阶段乡村建设的主抓手，是实施乡村振兴战略必须打好的硬仗。我们要像抓城市建设一样下大力气推进农村人居环境整治，加快补齐农村基础设施建设短板。要深入实施"整洁美丽，和谐宜居"新农村建设。生态宜居美丽乡村建设不是大拆大建，也不是农村城市化。要尊重南昌农村实际，遵循农村发展规律，将原生态村居风貌和引入现代发展元素结合起来，要看得见山，望得见水，留得住乡愁。要拓宽投融资渠道，优化投融资模式，加大建设投入，加快补齐农村基础设施建设短板，推进城乡一体化发展。要按照全市"美丽南昌、幸福家园"农村环境综合整治三年行动的总体部署，全力推进农村环境综合整治，改善农业生态环境，促进农业可持续发展。

——时任南昌市委副书记、市人民政府市长刘建洋在全市实施乡村振兴战略暨脱贫攻坚工作推进会上的讲话（2018年9月7日）

要按照高质量发展的要求，将田园综合体和现代农业园区建设作为乡村振兴产业发展的主抓手和主平台。一要始终立足本土。前期我们提出了打造19个田园综合体和"一乡一园"建设任务，涌现了溪霞等一批在全国有影响力的现代农业园区，引进了南京巴布洛等一批高质量的田园综合体，已经有了很好的基础。下一步，我们要继续围绕产业振兴的具体要求，在打造建设上遵循乡村发展规律，始终注重乡土气息，以农为本，充分体现"田园"特征。二要坚持创新发展。要深入推进农业供给侧结构性改革，注重传统农业与现代农业的结合，积极拓展新模式新业态，特别是大力发展农业现代智能产业、健康产业、环境产业、文化产业等，使田园综合体和现代农业园区成为全市"一二三"产业融合发展的主平台。三要突出做优做特。要在发展内涵上注重特色示范，充分挖掘当地历史文化资源、特色优势产业，因势利导，打造特色田园综合体和现代农业园区。要注重资源要素向田园综合体和现代农业园区聚焦，在打造规模的基础上，提升发展质量，以高标准、高水平、高要求推动我市田园综合体和现代农业园区建设走在全省前列。

——时任南昌市委副书记、市人民政府市长刘建洋在全市实施乡村振兴战略暨脱贫攻坚工作推进会上的讲话（2018年9月7日）

坚持把发展都市现代农业作为乡村振兴的主旋律，加快构建都市现代农业体系。第一，加快构建都市现代农业生产体系。重点是立足大南昌都市圈战略定位，以中国云厨（南昌）全域产业园、江西铭宸农业科技产业园等重点高科技园区、现代农业综合体为引领，加快构建"现代农庄＋智能制造＋中央厨房＋冷链物流＋社区门店"为一体的都市现代农业生产体系。当前，要加快推进云厨产业园和铭宸产业园的项目投资，以及基础配套工程、主体工程和500家社区门店的建设，全力打造一二三产深度融合，在全省乃至全国具有引领作用的现代农业"航母"，带动我市现代农业全面繁荣。第二，加快构建都市智慧农业体系。以上海左岸芯慧公司为龙头，加快促进互联网、物联网、大数据、云计算等先进信息技术与现代农业集成发展，形成全市农产品生产、收购、储存、运输、销售、消费全链条可追溯的智慧农业体系。第三，加快构建都市观光农业体系。以沿南昌城市外环20个左右田园综合体建设为中心，大力培育建设一批休闲观光农业、民宿经济、农村电商、村落景区、健康养老等新业态，推动乡村从主要卖产品向更多卖风景、卖文化、卖体验转变，促进农文旅深度融合，大力发展"美丽经济"。

——时任南昌市委常委、南昌高新技术产业开发区党工委书记邱向军在全市实施乡村振兴战略暨脱贫攻坚工作推进会上的讲话（2018年9月7日）

要全面提升"南昌绿谷"品质。第一，建设国内一流的生态文明示范区。要以欧洲著名生态景观——斯洛文尼亚布莱德景区为标杆，依托梅岭山脉、观察水库、溪霞水库等山水资源，高品质打造一批生态景观，着力将"南昌绿谷"打造成国内一流的生态景区。第二，建设农文旅深度融合的田园综合体标杆区。深度推进安义古村、南昌菜园、太平九龙溪、溪霞现代农业园等田园综合体建设，率先将其打造成农文旅深度融合的田园综合体，为我市观光农业谋好篇、布好局。第三，建设一二三产深度融合的现代农业展示区。以中国云厨全域产业园、江西铭宸农业科技产业园等为引领，加快打造一二三产深度融合的现代农业综合体，快速推动我市现代农业提质增效。第四，建设高质量生态宜居美丽乡村的样板区。安义县、湾里区、新建区要切实按照"四精"要求，加大工作力度，强化资金投入，高质量率先全面推进"南昌绿谷"沿线的生态宜居美丽乡村建设，在全省当标杆、作示范。第五，建设农业农村全面深化改革的试验区。加快推进"南昌绿谷"区域内农村集体产权制度、"三权"分置、村集体经济、移风易俗等各项农业农村改革，打造推广一批亮点和经验，为全市、全省深化农业农村改革作示范。

——时任南昌市委常委、南昌高新技术产业开发区党工委书记邱向军在全市实施乡村振兴战略暨脱贫攻坚工作推进会上的讲话（2018年9月7日）

坚持把田园综合体建设作为乡村振兴的主平台。一是要强化规划引领。各县区要学习借鉴高安巴夫洛等国内一流田园综合体的建设标准，通过聘请一流的规划团队，因地制宜编制区域内田园综合体总体规划。各开发建设主体要突出以农业为主角，注重农文旅深度融合，高标准编制田园综合体专项规划。二是要加快基础设施建设。按照城乡融合发展的思路，各县区、各开发建设主体要密切协调配合，高标准加快推进田园综合体的路网、林网、水网、管网、电网等基础设施建设，不断完善基础配套功能，为下一步全面推进主体项目建设打下坚实基础，确保田园综合体建设尽快投产见效。三是要加强市场化运作。高质量建设田园综合体，关键是依靠市场主体推动，仅仅依靠本土企业、能人乡贤远远不够，必须要引进龙头企业唱主角，着力引进一批大型央企、上市公司、龙头企业或者省、市国有平台来高标准、高品位、高质量推进。四是要突出共建共享。通过田园综合体建设全面带动当地新农村、特色小镇建设和环境面貌的整体提升，促进村集体经济壮大以及贫困户脱贫致富。

——时任南昌市委常委、南昌高新技术产业开发区党工委书记邱向军在全市实施乡村振兴战略暨脱贫攻坚工作推进会上的讲话（2018年9月7日）

坚持把生态宜居美丽乡村建设作为乡村振兴的主抓手。从2018年起，利用五年时间，全市要着力沿田园综合体、"南昌绿谷"、高铁和铁路、城市外环、重要水系、重要景区、国省道、旅游专线等周边，高质量打造建设一批生态宜居美丽乡村试点线路、县区、乡镇、村庄、庭院。要立足打造中部一流、全省标杆的目标定位，聘请一流的规划队伍，开展规划编制，构建全域规划体系。要学习借鉴桐庐全域规划的理念，全面构建"县城—中心镇—特色镇—中心村—特色村"的空间结构体系，加快形成"覆盖全县、统筹兼顾、层次分明、彰显特色"的美丽乡村建设规划体系。要科学布局镇村建设空间、产业发展空间、道路系统、生态系统等，划分好功能区域，形成山、水、田、林、路、房、网合理布局。要构建完善县、乡、村三级规划管理体制，确保规划严格执行到位。

——时任南昌市委常委、南昌高新技术产业开发区党工委书记邱向军在全市实施乡村振兴战略暨脱贫攻坚工作推进会上的讲话（2018 年 9 月 7 日）

建立"多头汇聚"融资渠道。各县区要通过财政的真金白银、金融的源头活水、工商资本的上山下乡，进一步加大财政投入，加强金融信贷，强化市场运作，确保乡村振兴所需资金落实到位。特别是要大力创新投融资渠道和方式，吸引更多社会资本以及省、市国有平台参与到乡村振兴发展，切实解决乡村振兴钱从哪里来的问题。

——时任南昌市委常委、南昌高新技术产业开发区党工委书记邱向军在全市实施乡村振兴战略暨脱贫攻坚工作推进会上的讲话（2018 年 9 月 7 日）

市委常委会决定每年由市农业农村领导小组组织开展乡村振兴专项巡看活动，重点看乡村振兴、美丽乡村建设、农村人居环境整治、田园综合体建设、脱贫攻坚等工作，并通过评比打分排列位次，推动形成"比学赶超"浓厚氛围。这项活动是我市在全省推进乡村振兴的创新之举，各县区要围绕高质量推进乡村振兴和美丽乡村建设的目标要求，闻风而动，奋发作为，每年精心打造一批可看、可学的亮点工程，相互学习、相互借鉴、相互促进。在具体推进过程中，要采取倒排工期、挂图作战、定期巡查、现场会推动等方式高质量快速推进工作。

——时任南昌市委常委、南昌高新技术产业开发区党工委书记邱向军在全市实施乡村振兴战略暨脱贫攻坚工作推进会上的讲话（2018 年 9 月 7 日）

我们要按照中央和我省打赢脱贫攻坚战三年行动的安排部署，紧紧围绕高质量脱贫这一目标要求，确保按时完成 80 个贫困村退出，19097 户 51404 人脱贫。下步工作，重点要把控好"五条线"：

一、紧盯考核评估标线。考核方式、考核指标体系和评分细则，我们多次在会上都讲了。请大家对照党委、政府脱贫攻坚工作成效考核检查指标体系，提前谋划年度考核准备工作，实现逐项落实、逐户逐村过关、县区进位、全市争先的目标。

二、筑牢政策保障防线。一是教育扶贫再对接，确保资助不漏一人、不让一人因经济困难失学辍学。二是健康扶贫再提升，要全面落实贫困群众县域内住院"先诊疗后付费"、"一站式"结算、个人自付 10% 以内和家庭医生签约服务等健康扶贫政策。三是安居扶贫再推进，要进一步加大危旧房排查、鉴定和改造推进力度。四是光伏扶贫再规范，明确光伏电站产权归村集体所有，收益要通过设置公益性岗位、产业奖补和公共基础服务设施等方式使用。同时各地要加强日常管理和维护，保障光伏电站产出效益持续稳定。

三、严守资金项目红线。一是要建好项目库。省里已明确要求 10 月底前完成"两不愁三保障"、村级基本公共服务和已论证成熟的产业项目的三年滚动项目入库。二是要制订年度项目计划。要按照每年 11 月底前批复下年度项目实施计划的要求，倒排工期，做实做细项目立项实施前的实地核查、论证等工作。三是要优化资金项目管理流程。要按照资金和项目管理办法，提高项目安排和资金支付使用效率。四是要严格执行公告公示制。按照省里扶贫资金项目公告公示制实施意见的要求和"谁分配、谁使用、谁公开"的原则，公开相关信息内容。五是要定期清理回收闲置资金。确保达到当年结余结转率低于 8% 和上一年度低于 2% 的要求。六是要建立同级审机制。组织县级审计部门或聘请有资质的第三方机构开展同级审，做到在上级发现问题前本级先检查、先发现、先整改到位。

四、用好数据比对尺线。一是精准识别比对。重点对有商品房、车辆、工商营业执照、缴纳个人所得税等疑似错进对象进行分析核查。二是"两不愁三保障"政策落实比对。三是"两业"扶贫、小额信贷、"雨露计划"等比对。

五、坚守风险防范底线。随着脱贫攻坚转向深入，有些潜在风险也会随之而来，大家务必树立风险意识，做好风险防范工作。最重要的是要切实防范完不成任务的风险。同时，要切实防范经济风险、债务风险、社会风险。

——时任南昌市人民政府副市长樊三宝在全市实施乡村振兴战略暨脱贫攻坚工作推进会上的讲话（2018 年 9 月 7 日）

乡村振兴，摆脱贫困是前提。实施乡村振兴战略是打好脱贫战役的有力促进。当前，我市脱贫攻坚工作取得突破性进展，同时也进入了攻城拔寨、啃"硬骨头"的关键阶段，剩下的多为"贫中之贫、困中之困、难中之难"，加上贫困户居住分散、贫困村分布不集中、贫困人口多为老弱病残，导致"开发式扶贫"和"参与式扶贫"力度不够，贫困户脱贫致富信心和能力不足。实施乡村振兴战略，为脱贫攻坚提供了新目标、新动能、新保障。我们要坚持以乡村振兴战略为统揽，通过集中统筹公共资源和广泛动员社会力量参与，注重扶贫与发展联动，建立扶贫脱困长效机制，防止脱贫后返贫，真正实现乡村全面振兴。

——时任江西省委常委、南昌市委书记殷美根在全市实施乡村振兴战略暨脱贫攻坚工作推进会上的讲话（2018 年 9 月 7 日）

作为传统农业大省的省会城市，南昌发展都市现代农业具有良好基础和优势。要全面实施《南昌市"十三五"都市现代农业发展规划》，以大都市区现代农业为战略方向，以"六区"（即把南昌打造成江西省的"菜篮子"产品主要供给区、农业先进要素聚集区、都市现代农业示范区、农业多功能开发样板区、农产品物流核心区和信息化示范区、农业农村综合改革试验区）建设为定位，以中国云厨全域产业园和江西铭宸农业科技产业园建设为抓手，加快农业供给侧结构性改革，进一步丰富城乡居民的"米袋子""菜篮子""果盘子""奶瓶子"。要大力实施"藏粮于地、藏粮于技"战略，以高标准农田建设为突破口，推进农业规模化经营，提升农业设施装备水平，提高粮食综合生产能力。要积极构建农业与二三产业深度融合的现代产业体系，实施农产品加工业提升行动，推动种养业向加工流通业全链条发展，推进农产品加工转化增值；大力发展"互联网＋现代农业"，鼓励发展直销直供、农产品电商等流通新业态；实施休闲农业和乡村旅游提质扩面工程，发展农业旅游、文化创意、民宿民俗、健康养生等产业，承办好第四届全国民宿客栈旅游投资南昌峰会。

——江西省委常委、时任南昌市委书记殷美根在全市实施乡村振兴战略暨脱贫攻坚工作推进会上的讲话（2018 年 9 月 7 日）

绿色生态是现代农业发展的必然趋势，更是我市农业发展的最大优势。要坚持打绿色牌、生态牌，深入推进绿色生态农业"十大行动"（即绿色生态产业标准化建设行动、"三品一标"农产品推进行动、绿色生态品牌建设行动、化肥零增长行动、农药零增长行动、养殖污染防治行动、农田残膜污染治理行动、耕地重金属污染修复行动、秸秆综合利用行动、农业资源保护行动），大力发展绿色农业、优质农业、特色农业，努力建设全国重要的绿色农产品生产区和绿色农业示范区，让绿色生态环保成为我市现代农业发展的底色。要大力实施农业品牌提升行动，进一步唱响"生态鄱阳湖、绿色农产品"金字招牌，大力发展"三品一标"农产品（即无公害农产品、绿色食品、有机农产品和农产品地理标志），完善农产品质量安全监管体制，扩大农产品标准化及可追溯体系建设，确保"舌尖上的安全"。要以现代农业"一乡一园"建设为抓手，促进特色农业集群化发展，重点培育一批在全国同行业具有领先水平的大型加工龙头企业和企业集群，提高现代农业发展综合竞争力。

——江西省委常委、时任南昌市委书记殷美根在全市实施乡村振兴战略暨脱贫攻坚工作推进会上的讲话（2018 年 9 月 7 日）

坚持将田园综合体建设作为乡村振兴的主平台和主抓手，加快推进全市 20 个综合体项目尽快投产见效。要强化规划引领,科学编制全市田园综合体总体发展规划,各开发建设主体要聘请国内一流团队,因地制宜编制田园综合体的专项规划。要高标准建设,对照国内一流田园综合体建设的标准,着力打造一批全省乃至全国农文旅深度融合的田园综合体示范标杆。要强化市场运作,着力引进一批大型央企、上市公司、龙头企业或者省、市国有平台来高标准、高品位、高质量推进。要加快推进速度,有关县区要进一步加大力度、强化调度,各建设主体要调集精兵强将,扎实有序推进规划编制、项目建设、运行管理等各项工作。同时,要全力推进"南昌绿谷""两区一廊"建设,加快凤凰沟、工控科创智谷、钟陵南昌硒谷、千年古村群、南昌菜园和九龙溪等田园综合体的深度开发。

——江西省委常委、时任南昌市委书记殷美根在全市实施乡村振兴战略暨脱贫攻坚工作推进会上的讲话(2018年9月7日)

建设生态宜居美丽乡村是广大农民的殷切期望,也是推进乡村振兴的重要环节。要紧盯高质量建设的目标,突出生态宜居美丽要求,立足实际、科学论证,着眼体现乡村特点,尊重乡村自然机理和文化历史文脉,坚持镇、村、园联动,山、水、林、田、路、房、网等合理布局,依山就势、傍河就景、山水一体,统筹做好乡村规划建设,切实做到精心规划、精致建设、精细管理、精美呈现。要着重在沿田园综合体、"南昌绿谷"、高铁和铁路、城市外环、重要水系、重要景区、国省道、旅游专线等周边,高质量打造一批生态宜居美丽乡村试点线路、县区、乡镇、村庄、庭院。今年要大力推进进贤、安义、湾里3个美丽示范县区,21个特色小镇,26个示范村等建设,全面完成年度2000个左右新农村村点建设整治任务,切实构建"连点成线、拓线成面、突出特色、整片打造"的秀美乡村建设新格局。

——江西省委常委、时任南昌市委书记殷美根在全市实施乡村振兴战略暨脱贫攻坚工作推进会上的讲话(2018年9月7日)

良好生态环境是农村最大优势和宝贵财富。要牢固树立"绿水青山就是金山银山"的理念,加大农村生态保护力度,统筹山水林田湖草的系统治理,全力推进水环境综合治理,全面落实"河湖长制",深入开展打击非法占用林地、鄱阳湖越冬候鸟和湿地保护等专项行动。今年是全省农村生活垃圾治理工作迎接国检年,全市上下要进一步加大工作力度,聚焦村容村貌提升、垃圾污水治理、农村"厕所革命"等重点工作,坚持问题导向,对部分地区仍存在的陈年垃圾清理不到位、垃圾转运不及时、拖欠保洁员工资、垃圾随地倾倒焚烧等直接影响国检验收和绩效评价的问题,必须尽快整改到位,确保顺利通过国家验收。

——江西省委常委、时任南昌市委书记殷美根在全市实施乡村振兴战略暨脱贫攻坚工作推进会上的讲话(2018年9月7日)

基础设施建设滞后，是推进乡村振兴和脱贫攻坚的最大短板。要继续把基础设施建设重点放在农村，加快农村公路、供水、供气、环保、电网、物流、信息、广播电视等基础设施建设，推动城乡基础设施共建共享、互联互通。全面推进"四好农村路"建设，加快实施通村组硬化路建设。推进节水供水重大水利工程，保障农村地区饮水安全。加快新一轮农村电网改造升级，制订农村通动力电规划，推进农村可再生能源开发利用。推进"快递下乡"工程，提升农村邮政快递服务能力。实施"数字乡村"战略，加快农村地区宽带网络和第四代移动通信网络覆盖步伐，推动远程医疗、远程教育等应用普及，弥合城乡数字鸿沟。

——江西省委常委、时任南昌市委书记殷美根在全市实施乡村振兴战略暨脱贫攻坚工作推进会上的讲话（2018年9月7日）

推进乡村振兴，既要塑行，更要铸魂。要以弘扬和践行社会主义核心价值观为根本任务，繁荣和发展农村文化，加快形成文明乡风、淳朴民风、良好家风。现在农村一些地方婚丧嫁娶盲目攀比、大操大办，不尽赡养义务、厚葬薄养，聚众赌博等等问题依然存在，有的还比较严重。要将此作为乡村新风建设的突破口和着力点，推动农村移风易俗，划清传统民俗和陈规陋习的界限，旗帜鲜明反对天价彩礼、铺张浪费、大操大办、封建迷信等不良风气，加大力度整治农村赌博，树立积极向上的文明乡风。要稳步推进绿色殡葬改革，殡葬改革的关键在于方式方法，要把工作做细做深做透，总的原则就是四句话："蹄疾步稳、疏堵结合，基础先行、配套跟上，稳化存量、严控增量，防止简单化、不搞一刀切"。

——江西省委常委、时任南昌市委书记殷美根在全市实施乡村振兴战略暨脱贫攻坚工作推进会上的讲话（2018年9月7日）

生活富裕是乡村振兴的根本。要加快农民脱贫致富步伐，坚决打好脱贫攻坚战，紧紧围绕6950人脱贫、33个省市级贫困村退出的年度目标，全力实施"秋冬冲刺"行动，全面落实"两不愁三保障"政策，积极发挥驻村"第一书记"作用，提升产业扶贫水平，开展精神扶贫，鼓励贫困群众参与脱贫攻坚，激发贫困群众内生动力，不断提高扶贫脱贫质量。要按照抓重点、补短板、强弱项的要求，大力实施乡村便民惠民工程，坚持不懈地解决好农民群众最关心最直接最现实的利益问题，逐步建立健全全民覆盖、普惠共享、城乡一体的基本公共服务体系，让农民过上生活便利、保障有力、幸福健康、安居乐业的美好生活。

——江西省委常委、时任南昌市委书记殷美根在全市实施乡村振兴战略暨脱贫攻坚工作推进会上的讲话（2018年9月7日）

要加大农村社会事业发展投入力度，按照兜底线、织密网、建机制的要求，着重在幼、学、劳、病、老、住、弱"七个有所"上用力，优先发展农村教育事业，提升农村医疗卫生水平，加强农村危旧房改造，突出抓好乡镇薄弱中小学改造、农村留守儿童关爱、农村养老服务、健康乡村等项目建设，不断提高农村民生保障水平，增强农民的安全感、获得感和幸福感。

——江西省委常委、时任南昌市委书记殷美根在全市实施乡村振兴战略暨脱贫攻坚工作推进会上的讲话（2018年9月7日）

坚持党委把方向、出主意，政府做规划、抓落实，健全党委统一领导、政府负责、党委农村工作部门统筹协调的农村工作领导体制，压实党委和政府一把手"第一责任人"职责，形成市、县、乡、村"四级书记抓"的工作格局，特别是县（区）书记要下大力气抓好"三农"工作，当好乡村振兴"一线总指挥"。要建立县乡党政领导班子和领导干部推进乡村振兴战略的实绩考核制度，将考核结果作为年度目标考核和选拔任用干部的重要依据，以考核指挥棒作用倒逼责任落实。要进一步提升乡村振兴工作在县、乡年度综合目标考核中的占比，高质量开展年度"三农"专项巡察工作。

——江西省委常委、时任南昌市委书记殷美根在全市实施乡村振兴战略暨脱贫攻坚工作推进会上的讲话（2018年9月7日）

强化统筹，科学规划坚持把农业农村作为财政支出的优先领域，加大倾斜力度，全面落实各项强农惠农富农政策。加大涉农资金统筹整合力度。创新投融资机制，用好"滕王阁"基金，大力发展普惠金融，加快金融产品和服务创新，加大涉农贷款投放。积极推进农业保险体系建设，提高农业大灾保险保障水平。优化乡村投资环境，鼓励社会资本参与农村产业发展、脱贫攻坚等乡村振兴事业，同时加强监督管理，避免社会资本上山下乡、跑马圈地把农民挤出去的现象，切实保护好农民利益。

——江西省委常委、时任南昌市委书记殷美根在全市实施乡村振兴战略暨脱贫攻坚工作推进会上的讲话（2018年9月7日）

紧紧围绕"培育乡村振兴主力军"目标，推动"一村一名大学生工程"提质升级。大力实施新型职业农民培育工程，从小农户中培养造就一支爱农业、懂技术、善经营的新型职业农民队伍，培育形成一批家庭农场、专业大户、农民合作社等现代新型农业经营主体。实施引才回乡工程，完善返乡创业支持保障体系，让"走出去"的成功人士"走回来"，实现"人才资金回流"。鼓励大学生村官扎根基层，引导高校毕业生到农村基层工作，让大学生"下得去、留得住、干得好、流得动"。

——江西省委常委、时任南昌市委书记殷美根在全市实施乡村振兴战略暨脱贫攻坚工作推进会上的讲话（2018年9月7日）

截至 7 月底，今年实现产业扶贫 1198 人、就业扶贫 1530 人，未脱贫人口减少到 6893 户 17377 人，贫困发生率从 2% 下降到 0.66%，80 个省市贫困村已有 47 个顺利达标退出。全市贫困人口"两不愁三保障"得到全面落实，实现了贫困户"低保兜底零遗漏、医疗服务零障碍、教育保障零负担、危房改造零压力"。但要清醒地认识到，脱贫攻坚工作已经进入了攻城拔寨、啃"硬骨头"的关键阶段，面临的形势更为严峻、任务更为艰巨。全市上下务必要围绕年初确定的计划、围绕高质量完成省下达的任务、围绕走在全省前列的工作目标，以脱贫攻坚"秋冬会战"行动为抓手，集中精力，攻坚克难，确保完成今年 6950 名贫困户脱贫、33 个贫困村退出的目标任务。

——时任南昌市人民政府副市长樊三宝在脱贫攻坚工作电视电话会议上的讲话（2018 年 9 月 27 日）

脱贫攻坚"秋冬会战"个个身上有责任、人人肩上有指标。市"四套班子"特别是各挂点市领导要以上率下，既要压力传导，更要一线调度，决不当"甩手掌柜"。县、乡两级党委政府要担负主体责任，尤其党政一把手要负总责、总负责。各级对口部门要落实帮扶责任，做到贫困对象不脱贫、帮扶单位不脱钩。村"两委"干部、驻村帮扶干部、第一书记要与贫困群众一块上一块干，切实发挥好"领头雁"作用。各类帮扶企业、社会组织要齐上阵，担当社会责任，积极参与脱贫攻坚，努力形成大扶贫格局。

——时任南昌市人民政府副市长樊三宝在脱贫攻坚工作电视电话会议上的讲话（2018 年 9 月 27 日）

"秋冬会战"行动的目标、任务、举措已经明确，关键在于精准施策、抓好落实。当前，要重点抓好以下几个方面的工作：一是扎实开展动态管理。各县区要严格按照程序，组织开展贫困户脱贫、贫困户新识别、人口自然变更、贫困村退出、信息采集更新录入等动态管理工作，同时扎实开展国扶办建档立卡 APP 推广和培训。二是扎实推进数据比对。要认真开展本级本部门的数据比对工作，对发现的疑似问题结合实际分析，开展实地核查，对确实属实的要建立台账、限时整改到位。三是扎实推进产业扶贫。继续发展优势扶贫主导产业，积极发展小额信贷扶贫、光伏扶贫、电商扶贫、金融扶贫、旅游扶贫等，确保产业扶贫全覆盖；进一步提高组织化程度，以组建合作组织为渠道，全面完善产业扶贫利益联结和带贫益贫机制，提高贫困农户发展产业的参与度和获得感。四是全面提升保障扶贫。继续加强学籍管理系统数据与建档立卡信息系统动态衔接，确保贫困家庭学生享受各种助学政策；继续筑牢基本医保、大病保险、补充保险和医疗救助"四道保障线"，探索建立"爱心"救助兜底机制新防线；继续做好对贫困户、住危旧房的边缘户的危旧房全面鉴定，采取相应的改造措施。五是全面加强驻村帮扶管理。强化第一书记队伍，优化驻村工作队配备，重点提高第一书记、驻村工作队、乡村干部实际攻坚能力，培育一支懂扶贫、会帮扶、作风硬的扶贫干部队伍；以县为单位对扶贫队伍开展考核，对工作优秀和表现突出的，在干部任用、表彰奖励、抚恤救助等方面予以优先考虑，对帮扶不力的坚决召回，并实行召回干部和派出单位"双问责"。六是大力开展精神扶贫。加大典型宣传力度，创新宣传形式，注重培育发掘和总结宣传脱贫典型；强化正向激励机制，采用生产奖补、劳务补助、以工代赈等方式，积极鼓励贫困群众参与脱贫攻坚。对"因懒致贫、因赌致贫、因婚致贫、因子女不赡养老人致贫"等不良现象，因户施策教育惩戒，建立反向约束机制。

——时任南昌市人民政府副市长樊三宝在脱贫攻坚工作电视电话会议上的讲话（2018 年 9 月 27 日）

各级要坚持领导带头、求真务实，坚决防止形式主义，严禁弄虚作假，确保扶贫工作务实、脱贫过程扎实、脱贫结果真实。要在充分汲取去年考核评估的经验基础上，对照考核评估要求，优化考评指标，注重考核结果运用，对工作实绩突出的县区、部门和个人进行表彰奖励，对扶贫责任落实不力、扶贫效果不实的，从严追究责任。要加大巡查督导和执纪问责力度，盯紧扶贫资金使用管理不规范、帮扶工作不实、虚假脱贫、数字脱贫等问题开展督查，对贪污挪用、截留私分、优亲厚友、虚报冒领、雁过拔毛、强占掠夺等问题要严惩不贷；对工作不力和不作为、慢作为的干部要严格问责。特别要强调的是，省脱贫攻坚第九督察组已进驻我市，即将对各级各部门开展常态化督察，各地务必积极配合督察组工作并充分运用督察反馈结果，开展一次巩固提升行动。

——时任南昌市人民政府副市长樊三宝在脱贫攻坚工作电视电话会议上的讲话（2018 年 9 月 27 日）

农业是国民经济的基础产业，农村是经济社会发展不可或缺的重要组成部分，农业基础稳固，农村和谐稳定，农民安居乐业，全市经济社会发展大局就有保障。当前，外部环境正在发生深刻变化，经济下行压力加大，各种风险和困难明显增多，越是在这种情况下，越要把"三农"工作这个基础打牢打扎实。市委十一届六次全会提出要在大南昌都市圈建设征程中续写高质量跨越式发展新篇章，就必须稳定"三农"工作这个基本盘，高质量做好"三农"工作。要始终坚持农业农村优先发展总方针，把"三农"工作作为决定我市高质量跨越式发展的基础性工作来抓，优先谋划、优先安排、优先推进，不断巩固和发展农业农村好形势，为全市经济社会持续健康发展提供有力支撑。

——江西省委常委、时任南昌市委书记殷美根在全市农村工作会议上的讲话（2019 年 2 月 27 日）

"三农"工作直接影响全面建成小康社会的成色和含金量。必须把"三农"工作摆在重中之重的位置，采取更加有力的措施加快补齐短板，啃下"三农"工作的硬骨头，确保率先全面小康的战略目标如期实现。

——江西省委常委、时任南昌市委书记殷美根在全市农村工作会议上的讲话（2019 年 2 月 27 日）

打赢脱贫攻坚战是全面建成小康社会的底线任务。我们要坚定不移把脱贫攻坚作为全市第一民生工程，坚持"输血""造血"双管齐下，一鼓作气，尽锐出战，不折不扣完成年度脱贫任务，兑现向中央、省委和全市人民作出的庄严承诺。要着力完善"三大机制"：一是完善"全面保障"巩固机制。深入推进精准帮扶"十大行动"，不折不扣推动兜底保障、健康、教育、安居、"两业"等扶贫政策的精准落实，确保 2019 年 8200 名贫困人口完成脱贫任务，确保 2020 年现行标准下农村贫困人口全面脱贫。持续巩固提升已退出的 80 个贫困村和已脱贫人口的脱贫成效和质量，既要坚持现行扶贫标准，又要体现高质量脱贫，全力推动我市脱贫攻坚成效进入全省"第一方阵"。全面排查整改影响"两不愁三保障"实现的突出问题，加强贫困户动态管理和系统数据管理，坚决反对擅自拔高或降低目标标准，坚决反对急躁蛮干、消极拖延，坚决反对数字脱贫、虚假脱贫。二是完善"造血能力"提升机制。进一步提升"两业"扶贫成效，增强贫困人口参与产业发展和拓展稳定收入渠道能力，实现稳定持续增收。因地制宜发展长效扶贫产业，全面推行产业扶贫"五个一"模式（培育一批新型经营主体、建成一片高标准农田、兴建一个现代农业示范园、完善一个村集体经济组织、建立一个电商服务平台），着力解决扶贫产业产销脱节、风险保障不足等问题。扎实推进"雨露计划"培训、贫困劳动力技能培训、致富带头人培训，支持就业扶贫基地、龙头企业扶贫基地、就业扶贫车间、新型农村合作社和就业扶贫专岗等平台建设，吸纳更多贫困户劳动力就近就地就业。三是完善"福利依赖"制约机制。坚持把扶贫与扶志、扶智结合起来，大力开展脱贫攻坚"感恩行动"，激励贫困群众知党恩、跟党走，广泛宣传自力更生、自主脱贫的先进事迹和典型，讲好贫困群众"脱贫故事"，增强贫困群众内生动力和自我发展能力。探索建立反向约束机制，实施"教育＋奖励＋惩戒"措施，防止政策养懒汉、"养不孝"和将家庭责任转嫁政府和社会等不良风气。对收入水平略高于建档立卡贫困户的群众，要积极研究有针对性的支持措施，防止出现脱贫攻坚的"夹心层"。特别强调的是，要切实抓好中央脱贫攻坚专项巡视以及省委巡视和扶贫领域各类监督检查发现问题的"春季整改"工作，确保整改不反复、问题不反弹。

——江西省委常委、时任南昌市委书记殷美根在全市农村工作会议上的讲话（2019年2月27日）

贯彻落实"巩固、增强、提升、畅通"八字方针要求，深化农业供给侧结构性改革，大力发展品牌农业、规模农业、工厂农业、智慧农业、绿色农业、创新农业等，加快构建"产地生态、产品绿色、产业融合、产出高效"的现代农业发展新格局。一要毫不动摇稳增收。中央和省委始终强调"毫不放松粮食生产"，要求稳定粮食播种面积，确保国家粮食安全和重要农产品有效供给。我们要大力实施"藏粮于地、藏粮于技"战略，巩固全国粮食主产区地位，严守耕地红线，持续推进高标准农田建设，积极有序推进土地流转，因地制宜推动规模化生产经营，做到让农户得实惠、承包户有积极性、农产品有市场。要切实抓好粮食生产，稳定完善扶持粮食生产政策举措，保障农民种粮基本收益，大力发展紧缺和绿色优质农产品生产，深入实施优质粮食工程和农产品质量安全保障工程，不断提升粮食生产的质量。二要全力以赴优结构。坚持以种养多元、质量调优、创出特色为方向，在抓好农业结构调整"1+9"行动计划和林下经济发展"1+6"行动计划基础上，突出发展蔬菜、花卉苗木、中药材、特色水果等4个南昌特色的主导产业。坚持打绿色牌、生态牌，深入推进绿色生态农业"十大行动"，大力发展绿色农业、优质农业、特色农业，大力实施农业品牌提升行动，进一步唱响"生态鄱阳湖、绿色农产品"金字招牌，大力发展"三品一标"农产品，完善农产品质量安全监管体制，扩大农产品标准化及可追溯体系建设，确保"舌尖上的安全"。三要千方百计促融合。以"延伸产业链、打造供应链、提升价值链、共享利益链"为核心，以现代农业"一乡一园"建设为抓手，加快推进一二三产业融合发展。要大力实施农产品加工业提升行动，重点培育一批在全国同行业具有领先水平的大型加工龙头企业和企业集群，提高现代农业发展综合竞争力。要深入挖掘农业的生态价值、休闲价值、文化价值，大力培育建设一批休闲观光农业、民宿经济、农村电商、村落景区、健康养老等新业态，促进农文旅深度融合。要积极推进"互联网＋农业"，加快构建"现代农庄＋智能制造＋中央厨房＋冷链物流＋缤纷市集＋社区门店"为一体的都市现代农业生产体系。要重点加快田园综合体建设，因地制宜发展特色产业，充分挖掘各地文化、历史、自然、生态等特色优势，实行错位化发展、避免同质化竞争，今年在推进市级25个田园综合体的基础上，要在重要节点、重要区域，着力打造 4—5 个在全省乃至全国有影响的田园综合体建设示范窗口。

——江西省委常委、时任南昌市委书记殷美根在全市农村工作会议上的讲话（2019 年 2 月 27 日）

严格落实五级书记抓"三农"工作的要求，市里抓好统筹、抓好规划，县乡村抓好实施、抓好执行，强化市、县、乡、村共同推进的工作机制。全市各级党组织书记要坚决扛起"三农"工作责任，亲自谋划出台重要举措和工作方案，亲自部署重点工程和目标任务，亲自协调解决存在的困难和问题，亲自督促推动政策举措落实，尤其是县（区）委书记要当好乡村振兴的"一线总指挥"；乡镇党委书记要当好乡村振兴的"一线指挥员"；各级农业农村工作部门要履行好牵头抓总的职能，加强统筹协调；各相关部门要按照职能分工履职尽责，形成共同推动"三农"工作的强大合力。

——江西省委常委、时任南昌市委书记殷美根在全市农村工作会议上的讲话（2019 年 2 月 27 日）

树立农业农村优先发展政策导向，把落实"四个优先"作为做好"三农"工作的头等大事。要优先考虑"三农"干部配备，建立健全"三农"工作干部队伍培养、配备、管理、使用机制，注重选拔熟悉"三农"工作的干部充实地方各级党政班子。要优先满足"三农"发展要素配置，健全城乡融合发展体制机制和政策体系，推动城乡要素自由流动、平等交换。要优先保障"三农"资金投入，坚持把农业农村作为财政支出的优先保障领域和金融优先支持领域，公共财政要更大力度向"三农"倾斜，确保各级财政投入力度不断增强，总量持续增加；推动农村金融机构回归本源，把更多金融资源配置到农村经济社会发展，更好满足乡村振兴多样化金融需求。要优先安排农村公共服务资源，推进城乡基本公共服务标准统一、制度并轨，实现从形式上的普惠向实质上的公平转变，加快补齐农村公共服务短板。

——江西省委常委、时任南昌市委书记殷美根在全市农村工作会议上的讲话（2019 年 2 月 27 日）

农民是农业农村发展的根本力量，是乡村振兴的建设主体和受益主体。要发挥广大农民的主体作用和首创精神，不断强化农村人才队伍建设，激发和调动农民群众的积极性主动性创造性。要把乡村人才纳入各级人才培养计划予以重点支持，大力实施新型职业农民培育工程，深入推进"一村一名大学生工程"，持续实施"三支一扶"和大学生村官招聘工作，支持外出农民工、高校毕业生、退伍军人、城市各类人才返乡下乡创新创业。要加强农村专业人才队伍建设，挖掘培养一批能人工匠和"田教授""土专家"，建设一支懂农业、爱农村、爱农民的"三农"

工作队伍。要加强农村基层党组织建设，以县为单位"一村一策"逐个整顿软弱涣散村党组织，全面向贫困村、软弱涣散村和集体经济空壳村派出第一书记，并向乡村振兴任务重的村拓展。

——江西省委常委、时任南昌市委书记殷美根在全市农村工作会议上的讲话（2019 年 2 月 27 日）

2019 年是脱贫攻坚决战决胜的关键期，我们要严格按照省委、省政府统一部署要求，全力推进"春季整改""夏季提升""秋冬巩固"攻势，全面提升脱贫攻坚质效，力争进入全省"第一方阵"。

一是不折不扣抓"春季整改"。中央、省委、市委高度重视中央巡视反馈问题整改工作。2 月 26 日，中纪委已派出巡视整改工作督导组，进驻江西开展跟踪督查。省委明确提出，对整改不到位或存在突出问题的县区，将约谈当地的党政主要负责同志和分管同志，情况严重的将进行责任追究。市委常委会对做好中央巡视反馈问题整改工作也作了具体研究部署，并决定近期专门召开有关会议调度推进。市直相关部门、相关县区要进一步增强政治敏锐性，强化组织领导，形成市县联动、部门协同的整改工作格局；要紧盯重点问题、瞄准关键环节，抓紧制订有针对性的整改方案，对标对表、不等不拖，确保 3 月 31 日前全面完成整改工作；要形成巡视整改常态化、长效化工作机制，巩固提升整改成效。

二是毫不松懈抓质效提升。巩固和提升脱贫成效和质量是当前工作的重中之重，各有关县区、市直有关部门要全面排查解决影响"两不愁三保障"实现的突出问题，特别是城建部门要加快对贫困户危旧房排查鉴定工作，对未改造到位的务必在 8 月份前全面改造到位，对已改造到位但不具备入住条件的 5 月份之前必须配套到位；教育部门要加大对异地就学的贫困学生资助政策的衔接工作；农业农村部门要加大对贫困村的人居环境整治和产业发展力度，所有贫困村要率先消除集体经济"空壳村"；人社部门要想尽一切办法拓宽贫困户就业渠道。各有关县区要瞄准各自薄弱环节，全面提升政策保障落实，特别是要依托田园综合体、现代农业园区和美丽乡村建设，全面带动贫困村、贫困户发展村集体经济和产业，实现高质量脱贫，防止返贫现象。并加大对收入水平略高于建档立卡贫困户群众的政策支持和帮扶力度。同时要结合此次机构改革，进一步充实县、乡、村扶贫队伍。

三是持之以恒抓精神扶贫。要围绕解决少数贫困群众"等靠要"思想，培养感恩情怀，大力开展脱贫攻坚"感恩行动"。各级各部门要总结宣传脱贫致富典型、扶贫干部先进事迹、典型经验做法，教育引导贫困群众跟党走、感党恩、念党情，向社会各界宣传脱贫攻坚成果，营造浓厚的脱贫攻坚氛围。

——时任南昌市委常委、南昌高新技术产业开发区党工委书记邱向军在全市农村工作会议暨中央脱贫攻坚专项巡视反馈意见整改动员会上的讲话（2019年2月27日）

市委、市政府下决心今年必须全面消除农村集体经济"空壳村"。各地各部门务必认真按照市里决策部署，紧盯今年全面消除年收入5万元以下集体经济"空壳村"的目标，切实加强组织领导，明确工作举措，强化督查考核，全力推进村级集体经济发展。市里正在谋划以政府购买服务的方式发展壮大村级集体经济。各县区也要在全面调查和认真研究本地"空壳村"的基本现状和存在问题的基础上，积极探索创新，拿出切实可行的办法支持引导村集体经济发展壮大。各乡镇、村要充分发挥主观能动性，一村一策研究制定发展路径，加快推进村集体经济发展。

——时任南昌市委常委、南昌高新技术产业开发区党工委书记邱向军在全市农村工作会议暨中央脱贫攻坚专项巡视反馈意见整改动员会上的讲话（2019年2月27日）

切实加强农业农村保障。一是严格落实中央关于五级书记抓乡村振兴的要求，县、乡、村三级党委主要负责同志要亲自研究、亲自部署、亲力亲为，切实当好乡村振兴"一线总指挥"。二是县区财政和土地收益要更大力度向"三农"倾斜，确保对"三农"投入力度不断增强，总量持续增加。三是进一步加强"三农"投融资力度，积极探索拓宽投融资渠道；金融机构要进一步加强对"三农"重点领域、重点项目的支持力度，不断强化"三农"资金保障。四是继续招大引强，大力引进一流龙头企业，积极引导省市国有平台和社会资本、民间资本共同投入农业农村。五是不断加强农村人才队伍建设，将退伍军人、返乡创业青年、大中专毕业生、各类科技人员打造成职业农民的新生群体。

——时任南昌市委常委、南昌高新技术产业开发区党工委书记邱向军在全市农村工作会议暨中央脱贫攻坚专项巡视反馈意见整改动员会上的讲话（2019年2月27日）

党的十八大以来，以习近平同志为核心的党中央，始终把脱贫攻坚摆在治国理政的突出位置，响鼓重槌、高位推进，力度之大、规模之广、影响之深，前所未有。这次中央对我省脱贫攻坚开展专项巡视，提出了4个方面39个问题，省委对此高度重视，两次召开会议就整改工作进行专题研究和部署。我们要坚决贯彻中央和省委的指示要求，从树牢"四个意识"、践行"两个维护"的高度，从贯彻落实党的十九大重大决策部署和确保如期完成脱贫攻坚目标任务的高度，来认识和对待这次巡视反馈意见的整改工作，坚决扛起整改政治责任，做到思想统一、认识坚定、行动坚决，不折不扣完成好巡视整改任务。

——时任江西省委常委、南昌市委书记殷美根在全市脱贫攻坚暨"大棚房"专项整治工作调度会上的讲话（2019年3月5日）

我们对照中央巡视反馈、省里历次督查和交叉检查，系统梳理了我市当前脱贫攻坚存在的共性问题和个性问题清单，要科学确定整改时限、目标和举措，对能够立即解决的，立行立改、立改立成；对需要时间的，明确目标、限时销号；对需要长期坚持的，持续发力、务求实效。同时要认真把好政策关，既要解决问题，又要避免不切实际"夸海口"，确保能落地、可操作、见成效。要强化对整改工作的调度，建立整改工作进展情况及时报告制度，全面掌握整改进度，及时协调解决整改工作中的困难和问题，确保整改工作如期完成。

——江西省委常委、时任南昌市委书记殷美根在全市脱贫攻坚暨"大棚房"专项整治工作调度会上的讲话（2019年3月5日）

中央脱贫攻坚专项巡视，是对我省我市如期完成脱贫目标、打赢脱贫攻坚战的重要指导和帮助。我们要以此为契机，切实巩固整改成果，扎实做好补短板、强弱项、夯基础等各项工作，确保今年如期实现8200名贫困人口脱贫的目标。一要举一反三。坚持把中央专项巡视反馈问题与扶贫领域各类巡视巡察、考核评估、审计检查等发现问题有机结合起来，与今明两年脱贫攻坚工作有机结合起来，把巡视整改工作贯穿到脱贫攻坚的全过程和各环节，举一反三查问题，追根溯源找原因，较真碰硬抓整改。各地各部门要积极主动、深入查找脱贫攻坚领域其他类似问题，认真分析、对症下药，推动各类问题一体整改、一起解决。二要标本兼治。在解决眼前突出问题的同时，要着眼长远，全面排查梳理脱贫攻坚工作中存在的薄弱环节和制度漏洞，对关键性问题打通重要节点，对普遍性问题加强建章立制，结合整改工作建立健全解决问题、推动发展的长效机制，铲除滋生问题的土壤，坚决杜绝类似问题再次发生。三要用好成果。在抓好巡视反馈问题整改落实的同时，要强化举措，坚决防范"完不成任务和脱贫质量不高""扶贫小额信贷发生呆账坏账""光伏扶贫资金管理使用质量不高""产业扶贫投资风险"等四大风险，防范简单发钱发物产生"福利陷阱"，防范拔高标准产生新的不公平等问题。要坚持激励与约束并重，输血和造血并重，强化生产奖补、劳务补助、以工代赈等机制，深入开展脱贫攻坚感恩行动，坚决防止政策"养懒汉"、助长"不劳而获"和"等靠要"等不良风气。

——江西省委常委、时任南昌市委书记殷美根在全市脱贫攻坚暨"大棚房"专项整治工作调度会上的讲话（2019年3月5日）

自去年9月初，全国集中开展"大棚房"专项清理整治行动以来，市里和各县区立即行动，成立了专项行动协调推进小组，集中开展了四轮"大棚房"问题拉网式排查，明确了清理整治的目标，并制订了相关整治方案，虽然取得了一定的成绩，但仍然存在一些需要解决的问题和差距。下面，针对我市"大棚房"问题的专项清理整治，我再强调几点意见：

开展"大棚房"问题清理整治，是党中央、国务院作出的重大决策部署，是坚决遏制农地非农化、确保"农地姓农"的重大举措。我们务必进一步提高政治站位，切实履行职责，坚定不移，持续发力，敢于碰硬，行动果断，坚决打赢"大棚房"问题清理整治这场硬仗。要严格对照国家指导意见明确的清理整治范围和标准，坚持以遏制农地非农化为核心，对中央三令五申和法律法规明令禁止的，借设施农业或农业园区之名占用耕地修建的"私家庄园"、别墅、度假酒店、经营性住宅等非农设施，以及在农业大棚内的住宅、餐饮、娱乐、会议、交易市场、仓储等非农设施，3月底前必须依法依规完成整治整改，该拆除坚决拆除，并复垦复耕到位，确保全覆盖、无死角、无遗漏，并在3月20日前向市委、市政府交账。要坚持依法依规办事，注重工作程序，加强对农地管理政策的宣传解读，努力把工作做细做实，防止因为清理整治和农民发生冲突、激化矛盾。主要领导要亲自过问、亲自推动、一抓到底，有关部门要加强工作指导，加大督导检查力度，对弄虚作假、敷衍塞责，以及工作推动不力的，要严肃追责问责，确保各项整治整改措施按时全面落实到位。

——江西省委常委、时任南昌市委书记殷美根在全市脱贫攻坚暨"大棚房"专项整治工作调度会上的讲话（2019年3月5日）

各县区在已有工作基础上，探索了诸如产业扶贫、精准发力、具有自身特色的一些模式和做法，在社会各界取得较好的反响。可以说，打赢脱贫攻坚战，遍地有办法，处处见举措。同志们一定要加强调研，深入到一线去，问计于民、问策于村，和广大基层干部、人民群众交朋友、问寒问暖、了解实情，然后有针对性地提出我们的工作思路，找准可行管用的工作模式和工作举措。

——时任南昌市委常委、南昌高新技术产业开发区党工委书记邱向军在全市中央脱贫攻坚专项巡视整改工作调度会上的讲话（2019年3月27日）

南昌市到现在贫困发生率只有0.4%，总人数10218人，今年脱贫8200人，明年只剩2018人。中央脱贫攻坚专项巡视虽然没有点到南昌市的问题，但我们必须把别人的问题当作自己的问题、把疑似问题当作现实问题、把个性问题当作共性问题，认真梳理、认真剖析，认真对标中央、省委的要求，高质量推进整改工作。

——时任南昌市委常委、南昌高新技术产业开发区党工委书记邱向军在全市中央脱贫攻坚专项巡视整改工作调度会上的讲话（2019年3月27日）

实现全面小康，农业农村是短板，而农业农村的短板最直观地体现在基础设施等领域。我市农村硬件和软件条件都还比较脆弱，这就需要大家在做农业农村工作的时候抓重点、补短板、强弱项、守底线。尤其是就守底线而言，打赢脱贫攻坚战是全面建成小康社会的底线任务，如果没有抓住重点，守好底线，将会影响全面小康目标的顺利实现；再比如农村的防汛、防火以及农产品的质量等安全工作的底线，生态保护红线，永久基本农田和耕地底线等，都需要我们严防死守。一旦突破底线，我们的乡村振兴工作就无从谈起。

——时任南昌市委副书记、市人民政府市长刘建洋在市委农村工作领导小组第一次会议上的讲话（2019年8月1日）

实现现代化，短板在农业，难点在农村。要以高质量发展为导向，深化农业供给侧结构性改革，稳住产量，提升质量，坚持品牌立农，引领农业高质量发展。南昌的农业资源很丰富，但特色农产品品牌少，农产品品牌知名度不高，品牌效应不足；农产品加工企业存在"小、散、低"的情况，加工转化率偏低；龙头企业数量不多，大的龙头企业品牌效应和强大的辐射带动功能发挥还不够。要围绕打造农产品品牌、农业龙头企业品牌和现代农业产业品牌开展工作，进一步提升农产品精深加工和运输环节的增值效益，按照产业发展、品牌培育、质量安全、科技创新、社会责任等评价内容，推出一批具有市场竞争力的产品品牌、企业品牌、产业品牌。

——时任南昌市委副书记、市人民政府市长刘建洋在市委农村工作领导小组第一次会议上的讲话（2019年8月1日）

立足创特色，扎实推进美丽乡村建设。一要坚持规划先行。按照"全域规划、多规合一，因地制宜、富有特色，留住乡愁、留下记忆"的原则，科学编制村庄规划设计，尤其是要结合村庄建筑风格、乡土风情、村落风貌、田园风光、特色产业等进行个性化指导，突出"一村一品""一村一韵"，形成赣派风格、南昌特点，形成一批特色示范小镇、"五位一体"新农村和农村新户型建设示范点。二要狠抓整治提升。重视学习借鉴新农村建设的成功经验，从各自实际出发，着力解决影响农村人居环境的突出问题。全面深化农村人居环境整治行动，切实抓好农村垃圾和污水处理、"厕所革命"以及村容村貌提升等重点任务。三要探索长效管护。认真落实省委书记刘奇同志关于"建立长效机制，持续维护好'新村新貌'"的批示精神，坚持建管同步。探索建立 PPP 模式的村庄环境分类管护长效机制，既要发挥村民自治，共建共享，也要用市场化专业化的手段，比如每个农业县乡里都设立涉农平台公司，通过平台公司来购买服务，而不是政府直接购买服务，从而更有效地提升农村公共服务功能，实现村庄环境持续改善和长效管理机制有序运行。

——时任南昌市委副书记、市人民政府市长刘建洋在市委农村工作领导小组第一次会议上的讲话（2019 年 8 月 1 日）

坚持抓改革，激发农业农村发展活力。一要深化农村土地和产权制度改革。推进农村承包地"三权"分置改革试点，引导农民通过土地经营权入股、托管等方式，发展多种形式的适度规模经营，引导农村集体资产到农村综合产权交易平台规范流转交易，切实保障农民土地收益最大化。落实好第二轮土地承包到期后再延长三十年政策，开展好农村土地确权登记颁证"回头看"，做好农村土地承包经营权纳入不动产统一登记工作，让农民既可以沉下心来搞生产，又可以放心流转土地经营权，还可以安心进城务工。积极推进农村集体产权制度改革，做好农村集体产权制度改革试点衔接工作，让农村资源变资产、资金变股金、农民变股东，大力发展村级集体经济。二要提升涉农财政资金效益。集约使用财政资源，优化支出结构，重点在农业基础设施、种业发展、农产品精深加工、品牌创建、绿色发展和乡村整治等方面加强资金安排，进一步提高涉农资金使用效益。三要统筹乡村振兴人才队伍。夯实基层党组织建设，多渠道发挥农村党员先锋模范作用，带领村民一起致力于乡村振兴。同时，加强农村实用技术人才、经营人才、管理人才的培养力度，形成一支懂农业、爱农村、爱农民的"三农"工作队伍。尤其是要吸引一批眼界宽、思路活、资源广的人才回村任职，并加大从优秀村干部中考录乡镇公务员、选任乡镇领导干部的力度，打造本领过硬的"三农"干部队伍。

——时任南昌市委副书记、市人民政府市长刘建洋在市委农村工作领导小组第一次会议上的讲话（2019 年 8 月 1 日）

习总书记在今年视察江西时强调，脱贫攻坚已经进入决胜的关键阶段，要求我们务必尽锐出战、越战越勇。全市上下要坚定不移把脱贫攻坚作为第一民生工程，坚持精准扶贫、精准脱贫，坚决打赢脱贫攻坚战。一要守底线。坚决将"两不愁三保障"各项措施落实到村、到户、到人，坚决防止盲目拔高标准、吊高胃口，坚决杜绝数字脱贫、虚假脱贫，确保不打折扣、不掺水分完成年度脱贫攻坚各项任务，为 2020 年全面决胜小康社会打好打赢决定性一仗。二要补短板。以中央脱贫攻坚专项巡视反馈问题整改为契机，紧盯我市脱贫攻坚领域产业、就业、学业"三业"以及基础设施、公共服务设施等方面存在的短板和弱项，拿出更实在举措、制定更有效措施、强化更务实作风，特别是要把产业扶贫摆在更加突出的位置，不断建立和完善贫困户参与产业发展的利益联结机制，以贫困户的持续增收稳定脱贫成果。三要拔穷根。坚持把扶贫与扶志、扶智结合起来，大力实施扶贫扶志感恩行动，以感恩自立教育、感恩自强培育、感恩自力激励、感恩自尊治理等四大行动为载体，进一步增强贫困群众的主体意识、自主脱贫内生动力、自我发展精气神，从根源上清除贫困发生因子。

——江西省委常委、时任南昌市委书记殷美根在市委农村工作领导小组第一次会议上的讲话（2019 年 8 月 1 日）

推进农业转型发展，实现农业农村现代化，必须牵住现代农业这个"牛鼻子"。要紧紧围绕都市现代农业的发展定位，加快构建"产地生态、产品绿色、产业融合、产出高效"的现代农业发展新格局。一要坚持项目带动。以全省山水林田湖草生命共同体示范区建设为契机，以"绿谷""水都""蓝带"为主战场，谋划推进一批重大重点项目，当前要加快推进中国云厨全域产业园、铭宸智慧农业科技园等一批示范带动效应强的农业园区和农业综合体建设，切实盘活溪霞现代产业园、花博园等项目资源。二要坚持产业拉动。坚持以种养多元、质量调优、创出特色为方向，在落实全省农业结构调整"1+9"行动计划基础上，突出发展蔬菜、花卉苗木、中药材、特色水果等 4 个南昌特色的主导产业，加快建成区域特色明显、比较优势突出的农业主导产业，形成"一乡一业""一村一品"的产业格局。三要坚持融合互动。积极探索"农业 + 文化""农业 + 旅游"新模式，大力发展休闲观光农业、花展节庆等美丽经济、乡村民宿、农村电商、农家乐等农业新业态，延长农业产业链，促进一二三产业深度融合发展。需要强调的是，南昌作为共和国成立以来从未间断向国家贡献商品粮的省会城市，要毫不动摇稳定粮食生产，大力实施"藏粮于地、藏粮于技"战略，持续推进高标准农田建设和管理，不断提升粮食生产质量。

——江西省委常委、时任南昌市委书记殷美根在市委农村工作领导小组第一次会议上的讲话（2019 年 8 月 1 日）

习近平总书记高度重视农村人居环境整治工作，多次作出重要指示，国务院今年将首次对农村人居环境整治工作进行督查、考评，我们一定要高度重视，认真学习借鉴"千万工程"经验做法，扎实推进农村人居环境整治。一要抓重点。深入开展村庄清洁行动，按照"三清二改一管护"（清理垃圾、清理塘沟、清理废弃物，改美家园、改好习惯，加强村庄环境长效管护）的要求，大力开展集中整治，围绕农村生活垃圾处理、农村生活污水治理、农村"厕所革命"、村容村貌整治提升等重点任务，扎实推动厕所建设标准化、管理规范化，分类建设污水处理设施、梯次推进农村污水治理，积极探索农村垃圾分类处理的有效机制。二要消痛点。农村基础设施落后和公共服务水平低，既是全面建成小康社会的突出短板，也是改善农村人居环境的主要痛点。要进一步加大投入力度，创新投入方式，引导和鼓励各类资本投入农村基础设施建设，推动和倡导各类优质公共服务向农村延伸，加快补齐农村基础设施和公共服务短板。三要攻难点。坚持建管并重，在农村人居环境长效管护机制上下功夫，积极探索建立"五定包干"（定管护范围、定管护标准、定管护责任、定管护经费、定考核奖惩）的村庄环境长效管护机制，做到常态长效，防止边整治边反弹。同时，要充分发挥农民群众的主体作用，动员群众齐参与、共维护，全面改善农村人居环境。

——江西省委常委、时任南昌市委书记殷美根在市委农村工作领导小组第一次会议上的讲话（2019 年 8 月 1 日）

改革是推动农业农村发展的不竭动力。要按照"扩面、提速、集成"的要求，深入推进农村土地制度、农村集体产权制度、农业经营体制等改革任务，积极破除体制机制弊端，不断激发农业农村发展新活力。一要深化农村土地制度改革。巩固和完善农村基本经营制度，探索推进农村土地征收、集体经营性建设用地入市、宅基地制度改革等土地制度改革，加快推进宅基地使用权确权登记颁证工作。同时要持续巩固"大棚房"清理整治成果，确保全覆盖、不反弹。二要深化农村集体产权制度改革。全面完成农村集体资产清产核资任务，加快农村集体资产监督管理平台建设，探索农村集体经济新的实现形式和运行机制，推动资源变资产、资金变股金、农民变股东。支持鼓励村集体通过盘活闲置资产、发展村属物业、整合土地资源、发展股份合作经济、发展服务型经济等方式发展壮大村级集体经济，到今年年底，要全面消除集体经济"空壳村"，并培育一批经济强村。三要深化农业经营体制改革。坚持规模化、标准化、专业化方向，大力培育一批种养大户、家庭农场、农民合作社等农业新型经营主体，积极发展多种形式的适度规模经营。采取托管式、订单式、合作式等多种形式，为农民和各类新型农业经营主体提供农业社会化服务，完善"农户＋合作社""农户＋公司"利益联结机制，帮助小农户加入现代农业产业链，切实保护好农户利益。

——江西省委常委、时任南昌市委书记殷美根在市委农村工作领导小组第一次会议上的讲话（2019 年 8 月 1 日）

牢固树立农业农村优先发展政策导向，切实把农业农村优先发展的要求落到实处，不断开创"三农"工作新局面。加强要素保障。构建城乡互补、全面融合、共享共赢的互利互惠机制，让土地、人才、资金、技术等各类发展要素更多流向农业农村。加大"三农"资金投入力度，坚持把农业农村作为财政支出的优先保障领域和金融优先支持领域，推动公共财政更大力度向"三农"倾斜，加大涉农资金统筹整合力度，发挥好财政资金"四两拨千斤"的作用，撬动更多社会资金配置到农业农村。加强队伍建设。坚持重德才、重品行、重实绩的原则，加强对"三农"干部的培养、选拔、管理和使用，将"三农"工作作为锻炼干部的重要途径，把优秀干部充实到"三农"战线，把熟悉"三农"工作的干部充实到地方各级党政班子，加快打造一支懂农业、爱农村、爱农民的"三农"工作队伍。

——江西省委常委、时任南昌市委书记殷美根在市委农村工作领导小组第一次会议上的讲话（2019 年 8 月 1 日）

没有农村贫困群众的小康，就没有全市人民的全面小康；没有城镇贫困群众的小康，同样没有全市人民的全面小康。我们要按照"一个都不能少"的要求，牢固树立以人民为中心的发展思想，把城镇贫困群众脱贫解困作为全面建成小康社会的重要组成部分，扫除全面小康的"盲区""漏项"，努力让城乡贫困群众同步全面小康、共享改革发展成果。

——江西省委常委、时任南昌市委书记殷美根在全市城镇贫困群众脱贫解困工作领导小组会议上的主持讲话（2019 年 10 月 14 日）

城镇贫困群众脱贫解困，是补齐脱贫攻坚短板的重要环节。截至今年 9 月，我市共认定有城镇困难群众 29830 人，其中城市低保对象 29010 人，城镇特困人员（包括孤儿）735 人，城镇支出型贫困低收入家庭 50 户 85 人，任务还很繁重；而相比农村困难群众，城镇贫困群体还有一定特殊性，没有土地，生活成本也普遍比农村高，一旦致贫，保障基本生活的能力更弱。我们要把做好农村脱贫攻坚和城镇贫困群众脱贫解困工作统筹起来，坚决打好城镇脱贫解困攻坚战，切实补齐脱贫攻坚城镇短板。

——江西省委常委、时任南昌市委书记殷美根在全市城镇贫困群众脱贫解困工作领导小组会议上的主持讲话（2019 年 10 月 14 日）

我们一定要把加快城镇贫困群众脱贫解困作为一项重大民生工程、民心工程来抓，以更大的决心、更实的举措，解决城镇贫困群众在就业创业、医疗、教育、养老、住房保障等方面的实际困难，不断满足城镇贫困群众日益增长的美好生活需要，努力推动我市城镇脱贫解困工作走在全省前列。

——江西省委常委、时任南昌市委书记殷美根在全市城镇贫困群众脱贫解困工作领导小组会议上的主持讲话（2019 年 10 月 14 日）

在农村脱贫攻坚中，我们总结的一条宝贵经验，就是把精准贯穿工作始终。城镇贫困群众人员流动性大、相互熟悉程度低，做好脱贫解困工作，同样必须坚持精准施策，做到精准识别、精准帮扶、精准管理，确保脱贫解困取得实实在在的成效。一要在识别上再精准，变"心中无数"为"心中有数"。认真开展贫困群众信息摸排和身份核定工作，逐门逐户调查群众的家庭状况、收入来源等信息，全面查清致贫原因，准确掌握最真实、最全面的数据，并按照城镇特困人员、城镇最低生活保障对象、城镇孤儿、支出型贫困低收入家庭4个类型进行识别归类。健全精准数据共享机制，各级各部门要全力配合开展城镇贫困群众认定和数据采集，认真做好城镇贫困群众家庭经济状况核对，精准区分对象类别，建立台账，进行大数据管理，真正把信息搞准摸清，确保不落一户、不漏一人。二要在帮扶上再精准，变"大水漫灌"为"精准滴灌"。坚持"一把钥匙开一把锁"，因地制宜、因人而异、因情施策，确保扶得精准、扶得到位。对于无劳动能力、无生活来源的贫困群众，要强化基本生活保障兜底，通过实施全民参保计划，稳步提高城镇最低生活保障、特困人员救助供养等标准，帮助他们稳定脱贫；对于因病、因残、因子女上学、因无住房导致短期内陷入生活困境的人员，要用足用好医疗、教育、住房等方面的帮扶政策，千方百计帮助其摆脱当前的困境；对于有一定劳动能力的贫困群众，要把重点放在扶智上，着力加大就业、创业的帮扶力度，尤其是要结合群众意愿，有针对性地提供就业培训、创业指导和跟踪服务，拓宽就业创业渠道；对于通过市场渠道难以就业的贫困群众和零就业家庭人员，要优先安排公益性岗位，确保有就业能力和就业愿望的零就业家庭至少有1人就业。三要在管理上再精准，变"静态管理"为"动态调整"。加快建立城镇贫困群众脱贫解困退出的科学认定机制，在规范"入口"的同时，建立科学退出的"出口"机制，畅通能进能出、进出有序的渠道，做到精准帮扶与动态调整相结合，应保尽保与应退则退相结合。对已经认定贫困群众身份的人员，要及时登记在册，完善台账管理，输入数字管理系统，确保做到应保尽保、应纳尽纳。对脱贫状况不稳定的家庭，要加强跟踪管理，给予一定的延退期，在一定时期内允许继续享受相关政策，帮助平稳度过脱贫过渡期，防止出现边脱贫解困、边返贫返困的现象。

——江西省委常委、时任南昌市委书记殷美根在全市城镇贫困群众脱贫解困工作领导小组会议上的主持讲话（2019年10月14日）

城镇贫困群众既是脱贫解困的对象，更是脱贫解困的主体。要发挥城镇贫困群众的主体作用，坚持扶贫与扶志、扶智、扶勤、扶德并举，充分调动贫困群众的积极性和主动性，形成脱贫解困的强大内在动力。一要坚持"输血"与"造血"

相结合。在保障城镇贫困群众基本生活的同时，更加注重开展送知识、送技能、送岗位等"造血式"救助，切实防止城镇脱贫解困工作演变为提标提补、送钱送物等简单的"输血式"救助。比如，通过开展就业创业服务、发布就业和用工信息、开展有针对性的技能培训等，提升贫困群众自我发展的能力，阻断贫困代际相传，为贫困群众脱贫解困提供最根本的保证、最持久的动力。二要坚持激励与约束相结合。积极提倡扶贫不扶懒、扶干不扶看、扶志不扶靠的扶贫理念，切实加强思想、文化及感恩教育，切实消除贫困群众"等靠要"思想，增强城镇贫困群众脱贫致富奔小康的信心。健全完善约束机制，将公民申请救助过程存在的失信行为列入社会信用体系信息系统，记入个人信用档案，依法惩治不尽赡养义务、骗取低保资金等失德失信行为，坚决防止"养贫助懒"。三要坚持正面引导与反面警示相结合。扎实做好脱贫主体宣传教育，既大力宣扬自立自强的先进典型，发挥示范引领作用，也曝光失信骗保等反面案例，发挥警示教育作用，用身边人、身边事示范引导城镇贫困群众正确面对困难和问题，树立劳动光荣、懒惰可耻的舆论导向，形成城镇贫困群众人人重实干、个个求脱贫、户户争小康的生动局面。

——江西省委常委、时任南昌市委书记殷美根在全市城镇贫困群众脱贫解困工作领导小组会议上的主持讲话（2019 年 10 月 14 日）

推进城镇贫困群众脱贫解困，离不开社会各界的广泛关注和积极参与。要充分调动各方面积极性，引导市场、社会协同发力，形成全社会广泛参与城镇贫困群众脱贫解困的格局。一要加强协同配合。各县区、各部门要强化市县协同、部门协同，打好政策"组合拳"，共同做好城镇贫困群众脱贫解困工作。民政部门要充分发挥牵头作用，统筹各方面资源、政策、资金，推动脱贫解困各项工作落到实处。各级工会组织要积极开展职工普惠制服务、职工困难救助、职工医疗互助保障等活动，实现对城镇困难职工帮扶工作常态化、长效化。有关成员单位要紧盯城镇贫困群众这个特殊群体，认真履行本部门的职责任务，针对性、创造性开展工作，切实增强帮扶实效。二要加强资源整合。积极整合基本生活保障、就业创业、社会保险、医疗保障、教育保障、住房安全保障、职工权益保障等资源，按照兜底线、保基本、可持续的要求，统筹抓好项目、资金、政策的帮扶，建立保障标准与物价涨幅挂钩联动机制，加快实现城乡帮扶政策均等化，切实形成政策合力，不断筑牢基本生活保障底线，提高城镇贫困群众保障水平。三要加强社会参与。各地各部门要广泛宣传动员，充分调动社会力量参与，拓宽全社会共同帮扶救助城镇贫困群众的渠道。积极搭建社会力量对接参与信息平台，鼓励有积极性的企业、社会组织参与到城镇贫困群众脱贫解困工作中来。探索开展社区居民互帮互助、线上线下众筹救助，以及慈善组织、爱心人士救助等行动，营造齐心协力抓脱贫、全民动员促解困的浓厚氛围。

——江西省委常委、时任南昌市委书记殷美根在全市城镇贫困群众脱贫解困工作领导小组会议上的主持讲话（2019年10月14日）

各级党委、政府要加强城镇贫困群众脱贫解困工作统一领导和组织实施，层层压实工作责任，形成横向到边、纵向到底的责任体系，扎牢上下联动、左右衔接的责任链条。城镇贫困群众脱贫解困工作领导小组要定期调度、定期议事，及时协调解决工作推进中的困难和问题。各相关单位要切实增强责任担当，按照议定的工作职责，各司其职、团结协作，认真做好本部门的职责任务，切实把脱贫解困各项工作落到实处。

——江西省委常委、时任南昌市委书记殷美根在全市城镇贫困群众脱贫解困工作领导小组会议上的主持讲话（2019年10月14日）

这次会议的主要任务是，以习近平新时代中国特色社会主义思想为指导，深入贯彻中央农村工作会议精神，全面落实省委农村工作会议暨扶贫开发工作会议精神，总结2019年全市农业农村和脱贫攻坚工作，研究部署今年"三农"工作各项任务，确保决胜脱贫攻坚圆满收官，确保与全国同步全面建成小康社会如期实现。

过去的一年，全市上下全面落实中央和省市关于"三农"和脱贫攻坚工作的决策部署，大力实施乡村振兴战略，扎实推进脱贫攻坚工作，持续深化农业供给侧结构性改革，全市"三农"发展态势持续向好。2019年实现了3412户8293人高质量脱贫，贫困发生率由2018年的0.4%下降到2019年底的0.07%，扎实推进中央脱贫攻坚专项巡视反馈问题整改，特别是农村村级集体经济"空壳村"全部消除，所有村集体年收入均超过5万元，为全面建成小康社会奠定了扎实基础。

——江西省委常委、时任南昌市委书记殷美根在市委农村工作会议暨扶贫开发工作会议上的讲话（2020年2月21日）

农村人居环境、基础设施建设和公共服务供给等方面，是我市全面小康最直观的短板，也是群众反映最强烈的问题。一是人居环境要提升。要紧紧围绕"4+1"的重点任务，全面完成农村人居环境整治三年行动目标。"4"就是：①全面抓好农村生活垃圾处理，在目前农村生活垃圾治理率达到100%的基础上，不断完善，提高标准，持续巩固，并积极开展农村生活垃圾分类和源头减量试点工作；②持续推进农村"厕所革命"，推动厕所建设标准化、管理规范化，确保全市农户改厕率达90%以上；③梯次推进农村生活污水治理，优先解决乡镇所在地、中心村以及环鄱阳湖村点生活污水问题；④全面提升农村村容村貌，加大对农村残垣断壁、旱厕、猪牛栏拆除力度。"1"就是要建立长效管护机制，持续深化"五定包干"的村庄环境长效管护机制，做到常态长效，防止边整治边反弹。二是设施建设要提速。要优先解决影响群众生活和产业发展的重点问题，深入推进"四好农村路"建设，加大对村级道路拓宽和管理养护力度，实现具备条件的行政村全部通客车。全面完成"十三五"农村饮水安全巩固提升工程任务，加快新一轮农村电网改造，持续推进乡村及偏远地区宽带提升工程，让广大农民走上畅通路、喝上安全水、用上可靠电、共享快速网。三是公共服务要提档。要以这次疫情防控为切入点，加快完善农村重大疫情防控机制，健全乡村公共卫生体系，提高乡村医生医疗服务能力，切实做好重大疾病和传染病防控。要大力实施义务教育薄弱环节改善和能力提升工程，实施乡村文化惠民工程，全面推进"党建+"农村养老服务体系建设，让农村生活更加便利、更加舒适、更加健康、更加幸福。今年我市将扎实推进1300个左右新农村村点整治建设，选择若干有产业、有人气、有基础的乡村地区打造一批乡村振兴综合示范区，在此，请各县区要尽早谋划、快实施、出成效。

——江西省委常委、时任南昌市委书记殷美根在市委农村工作会议暨扶贫开发工作会议上的讲话（2020年2月21日）

保障重要农产品有效供给，是"三农"工作的头等大事，在疫情防控期间，保供给更应该是农业农村系统义不容辞的责任。一要抓生产。当前，春耕备耕在即，要加强种子、化肥、农药等农用物资调配，组织好农业企业的复工复产以及跨区域农机作业服务，做到抗疫情保春耕两不误，今年粮食产量任务和高标准农田建设任务已经分解到县区，请大家务必抓好落实。要全面落实"菜篮子"市长负责制，积极实施生猪复产增养行动计划，全面落实支持生猪生产发展的财政、金融、保险、用地、环保等各项政策，确保完成2020年生猪复产增养目标任务。二要保质量。大力实施绿色生态农业，大力推广绿色生态种植技术，降低化肥农药使用量，扩大绿色有机农产品供应。强化全过程农产品质量安全和食品安全监管，构建全程追溯系统，提升基层专业机构检测服务能力，积极推行食用农产品合格证制度，确保重要农产品优质供给。三要促流通。受疫情影响，我市部分禽类产品、水产品出现了压笼压棚压塘的问题，要在做好疫情防控的同时，解放思想、创新方式，加强产销对接，坚持线上线下同步发力，畅通蔬菜和鲜活农产品的运输渠道，确保农产品产得出、运得走、供得上、不脱销，保护好养殖户的利益和生产积极性。

——江西省委常委、时任南昌市委书记殷美根在市委农村工作会议暨扶贫开发工作会议上的讲话（2020年2月21日）

紧盯都市现代农业的目标定位，围绕一二三产融合发展要求，积极构建乡村产业体系，促进产业兴旺发展和农民增收致富。一要打好"特色牌"。按照"扩面、提质、增效"要求，深入实施农业结构调整九大产业发展工程，突出发展蔬菜、花卉苗木、中药材、特色水果等四大特色产业，建设一批规模化、标准化、设施化的生产基地，创建一批现代乡村特色产业园。积极开展农业农村品牌创建，加大对区域品牌、地理标识、农业品牌企业的扶持和创建力度，培育一批在本市和省内能够叫得响的农业品牌。二要下好"项目棋"。继续做大做强做优南昌绿谷和进贤硒谷两个都市现代农业核心示范区，加快推进中国云厨全域产业园、江西铭宸农业科技产业园、南昌菜园等一批农业重点项目，全力推进南昌县南新薪火、进贤县钟陵硒谷、新建区鄱湖明珠等6个区域示范田园综合体建设。三要走好"融合路"。以现代农业产业园建设为载体，推动农业与电子商务、休闲旅游、文化创意、健康养生等产业融合，实现农业由单一种植向种、养、加、销、旅全产业发展。要支持镇村发展特色农业产业，打造一批主导产业突出、产村融合发展、宜业宜居的农业产业强镇。同时，建立健全产业链增值收益分享机制，把农业产业链延伸的增值收益和就业创业机会尽量留给农民。

——江西省委常委、时任南昌市委书记殷美根在市委农村工作会议暨扶贫开发工作会议上的讲话（2020年2月21日）

决胜全面小康已经到了冲刺阶段，全市上下要聚焦剩余1822名贫困人口脱贫任务，精准施策，持续发力，久久为功，确保如期完成脱贫攻坚任务。一要问题摸排到位。加大排查力度，深入分析研判疫情影响精准脱贫的新情况新问题，重点了解贫困户生活保障和新冠肺炎感染情况、因为疫情导致返贫致贫情况以及贫困家庭就业情况，做到不缺一户、不漏一人。二要精准帮扶到位。全面落实精准扶贫政策措施，统筹发挥社会保险、社会救助、社会福利等综合保障作用，全面落实低保、医保、养老保险、特困人员救助供养、临时救助等政策，保障困难群众基本生活。强化就业扶贫应对机制，为贫困人口提供就近就地就业机会。三要巩固提升到位。全面落实脱贫成果回查监测、脱贫人口增收发展、防止致贫返贫保险保障、扶贫项目运维管护、志智双扶激励约束"五大机制"，全面强化脱贫攻坚责任、组织、政策、帮扶、基层、作风"六项保障"，加快启动"防贫保"工作，筑牢巩固脱贫成果的"拦水坝""防风墙"，建立解决相对贫困的长效机制。同时，不断总结各县区脱贫攻坚的经验做法、亮点和特色，并积极在全市借鉴、复制、推广。

——江西省委常委、时任南昌市委书记殷美根在市委农村工作会议暨扶贫开发工作会议上的讲话（2020年2月21日）

巩固扩大"不忘初心、牢记使命"主题教育成果，强化五级书记抓脱贫攻坚和"三农"工作的政治责任，带动各级党员领导干部在脱贫攻坚和"三农"主战场践行初心使命。一要压实工作责任。各级党组织书记要把脱贫攻坚和"三农"工作摆在重中之重的位置，亲自谋划、亲自部署，协调解决存在的困难问题，推动政策措施落地落实。各级党委专职副书记要集中精力抓脱贫攻坚、"三农"和党的建设工作。二要强化相互协同。各级党委农村工作、扶贫开发领导小组要发挥好牵头抓总、统筹协调的作用。各级党委和人大常委会、政府、政协班子成员，要自觉履行政治责任，心往一处想、劲往一处使，凝聚夺取脱贫攻坚战全面胜利的更大合力。三要弘扬务实作风。领导干部要深入农村调查研究，发现问题、摸清情况，进一步找准脱贫攻坚和"三农"发展的关键问题，拿出务实管用的解决办法，推动工作落细落实落地，坚决破除形式主义、官僚主义。

——江西省委常委、时任南昌市委书记殷美根在市委农村工作会议暨扶贫开发工作会议上的讲话（2020年2月21日）

充分发挥基层党组织在脱贫攻坚中的重要作用，真正把基层党组织建设成为带领群众致富奔小康的坚强战斗堡垒。一要提升基层组织工作质量。各级党委特别是县级党委要切实担负起责任，管理好村党组织书记，保障好村党组织运转经费，持续排查整顿软弱涣散后进村党组织，筑牢党在农村的执政基础。二要持续优化基层组织设置。推动产业相近、地域相邻、资源互补的行政村之间组建联村党组织，推动后进村向先进村学习、先进村结对帮扶后进村，营造更加浓厚的攻坚氛围，不断提升基层党组织战斗力。三要选优配强基层组织班子。选好配强农村基层党组织带头人，把那些政策素质好、业务能力强、群众基础牢、为村民服务意愿高的优秀人才选进村级班子。

——江西省委常委、时任南昌市委书记殷美根在市委农村工作会议暨扶贫开发工作会议上的讲话（2020年2月21日）

脱贫攻坚和"三农"战线各级干部要发扬斗争精神，提高斗争本领，体现斗争实效，不断夺取新胜利。一要加强政策知识学习。熟练掌握脱贫攻坚和农业农村各项政策，加强农业信息、农业科技、农村金融等新知识的学习，提高攻坚能力，做到有意愿、有能力、有办法带领群众脱贫致富。二要加强队伍培养使用。加强"三农"干部的培养、配备、管理、使用，注重物质激励和精神鼓励并重，把到农村一线工作锻炼作为培养干部的重要途径，提拔使用实绩优秀的"三农"工作干部，激发他们决战决胜的动力活力。三要加强专业人才培育。加大对"三农"投入力度，强化农业农村技术人才支撑，推广"田教授""土专家"等做法，培养和引进农业领域高层次人才，推动我市农业产业转型升级。

——江西省委常委、时任南昌市委书记殷美根在市委农村工作会议暨扶贫开发工作电视电话会议上的讲话（2020年2月21日）

脱贫攻坚要决战决胜。要聚焦剩余1822名贫困人口脱贫目标任务，坚持标准和要求不降，严格落实各项扶贫政策；坚持以问题为导向，全面开展脱贫攻坚排查整改，聚焦中央脱贫攻坚专项巡视"回头看"、国家脱贫攻坚成效考核以及省级考核督导、监督监管等发现问题的整改落实；加快启动防返贫金融保险工作，切实防范疫情防控期间因病因灾致贫返贫风险。

——时任南昌市委副书记、市人民政府代市长黄喜忠在市委农村工作会议暨扶贫开发工作电视电话会议上的主持讲话（2020年2月21日）

农业生产要抓实抓牢。要坚决稳住粮食生产，在3月份之前全面完成2019年度高标准农田建设任务，汛前完成水毁工程修复和农田水利设施建设工作。要大力推进生猪复产增养，确保今年年底前全市生猪产能基本恢复到接近正常年份水平。要深入实施"1+9"农业产业结构调整行动，重点发展蔬菜、水果、花卉、中药材等四个南昌特色主导产业。

——时任南昌市委副书记、市人民政府代市长黄喜忠在市委农村工作会议暨扶贫开发工作电视电话会议上的主持讲话（2020年2月21日）

现代农业要提效提质。要重点抓好市级示范田园综合体建设，着力打造一批在全省乃至全国叫得响的田园综合体示范工程。要重点围绕"南昌绿谷"核心板块，谋划整合一批重大支撑项目。要加快推动一二三产深度融合发展，着力构建都市现代农业生产体系。

——时代南昌市委副书记、市人民政府代市长黄喜忠在市委农村工作会议暨扶贫开发工作电视电话会议上的主持讲话（2020年2月21日）

"三农"短板要补齐补实。要全力推进完善农村水、电、路、网等基础设施建设，加快补齐农村基础设施短板。要重点做好农村生活垃圾处理、生活污水治理、"厕所革命"、村容村貌整治提升等重点工作，全面改善农村人居环境。要充分正视此次疫情暴露出来的农村疾病防控领域短板，建立健全农村防控体系，完善农村重大疫情防控机制，提高乡镇卫生院和乡村卫生室服务条件，强化基层疾病防控队伍建设，切实提高农村公共卫生管理和重大传染病防控能力。

——时任南昌市委副书记、市人民政府代市长黄喜忠在市委农村工作会议暨扶贫开发工作电视电话会议上的主持讲话（2020年2月21日）

农村改革要聚焦聚力。要扎实做好农村集体经济组织身份确认工作，分类推进集体资产股份合作制改革。要巩固消除集体经济"空壳村"工作成果，培育一批经济强村。要稳妥推进农村宅基地改革，扎实推进农村承包地"三权分置"，促进农村土地规模流转。要持续推进林业、水利、供销、殡葬等各项改革。

——时任南昌市委副书记、市人民政府代市长黄喜忠在市委农村工作会议暨扶贫开发工作电视电话会议上的主持讲话（2020 年 2 月 21 日）

坚持把问题整改贯穿脱贫攻坚工作始终，以整改促落实、以整改补短板。一要一体推进抓整改。所有涉及整改的地方和部门要奔着问题去、对着问题改，逐个深入分析、抓住不放、彻底整改。要把巡视"回头看"反馈问题、成效考核指出问题、主题教育检视问题、全面排查发现问题以及近期全省脱贫攻坚成效考核发现问题等整改统筹起来，把问题整改与日常工作结合起来，举一反三、全面梳理、一体推进、整改到位，逐条逐项抓好整改落实。二要逐项销号抓整改。要对照整改分工、按照时间节点要求，倒排工期、压茬推进，以"钉钉子"精神扭住不放、持续推进各项问题整改，特别是要坚持销号整改，建立整改台账，整改一件、销号一件，对整改不达标、不到位的坚决返工、决不销号。在反馈问题整改到位的基础上，对一些深层次难点问题也要深入研究、推动化解。三要多方联动抓整改。对涉及多部门的整改任务，牵头单位要牵好头、负总责，责任单位要主动抓、共整改，决不能发生"不担责任、不愿牵头、不愿配合"的问题。市委整改办要发挥综合协调、督促指导作用，加强问题整改的督促指导，既暗访发现问题，又督导解决问题，确保整改不存盲区、不留死角。

——时任江西省委常委、南昌市委书记吴晓军在全市扶贫开发领导小组（扩大）会议上的讲话（2020 年 5 月 26 日）

当前，全市上下正在围绕完成全年目标任务，全力做好复工复产各项工作，扶贫领域虽然受疫情影响小，但是事关小康社会如期全面建成。各级各部门一定要积极应对，高效率化解疫情对脱贫攻坚的影响，确保按照既定时间节点推动各项工作落实。一要加强排查、摸清底数。各地各部门要统筹推进疫情防控和脱贫攻坚工作，落实疫情常态化防控要求，深入排查贫困户生活状况、脱贫保障、就业务工和产业发展、项目建设等情况，全面监测贫困户收入、住房、教育、医疗和饮水安全等状况，及时掌握疫情影响，持续跟踪分析、积极调度应对，确保贫困群众不因疫情降低脱贫标准、影响脱贫质量。二要创新方式、分类帮扶。根据贫困户受影响的情况，分类开展帮扶，大力做好就业务工服务，促进就地就近就业，关注省内外用工需求，多措并举帮助困难人口就业增收。要合理设置公益岗位，坚持因地制宜，规范岗位管理，发挥公益性岗位增收入、解急难、兜底线作用。

要深化消费扶贫,大力实施进机关、学校、医院、企业、社区和交易市场"六进"活动,帮助解决扶贫产品滞销卖难问题。三要落实政策、强化保障。对无劳动能力的,要严格落实各项保障政策,做好兜底保障,特别是要高度关注孤寡老人、低保户、特困供养户、残疾贫困户等特殊群体,落实基本生活保障。要严防出现个别冲击社会道德底线的极端涉贫事件,决不能让脱贫攻坚收官工作陷入被动。

——时任江西省委常委、南昌市委书记吴晓军在全市扶贫开发领导小组(扩大)会议上的讲话(2020年5月26日)

打好脱贫攻坚收官之战不仅要全面完成剩余脱贫任务,更要在巩固脱贫成果、实现常态长效上下功夫,以高质量脱贫攻坚彰显南昌省会担当。一要补短板。聚焦"两不愁三保障"标准,全面补齐短板弱项,确保在6月底前全部完成。要补齐义务教育短板,改善贫困地区义务教育基础办学条件,加强师资力量建设,确保贫困学生不因贫失学辍学。要补齐基本医疗短板,加强贫困地区医疗卫生机构建设,加快实现村级卫生室医保及时结算"村村通",确保贫困患者基本医疗有保障。要补齐住房安全短板,全面完成建档立卡贫困人口危房改造扫尾工程,确保贫困群众住上安全房。同时,要补齐饮水安全短板,开展饮水安全大排查,做好水质检测评定,确保群众喝上放心水。二要强弱项。要做实产业扶贫,借力消费扶贫行动,推动建设扶贫产业基地,培育壮大带贫经营主体,创建扶贫产业品牌,力促扶贫产业高质量发展,推动贫困户持续增收。要做稳就业扶贫,加强就业培训,推动输出地和输入地精准对接,促进贫困劳动力外出务工就业,依托扶贫车间、公益岗位等承接就近就业,实现稳岗拓岗。要做好"两类户"(脱贫监测户和边缘户)的动态管理,用足用好国家和省里相关扶持政策,将边缘人口纳入支持范围。三要促长效。要保持政策稳定,严格落实攻坚力度、帮扶力量、投入保障、政策举措"四个不减"政策要求,特别是要做到驻村队伍不撤、人员不减,严防削弱迹象和松懈现象。要筑牢返贫防线,健全防止返贫监测和帮扶机制,抓紧建立解决相对贫困长效机制,从制度上防止返贫和产生新的贫困。

——时任江西省委常委、南昌市委书记吴晓军在全市扶贫开发领导小组(扩大)会议上的讲话(2020年5月26日)

紧盯都市现代农业的目标定位,围绕一二三产融合发展要求,积极构建乡村产业体系,促进产业兴旺发展和农民增收致富。一要以特色产业为主导。按照"扩面、提质、增效"要求,深入实施农业结构调整九大产业发展工程,突出发展蔬菜、花卉苗木、中药材、特色水果等四大特色产业,建设一批规模化、标准化、设施化的生产基地,创建一批现代乡村特色产业园。积极开展农业农村品牌创建,加大对区域品牌、地理标识、农业品牌企业的扶持和创建力度，培育一批在本市和省内能够叫得响的农业品牌。二要以项目建设为抓手。继续做大做强做优南昌绿谷和进贤硒谷两个都市现代农业核心示范区，加快推进中国云厨全域产业园、江西铭宸农业科技产业园、南昌菜园等一批农业重点项目，全力推进南昌县南新薪火、进贤县钟陵硒谷、新建区鄱湖明珠等6个区域示范田园综合体建设。三要以融合发展为目标。以现代农业产业园建设为载体，推动农业与电子商务、休闲旅游、文化创意、健康养生等产业融合，实现农业由单一种植向种、养、加、销、旅全产业发展。要支持镇村发展特色农业产业，打造一批主导产业突出、产村融合发展、宜业宜居的农业产业强镇。同时，建立健全产业链增值收益分享机制，把农业产业链延伸的增值收益和就业创业机会尽量留给农民。

——时任江西省委常委、南昌市委书记吴晓军在全市扶贫开发领导小组（扩大）会议上的讲话（2020年5月26日）

越到紧要关头，越要强化政治自觉，强化不获全胜、决不收兵的政治定力，既不厌战、也不怯战，以不停顿、不大意、不放松的斗争精神，攻坚克难，一鼓作气打赢脱贫攻坚战。一要压实工作责任。各级党组织要进一步提高政治站位，坚决克服盲目乐观、疲倦厌战思想和过关心态，层层压实责任，积极传导压力，一刻不放松地狠抓攻坚工作落实。广大扶贫干部要一鼓作气，乘势而上，心无旁骛地投身脱贫攻坚，不获全胜决不收兵。二要强化作风保障。要大力整治扶贫领域"怕慢假庸散"等作风顽疾，坚决杜绝形式主义、官僚主义问题，切实减轻基层负担。要警惕少数干部对基层减负工作的认识偏差，摈弃减负就是减标准、减质量的错误观念，该完成的任务必须坚决完成，该落实的工作必须一抓到底。同时，要关心关爱扶贫干部，坚决防止问责泛化简单化等倾向。三要做好总结宣传。进一步加大总结宣传工作力度，深入宣传以习近平同志为核心的党中央关于脱贫攻坚的决策部署、取得的历史性成就，深入宣传基层扶贫干部的典型事迹和贫困群众艰苦奋斗的感人故事，大力开展扶贫扶志感恩行动，教育引导贫困群众听党话、跟党走，切实凝聚起万众一心的强大力量。

——时任江西省委常委、南昌市委书记吴晓军在全市扶贫开发领导小组（扩大）会议上的讲话（2020年5月26日）

党中央对脱贫攻坚工作高度重视，脱贫攻坚战不获全胜决不收兵。大家一定要增强政治责任感和历史使命感，始终保持攻坚态势，坚决夺取脱贫攻坚全面胜利。要以更高政治站位全力攻坚。把打赢脱贫攻坚战作为重大政治任务和第一民生工程，作为体现增强"四个意识"、坚定"四个自信"、做到"两个维护"的根本要求，咬定高质量脱贫目标，不停顿、不大意、不放松、拾遗补缺、查弱补强，巩固脱贫攻坚成果，坚决把思想和行动统一到习近平总书记的重要指示精神上来，高质量打赢脱贫攻坚战。要以强烈省会担当全力攻坚。在脱贫攻坚工作中要切实彰显省会担当，全面履行脱贫攻坚主体责任，严格落实行业工作职责，主要负责同志要持之以恒抓调度、促落实，分管负责同志要靠前指挥、亲力亲为，帮扶干部要善谋实干、主动作为，拧紧各负其责、各司其职的责任链条，把任务严格落实好，把责任坚决扛起来，确保剩余脱贫攻坚任务高质量完成。要以务实工作作风全力攻坚。牢记使命、砥砺向前，树立必胜的信心决心，拿出"越是艰险越向前"的英雄气概和"狭路相逢勇者胜"的斗争精神，秉持过硬的作风，聚焦突出问题和薄弱环节，精准施策、靶向发力，全力攻坚、逐个击破，在这场时代大考中向人民群众交出合格答卷。

——时任江西省委常委、南昌市委书记吴晓军在全市扶贫开发领导小组会议上的讲话（2020 年 11 月 24 日）

到 2020 年现行标准下的农村贫困人口全部脱贫，是我们党必须兑现的庄严承诺，没有任何退路和弹性。各地区各部门要紧盯目标任务，聚焦工作重点，高质量完成脱贫攻坚任务，坚决做到不获全胜决不收兵。

一是攻重点。要聚焦年度 1822 人脱贫的任务目标，围绕"两不愁三保障"这个底线任务和标志性指标，抓紧补齐短板和弱项，彻底扫除各类问题死角，确保全面小康路上不落一户、不少一人。要对标中央脱贫攻坚专项巡视"回头看"和国家考核、督查反馈问题，加强整改，已经整改到位的问题，要严防问题反弹。

二是重巩固。着力巩固脱贫成果，防止返贫致贫。要始终强化稳岗就业这一关键，进一步做好稳岗就业工作，激励有劳动能力的低收入人口勤劳致富；强化就业技能培训、创业贷款、公益性岗位就业、养老保险兜底等措施，多渠道安排贫困劳动力就地就近就业。高度关注脱贫不稳户和边缘易致贫户"两类人群"，持续开展动态监测，遇困即扶，应扶尽扶。

三是促提升。要把脱贫攻坚和产业发展结合起来，结合都市现代农业发展十大行动，做大扶贫产业，带动贫困户就业增收，积极搭建"贫困户+"扶贫特色产业的新模式，强化贫困户持续增收的保障力。要用好消费扶贫这一有力抓手，强化消费扶贫的带贫机制，积极扩大消费扶贫规模。

四是谋长远。要围绕推动减贫战略和工作体系平稳转型，建立长短结合、标本兼治的体制机制，着力在"巩固拓展"和"有效衔接"上探索实践，研究推动脱贫攻坚与乡村振兴有效衔接的意见措施。

——时任江西省委常委、南昌市委书记吴晓军在全市扶贫开发领导小组会议上的讲话（2020年11月24日）

越是在决定成败的关键时刻，越要持续强化脱贫攻坚保障力度，确保脱贫攻坚圆满收官。

一是组织领导要再加强。要持续强化党建引领，充分发挥基层党组织战斗堡垒、农村党员先锋模范、驻村第一书记示范带头作用，选优配强村"两委"班子，推行"党员聚在扶贫产业上、党组织建在扶贫产业链、党的活动融入精准扶贫各项工作中"的党建扶贫模式。要持续开展驻村帮扶，"过渡期"内驻村工作队不能撤、驻村干部队伍要稳定，强化驻村帮扶责任，加强县乡属地管理，把收官各项工作做扎实。

二是内生动力要再加强。深入推进扶贫扶志感恩行动，深化"三讲一评"活动，由驻村干部讲帮扶政策、基层干部讲精准扶贫实施、贫困农户讲脱贫实惠，教育引导贫困群众感党恩、听党话、跟党走。要做好脱贫攻坚总结宣传工作，总结脱贫攻坚"南昌篇章"，讲好脱贫攻坚"南昌故事"。

三是作风建设要再加强。坚决防止干部精力分散、工作重心偏移、投入力度下降、挂名驻村、消极应付、坐等过关等松劲懈怠问题倾向，造成重大失职失责影响的，将严肃追责，决不姑息迁就。加大正向激励力度，加强对基层干部特别是脱贫攻坚一线干部的关心关爱，真正把干部带薪休假、津补贴、职务职级等待遇保障制度落到实处。

——时任江西省委常委、南昌市委书记吴晓军在全市扶贫开发领导小组会议上的讲话（2020年11月24日）

坚决打赢脱贫攻坚战，是历史赋予我们的重大使命，是对全市人民作出的庄严承诺。临近收官冲刺关键阶段，我们更要保持定力、持续加力，真抓实干、埋头苦干，扎扎实实做好各项工作，确保如期高质量打赢脱贫攻坚战，交好英雄城脱贫攻坚的"时代答卷"。

——时任江西省委常委、南昌市委书记吴晓军在全市扶贫开发领导小组会议上的讲话（2020年11月24日）

要重点做好三项工作，夯实脱贫攻坚基础。一是数据清洗核准。数据是基础，是脱贫攻坚的生命线，也是考核的重要内容，重点要核实三个方面的数据，做到"清晰、准确、真实"。首先是历年脱贫数据。各县区要认真核实从2016年以来历年的脱贫数据，每年脱贫多少要一目了然，形成统一的数据信息。其次是人均收入数据。市扶贫办加强督促指导，各县区务必对照数据逻辑规则自查自纠，尤其是农村居民收入和贫困人口人均收入这两项指标。最后是行业部门数据。涉及脱贫攻坚的市县行业部门要全面梳理核实今年和脱贫攻坚以来的成果数据，真实反映全市脱贫攻坚成就。

二是规范资料台账。脱贫攻坚档案是真实反映脱贫攻坚全过程、即将载入共和国历史档案的珍贵资料，一定要进行规范整理。台账资料要分类规范整理，做到分类清楚、资料清晰、真实完整，清晰真实反映脱贫全过程。各类整改台账要条目清晰，该补充的补充、该完善的完善、该更新的及时更新。

三是强化项目资金管理。扶贫项目资金绩效能直接关系综合评价成绩。要精心做好 2020 年度扶贫项目资金绩效评价各项准备工作，科学编制好 2021 年项目计划和预算安排，同时核查历年资金项目是否存在资金未拨付、项目公告公示制度执行不到位、管理不规范等问题。

——时任南昌市人民政府副市长樊三宝在全市扶贫开发领导小组会议上的讲话（2020 年 11 月 24 日）

要重点做到三个提升，巩固脱贫攻坚成果。一是全面提升产业就业的支撑力。产业扶贫、就业扶贫的质效直接关系脱贫成果的成色，是脱贫后时代工作的重要抓手。要聚焦年度目标任务，重点聚焦三个方面工作逐一抓好落实，确保脱贫质量。一要扎实做好致富带头人的培育，按照一个行政村至少培育 1 名、一个贫困村培育 3—5 名、一名致富带头人带动 3 户以上贫困户发展、一个县至少打造 1 个实训基地的要求，做好致富带头人的培育、培养和培训工作，打造一支懂技术、会经营、能致富的队伍。二要加大扶贫小额信贷政策宣传力度，保持政策延续不变，抓好包括低收入易致贫户在内的评级授信工作，确保符合条件的贫困群众特别是边缘易致贫户全员授信，做到"能贷则贷、应贷尽贷"。三要规范光伏扶贫项目运维监管。持续加强光伏收益分配使用管理，确保光伏收益的 80% 以上用贫困对象公益性岗位工资支出等，提高光伏发电效率，压实运维机构和管护人员责任，确保所有电站正常稳定运行。二是全面提升消费扶贫的带动力。做好消费扶贫工作，南昌作为省会城市，既有潜力、也有实力、也更有能力。前期我们取得了很好的成果，要在总结前期工作经验的基础上，进一步立足南昌省会城市人口集中消费能力强、商品流通渠道广的实际，创新工作思路，在"应认尽认"做好消费扶贫产品认定的基础上，全面完成"三专"建设任务，用好网络销售、展销会等各类平台，推介推广好南昌扶贫产品。要关心关注脱贫后时代的帮扶工作，在巩固拓展脱贫攻坚成果同乡村振兴有效衔接过程中，本着"扶上马、送一程"的理念，真心实意地按照"以购代帮、以买代捐"方式，以扶贫产品的快销多销推动扶贫产业的发展壮大，促进脱贫群众稳岗就业，增收致富。三是全面提升帮扶工作的洞察力。聚焦脱贫不稳定户、边缘易致贫户"两类人群"，坚持"应纳尽纳"，只要符合"两类人群"标准，都要实行动态监测预警。要坚持"应扶尽扶"，按照"缺什么补什么"，分类施策、遇困即扶。要坚持"应录尽录"，对"两类人群"建立帮扶台账，如实记录、准确反映监测帮扶进程。要坚持"应消尽消"，及时评估、准确判断返贫致贫风险是否消除，对风险消除的要及时标注，并持续做好动态监测。

——时任南昌市人民政府副市长樊三宝在全市扶贫开发领导小组会议上的讲话（2020 年 11 月 24 日）

切实把总结宣传作为收官阶段重点工作来抓，系统梳理总结脱贫攻坚以来的制度体系、经验做法和实践成就，收集提炼脱贫攻坚先进典型案例，为开展宣传、抓好收官、总结表彰等做好充分准备。要强化正面宣传，宣传好脱贫攻坚的生动实践和历史成就，宣传好扶贫干部的先进事迹和贫困户脱贫的生动故事，讲好脱贫攻坚"南昌故事"、传播脱贫攻坚"南昌声音"。

——时任南昌市人民政府副市长樊三宝在全市扶贫开发领导小组会议上的讲话（2020 年 11 月 24 日）

党的十九届五中全会就"十四五"扶贫工作明确指出，要实现巩固拓展脱贫攻坚成果同乡村振兴有效衔接，也明确了"十四五"时期作为过渡期，保持政策举措、财政投入、帮扶力量总体稳定，接续推进巩固拓展脱贫攻坚成果同乡村振兴有效衔接。我们要深入领会十九届五中全会精神，按照省市关于"十四五"规划编制的部署要求，抓紧编制"十四五"巩固拓展脱贫攻坚成果规划，把巩固拓展脱贫成果需要实施的教育、健康、住房、饮水以及产业扶贫、就业扶贫、消费扶贫、扶贫扶志等项目，统筹纳入"十四五"规划中，按时完成专项规划编制工作。

——时任南昌市人民政府副市长樊三宝在全市扶贫开发领导小组会议上的讲话（2020 年 11 月 24 日）

全市各级各部门要认真贯彻落实吴书记重要讲话精神，啃下硬骨头、确保高质量、打赢收官战，以优异的成绩接受国家和省级成效考核的检验。

一要鼓足干劲、全力冲刺。脱贫攻坚八年以来的成绩，是坚持不懈、驰而不息干出来的。关键时刻越要加倍发力，稍微松劲懈怠，八年付出就难以圆满交账。大家要咬紧牙关、一鼓作气、越战越勇，坚定必胜的信心，不折不扣推进责任落实、政策落实和工作落实。

二要凝心聚力、全力攻坚。最后冲刺关头，要把党委和政府的坚强领导、社会各界的帮扶力量、贫困群众和基层组织的内生动力结合起来，拧成一股绳、合成一股劲，朝着脱贫奔小康、逐步实现共同富裕的目标前进。特别是要深入组织脱贫攻坚宣讲慰问活动，广泛开展扶贫扶志感恩行动和"三讲一评颂党恩"活动，教育引导贫困群众感党恩、听党话、跟党走，把贫困群众的积极性和主动性充分调动起来，合力冲刺、全力攻坚，高质量完成脱贫攻坚任务。

三要争分夺秒、全力以赴。必须惜时如金、分秒必争，把各项工作抓在前、落在先，做到"不等时间出结果、而为成果抢时间"，全力以赴完成收官各项工作任务，以优异的成绩向全市人民交上一份合格的脱贫攻坚"时代答卷"。

——时任南昌市委副书记、市人民政府市长黄喜忠在全市扶贫开发领导小组会议上的讲话（2020 年 11 月 24 日）

二

南昌市脱贫攻坚纪实

高质量脱贫，小康路上的省会担当

——南昌市脱贫攻坚纪实

南昌，是江西省会城市，全省的政治、经济、文化、科教和交通中心，现辖三县（南昌、进贤、安义）、六区（东湖、西湖、青云谱、青山湖、新建、红谷滩）和湾里管理局，面积 7195 平方公里。2019 年底常住人口 536 万人，常住人口城镇化率 75.2%，人均 GDP 达到 14556 美元，一二三产业结构比为 3.8：47.4：48.8。可以说，南昌总体上正在成为一座创新引领、城乡融合、生机勃勃的现代化新型城市。

南昌是一座历史文化名城，素有"物华天宝、人杰地灵"之美誉，是江南鱼米之乡。八大山人、滕王阁、海昏侯、万寿宫、绳金塔、汪山土库、安义古村等历史文化资源众多，赣江穿城而过。唐朝诗人王勃《滕王阁序》中的"落霞与孤鹜齐飞，秋水共长天一色"千古名句所描绘的赣江胜景，彰显南昌是历史文化厚重、生态优势突出、宜业宜居宜游的江南魅力城市。

南昌是一座英雄城。1927 年 8 月 1 日，南昌起义一声枪响，人民军队在战火中诞生了，中国革命从此揭开了崭新的篇章，南昌由此被誉为新中国的英雄城。

·牢记嘱托，不漏一户、不落一人·

南昌，这座特色魅力的省会城市、英雄城和历史文化名城，在实行精准扶贫、精准脱贫战略前，2013 年人均 GDP 达到 10497 美元，分别是全国、全省平均水平 1.55 倍和 2.05 倍；当年全市农民人均可支配收入达 10806 元，分别是全国、全省平均水平 1.21 倍和 1.23 倍；城乡居民收入之比为 2.42：1，城乡收入差距明显低于全国、全省水平 3.03：1 和 2.49：1。可以说，南昌作为省会城市，无论是经济发展水平还是城乡融合化程度，在省内都居于领先地位，在全省经济社会发展中起着龙头作用。

但不容忽视的是，远离南昌市区的边远地区、滨湖地区和丘陵山区，仍然存在着贫困人群，贫困问题仍然困扰着南昌经济社会发展，成为全面建成小康社会的最大短板，脱贫攻坚仍然是南昌市委、市政府的中心任务。根据贫困村筛选，全市"十三五"省市级贫困村80个（省定贫困村63个、市定贫困村17个），贫困村分布在三县二区（现为三县一区一局），即南昌县、进贤县、安义县、新建区、湾里管理局，分别为18、22、13、21、6个。至2015年，南昌贫困户剩下建档立卡户16744户、贫困人口44400人，贫困发生率为2.0%。虽然南昌市没有深度贫困村，同全省平均水平相比，南昌贫困发生率较低，贫困人口总量不大，但未脱贫的贫困村和贫困人口，致贫原因复杂，打赢脱贫攻坚战，实现高质量脱贫，仍然面临着巨大的挑战。

南昌市始终全面贯彻落实习近平总书记关于扶贫工作的重要论述以及视察江西时的重要讲话精神，坚决把脱贫攻坚作为最大的政治责任、最大的民生工程、最大的发展机遇，坚决牢固树立高标准、高质量工作理念，坚决打好打赢脱贫攻坚战，兑现在现行标准下农村建档立卡贫困户全部脱贫、市级以上贫困村全部摘帽，在脱贫路上"一个都不能少"的庄严承诺，走在全省设区市前列，彰显了英雄城的省会担当，向全市人民交上了一份合格的"时代答卷"。

党的十八大以来，南昌市全力推进中央"精准扶贫、精准脱贫"的决策部署，严格执行中央和江西省扶贫政策，聚集"两不愁三保障"和饮水安全目标任务，严格执照"六个精准"①的基本要求，准确把握"五个一批"②的核心含义，着力解决"四个问题"③，汇聚专项扶贫、行业扶贫、社会扶贫等多方力量，形成政府、社会、市场协同推进的"三位一体"大扶贫格局，彰显英雄城的省会担当。

——对标对表，识别扶贫对象。严格按照贫困户的识别标准，聚焦解决"两不愁三保障"和饮水安全目标任务，重点关注"五类人群"④，做到"七个从严、四个甄别"，通过农户申请、收入核查、民主评议、审核审批、公告公示等"三审两公示一公告"识别程序，县、乡、村、组四级联动，精准识别。建立动态调整机制，加强对"边缘户"的跟踪识别，及时纳入新发生的符合条件贫困人口，确保"不

---

① "六个精准"：扶持对象精准、项目安排精准、资金使用精准、措施到户精准、因村派人（第一书记）精准、脱贫成效精准。

② "五个一批"：发展生产脱贫一批，易地搬迁脱贫一批，生态补偿脱贫一批，发展教育脱贫一批，社会保障兜底一批。

③ "四个问题"：扶持谁、谁来扶、怎么扶、如何退。

④ "五类人群"：住危房农户；因婚嫁、升学、户籍迁出迁入等原因，致使"两不管"农户；新发生贫困的一般农户；未纳入建档立卡贫困户中的五保户、低保户、残疾人户、老人户；曾经提交申请而未纳入的农户。

漏一户、不落一人"，详见表1。坚持脱贫不脱政策，杜绝返贫现象发生，贫困户、贫困村退出后至2020年，继续享受中央、省级、市级扶贫开发相关政策和资金扶持。

表1　南昌市建档立卡户及贫困人数动态变化表

年份	建档立卡户/户	贫困人口/人	当年脱贫户/户	当年脱贫人口/人	当年返贫户/户	当年返贫人口/人	新识别贫困户/户	新识别贫困人口/人
2015	16744	44400	2312	6753	54	150	1451	3337
2016	18200	48810	5443	14461	40	85	1597	3649
2017	18037	48527	3450	9541	1	5	148	428
2018	18139	48468	2592	7230	0	0	422	987
2019	17937	47777	3407	3407	0	0	37	130

——精准把脉，找准致贫根源。贫困是文明社会的病，消除贫困的关键是要找准病根。南昌开展精准扶贫、精准脱贫以来，着力精准把脉、找准病根，聚焦自然资源禀赋不足、远离城市的边远山区和滨湖地区的80个贫困村，深入剖析贫困家庭和贫困人口的致贫因素，为做到一户一策、对症下药、精准滴灌、靶向治疗提供依据。通过2014—2020年普查，南昌市贫困户主要是因病、因残致贫占主体，其次是缺劳动能力和自身发展动力不足。详见表2。

表2　建档立卡户致贫原因分析　　　　　　　　　　　　　　　单位：户

主要致贫原因	2014年	2015年	2016年	2017年	2018年	2019年	2020年
交通条件落后	2	4	0	0	0	0	0
缺技术	105	142	112	134	125	101	101
缺劳动能力	924	1482	1679	1881	1728	1581	1615
缺土地	0	1	2	0	0	0	0
缺资金	12	5	0	0	5	0	0
因病致贫	4536	4778	4149	4150	3875	3440	3136
因残致贫	3507	4953	5356	5241	5384	5848	5896
因学致贫	33	63	78	46	24	26	30
因灾致贫	111	140	122	103	97	88	82
自身发展动力不足	430	673	874	641	904	846	955

——因地制宜，实施九大工程。江西省提出实施脱贫攻坚"十大工程"，因南昌市无易地搬迁扶贫工程，因地制宜确定实施脱贫攻坚"九大工程"。一是产业扶贫，紧紧围绕高质量打赢脱贫攻坚战的目标任务，出台蔬菜、水果、中药材、花卉等8个方面具体扶持政策，积极培育壮大各具特色的农业扶贫产业，发展有带

贫功能的种植业 4.23 万亩、猪牛羊养殖 1.31 万头、家禽 77.7 万羽、水产 0.67 万亩等，休闲农业经营主体 55 个，扶持了 9962 户贫困户发展扶贫产业，户均产业增收超过 2000 元。全面开展技术培训与服务，建立了 708 名的农业产业扶贫指导员队伍，开展技术指导与培训 454 场次，服务贫困人口 3425 人次。强化利益联结机制的建立，不断完善"龙头企业 + 合作社 + 贫困户"等带贫模式，引导经营主体通过多种方式参与产业扶贫，把贫困户嵌入扶贫产业链条，有 1297 家新型经营主体参与产业扶贫，带动了贫困户 9438 户 21726 人实现增收。做到了"村村有扶贫产业、户户有增收门路"，实现农业产业扶贫圆满收官，所有贫困村村集体经济收入均超过 10 万元。二是就业扶贫，围绕"外出转移就业一批、技能培训提升一批、扶贫车间吸纳一批、扶贫专岗安置一批、社会保险兜底一批"的"五个一批"就业扶贫工作模式，通过鼓励劳务用工输出、扶贫车间吸纳奖补、公益性安置等方式岗位托底，充分挖掘就业岗位潜力，多渠道促进贫困劳动力就业。三是社会保障扶贫，做到符合条件的建档立卡贫困人口全部纳入低保救助范围，做到"应保尽保"。2016—2020 年农村低保按照不低于 3720 元 / 年（310 元 / 月）、4140 元 / 年（345 元 / 月）、4740 元 / 年（395 元 / 月）、5340 元 / 年（445 元 / 月）、6120 元 / 年（510 元 / 月）的标准逐年提高。四是教育扶贫，做到对建档立卡户从学前教育、义务教育、普通高中教育、中等职业教育和高等教育的资助体系，建立控辍保学系列工作制度，确保无一人因贫失学。五是健康扶贫，围绕贫困人口"看得起病、看得好病、看得上病、更好防病"的目标，落实"先诊疗后付费""一站式结算""自付比例 10% 以下"，构筑健康扶贫"四道保障线"[①] 和家庭医生签约服务全覆盖等政策。六是安居扶贫，在贫困户住房安全鉴定的基础上，危房改造关注"四类重点对象"[②]，通过补助整栋危险（D 级）拆除重建、局部危险（C 级）维修加固，对无能力自建的贫困户实施"交钥匙工程"，切实保障贫困户住房安全。七是村庄整治扶贫。整合新农村建设等资金，加强贫困村村庄建设，做到贫困村新农村建设全覆盖。着力改善村庄在交通、饮水、住房、用电、通信、环境建设、公共服务设施等方面环境。八是基础设施扶贫。对照贫困村、贫困户退出指标体系，重点做好交通、饮水、用电、通信、公共服务等基础设施建设。九是电商扶贫。由扶贫部门出资 3 万元，余款由邮政等部门出资，在贫困村建设电商脱贫站点。对尚不具备建站条件的贫困村，选择在贫困村所在乡镇或邻近村建站。

---

① "四道保障线"：居民基本医疗、大病保险、重大疾病商业补充保险、大病救助。
② "四类重点对象"：建档立卡贫困户、分散供养五保户、低保户、贫困残疾人家庭户。

·创新机制，构建六大体系·

为确保如期高质量完成脱贫攻坚政治任务，按照党中央、国务院和省委、省政府关于打赢脱贫攻坚战三年行动的决策部署，南昌市委、市政府出台了《关于打赢脱贫攻坚战三年行动的实施意见》等系列政策制度，健全完善责任、工作、政策、投入、帮扶、社会动员等"六大体系"，为全面完成脱贫攻坚任务提供制度保障。

——分工明确的责任体系。按照五级书记抓扶贫要求，落实市县党政一把手扶贫开发领导小组"双组长"责任制，强化"市县抓落实、乡（镇）推进和实施"的工作机制，严格履行职责分工，重点落实精准帮扶"十大行动"牵头单位责任。层层压实责任，大力整治扶贫领域"怕慢假庸散"等作风顽疾。各责任单位对标中央反馈意见和省委、省政府要求，市委、市政府坚决落实主体责任，坚持把中央脱贫攻坚专项巡视"回头看"反馈问题、国家和省级成效考核指出问题、"不忘初心、牢记使命"主题教育检视问题以及省级暗访发现问题等统筹起来，一体推进整改。2020年，各类问题整改除部分需长期坚持的以外，均已实现销号清零。

——精准严密的工作体系。深入落实精准方略，工作到村、扶贫到户，做到扶持对象精准、项目安排精准、资金使用精准、措施到户精准、因村派人（第一书记）精准、脱贫成效精准，从实际出发，解决好扶持谁、谁来扶、怎么扶、如何退问题，做到扶真贫、真扶贫，脱真贫、真脱贫，严防数字脱贫、虚假脱贫，确保脱贫攻坚成果经得起历史和实践检验。建立了市领导挂点帮扶、部门定点帮扶工作机制，十八大以来累计选派市、县、乡三级驻村干部5101人，实现有脱贫攻坚任务的行政村帮扶全覆盖。全市健全完善了市、县、乡、村四级扶贫机构，组建市扶贫办公室作为市政府工作部门；各相关县区按照正科级建制组建了扶贫机构和队伍；有扶贫任务的乡镇、行政村均建立了扶贫工作站和工作室。市、县、乡三级均派出帮扶工作小分队，实现了有扶贫任务行政村"第一书记"全覆盖。

——协调配套的政策体系。开展精准扶贫工作以来，南昌市委、市政府出台了《关于推进农村精准扶贫工作加快实现脱贫目标的意见》《关于打赢脱贫攻坚战三年行动的实施意见》等相互配套、相互促进的"1+N"政策文件；在组织实施上，市委办公厅、市政府办公厅出台了《关于坚决打赢全市脱贫攻坚战的实施意见》，市政府办公厅发布了《"百名书记扶百村、千个单位挂千点、万名干部联万户"行动的通知》等；在具体操作层面，市县（区）扶贫开发领导小组制定关于定点帮扶、行业部门实施方案，以及教育扶贫、健康扶贫、财政涉农扶贫资金统筹整合、易地扶贫搬迁、农村危房改造等具体实施办法等；在政策保障上，发布了《南昌市县区脱贫攻坚工作成效考核办法》《关于对全市脱贫攻坚整改工作开展督查的方案》等。2020年突如其来的新冠疫情和7月初遭遇暴雨洪涝灾害，南昌市统筹推进疫情防控、防汛救灾和经济社会发展工作，制定出台了《关于建立防止返贫监测和帮扶机制的实施方案》等。

——保障有力的投入体系。自实施精准扶贫以来，南昌市各级财政专项扶贫资金投入稳中有升，2014—2020年省市财政专项资金投入分别达到32528.18万元和13332万元，同期县级财政专项资金投入30926.62万元；2016—2020年中央财政奖金已经投入24151万元。2014—2020年共实施各类项目3298个。财政专项资金，聚焦贫困村和非贫困村的贫困人口。优化项目库，严格执行公示公告制，加强资金项目同级审等督查检查。以严格监督执纪保障扶贫资金安全。

——精准高效的帮扶体系。建立了市领导挂点帮扶、部门（企业）定点帮扶工作机制，健全完善了市、县、乡、村四级扶贫机构。做到"乡乡都有扶贫工作站，村村都有帮扶工作室，户户都有帮扶责任人"。不断提升乡村扶贫工作站（室）功能，形成乡镇领导包片、干部包村、第一书记和驻村工作队驻村、结对帮扶干部包户工作局面。

——合力攻坚的社会动员体系。发挥政府和社会两方面力量作用，强化政府责任，引导市场、社会协同发力，构建专项扶贫、行业扶贫、社会扶贫互为补充的大扶贫格局。形成了社会扶贫三股力量：一是慈善组织捐，二是社会团体助，三是爱心企业帮。南昌探索出了一条新路子：开展扶贫集市、"掌上脱贫、乡村带货"、"百县千品"、扶贫产品展示展销会等形式多样、渠道广泛的消费扶贫活动，组织开展有带贫效应的市级、县级扶贫龙头企业和产品认定，设立消费扶贫专区、专柜、专馆，让贫困村、贫困户的产品有市场、有渠道、卖得出、卖得好、能赚钱、可持续。2020年，全市累计销售扶贫产品总量达3.44亿元。

·省会担当，高质量脱贫走前列·

实施精准扶贫工作以来，全市上下聚焦习近平总书记2016年2月视察江西时提出的"在脱贫攻坚上领跑"重要指示要求和2019年5月再次视察江西时提出的"在加快革命老区高质量发展上作示范、在推动中部地区崛起上勇争先"目标定位，感恩奋进，精准施策，创新机制，务实攻坚，2019年实现80个贫困村全部退出，向江西省委、省政府和全市人民交上一份合格的"时代答卷"，高质量完成脱贫攻坚任务，走在全省设区市前列。南昌在脱贫攻坚稳固提升探索新路径上作出了示范，彰显英雄城的省会担当。

——贫困人口"两不愁"全面实现。一是贫困发生率持续下降。贫困人口由 2015 年的 36517 人减少到 2019 年初的 1822 人（见图 1），贫困发生率由 2015 年 2.0% 下降到 2019 年 0.07%（见图 2），最后剩余 884 户 1822 名未脱贫人口于 2020 年 11 月底脱贫，实现了现行标准下 47192 名农村建档立卡贫困人口全部脱贫。二是贫困群众收入持续增加。贫困户人均收入从 2015 年底 4102 元增至 2020 年底 14134 元，年均增幅 28.6%，远超城乡居民人均可支配收入的增幅；现行标准下 47192 名农村建档立卡贫困人口全部摘掉了"穷帽子"。符合条件的建档立卡贫困人口低保、特困兜底实现"应保尽保"。2020 年，农村低保标准提至每月 530 元、农村特困人员供养标准提至每月 690 元，分别高出全省标准 60 元、75 元。2020 年，为全市贫困残疾人发放"两项补贴"36443 人次。

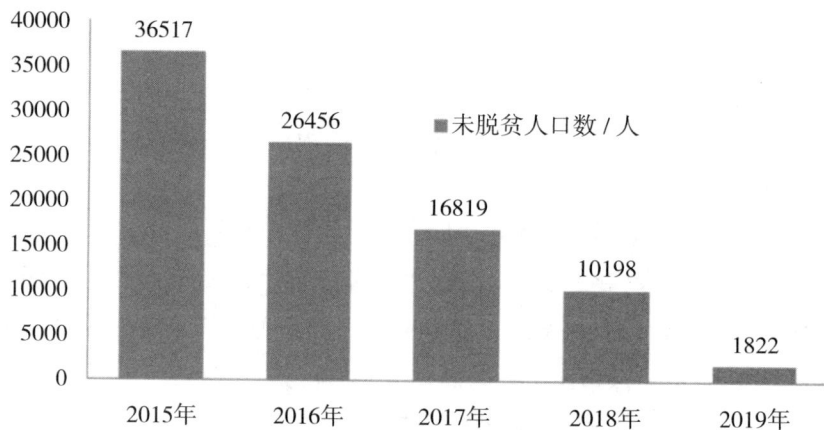

图 1　2015 年以来南昌市未脱贫人口数变化趋势图

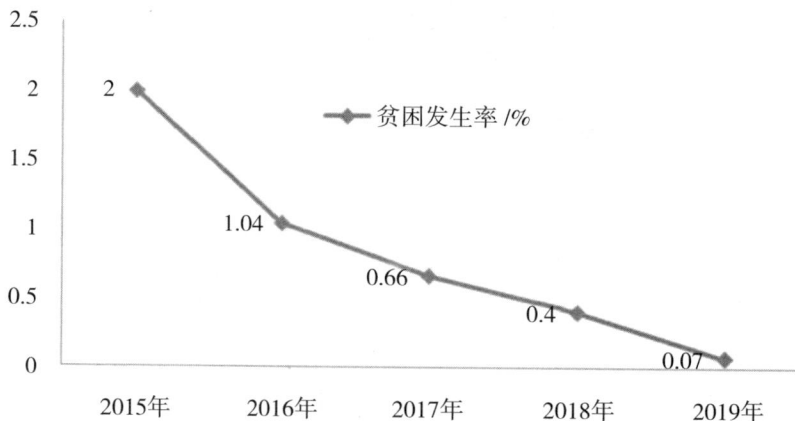

图 2　2015 年以来南昌市贫困发生率下降趋势图

——"三保障"如期实现。一是义务教育全面实现。严格落实义务教育学生资助政策学校校长与属地乡镇"双负责制",完善教育扶贫8项制度（南昌市教育局控辍保学工作制度、南昌市教育局强化保障控辍保学工作制度、南昌市教育局提高教学质量控辍保学工作制度、南昌市教育局控辍保学目标管理责任制度、南昌市教育局控辍保学学籍管理制度、南昌市教育局疑似辍学报告制度、南昌市教育局流失学生劝返制度和南昌市教育局控辍保学责任追究制度）和6项机制（控辍保学工作责任机制、联控联保工作机制、动态监测工作机制、书面报告工作机制、劝返复学工作机制、考核追究工作机制），构建了控辍保学长效机制，实现贫困学生资助全覆盖、义务教育有保障。2017年以来，全市累计资助建档立卡贫困学生2.71万人次，资助资金3788.47万元。同时，对义务教育阶段非寄宿生进行资助，资助标准为小学500元/年，初中625元/年，补齐了义务教育阶段非寄宿贫困学生资助短板。二是基本医疗全面覆盖。贫困群众看病更便捷了，南昌实施了农村贫困患者县域内住院"先诊疗、后付费"和"一站式"结算等措施，方便贫困患者住院看病就医。24个乡镇卫生院实施了基层医联体项目建设，55个乡镇卫生院迎来了市直综合医院选派的副院长，基本实现了贫困群众"小病不出乡、大病不出县"。健康扶贫筑起了"四道保障线"，贫困人口住院最终实际报销补偿比例达到90%适度要求，贫困人口个人自付医疗费用比例只有9.83%。实现了贫困群众看得了病，看得起病，看得好病。三是住房安全全面保障。2016年以来，在中央和省级下达的1.36亿元补助资金支持下，全市4018户贫困户C、D级危房住房彻底改造。

——饮用水安全有保障。从井水到自来水，农村安全饮水迎来了巨变，不只是在乎水好不好喝，更要关注水安不安全。对全市40个万人集中供水工程、170个千吨万人以下集中供水工程和3585个分散式供水自然村，进行了安全饮水水质检测评定工作，对检测存在微生物、重金属不达标的建档立卡贫困户，各县区都针对性地采取了安装净水设备等相应措施，累计安装净水设备6200余台（套）。

——基础设施"提档次"。从解决贫困村环境面貌差、基础设施落后、公共服务不到位的突出问题入手，在2017年实现贫困村新农村建设全覆盖的基础上，结合"四精"美丽乡村试点线打造、美丽宜居示范村建设、农村人居环境整治等工作全方位提升贫困村环境面貌。"十三五"期间，全市贫困村实现了农村"组组通"水泥路、农村电网改造升级、行政村有线宽带和4G网络全覆盖，全面摘掉了贫困村"落后"的"帽子"。

——筑牢防返贫机制。构建脱贫成果巩固提升"五项机制"[①]和"六项保障"[②]，防止致贫和返贫。2020年开展脱贫攻坚回访，在补齐短板弱项、关注特殊困难群体帮扶的基础上，通过"两摸底一核查"，全市共摸排边缘户299户887人，脱贫监测户62户158人，将这两类人群全部录入全国扶贫开发信息系统，按照"缺什么补什么"原则进行精准帮扶，做到一户一策。通过扶贫资金投入分红、光伏产业村级站固定收入、集体资产租金股金等多措并举发展集体经济，巩固提升脱贫成效。2020年结合疫情防控工作，对全市有脱贫攻坚任务的县区，按照农村户籍人口2.5%的比例购买防贫保险，通过发挥保险的"防风墙"作用，进一步筑牢防致贫返贫的长效机制。

·经验启示，共享发展中消除贫困·

南昌市实施精准扶贫工作以来，紧密结合省情市情农情，走出一条党建引领、脱贫攻坚促进城乡融合、产业发展带动就业扶贫、社会保障兜底困难群体的共享性发展、高质量脱贫之路，彰显了脱贫攻坚英雄城的省会担当。

——党建引领构筑脱贫攻的坚强堡垒。一是在脱贫攻坚这场战役中，南昌党员干部始终保持"功成不必在我，功成必定有我"的责任担当。为真正把脱贫攻坚抓在手、扛在肩、落实在行动上，书记、市长亲自挂帅，市四套班子领导挂点帮扶，在南昌形成了"四级书记带头抓、行业部门齐力抓、驻村干部和基层干部具体抓"攻坚格局，建立了市、县、乡三级领导干部带头挂村包户制度，安排37名市领导结对帮扶贫困村，5101名市、县、乡三级驻村干部进驻贫困村，106个市直（企业）单位建立了帮扶联系点，构建了"上下联动、左右协同"的攻坚局面。二是在脱贫攻坚这场战役中，南昌扶贫干部始终弘扬"闻鸡起舞、快马加鞭"的工作作风。"人心齐、泰山移"，全市5101名驻村扶贫干部1800多个日日夜夜奋战在扶贫一线，他们殚精竭虑、呕心沥血，摸底数、挖穷根、探出路，为带领贫困群众脱贫致富闻鸡起舞、夙夜在公、快马加鞭、勤勉工作，干出了群众交口称赞的脱贫业绩，见证了忠实赤诚的初心情怀，展现了坚定信念、勇于拼搏的"八一精神"，留下了无愧初心、不负芳华的人生一页。特别是在2020年的疫情和汛情期间，在防疫和防汛最严峻的时刻，广大扶贫干部冲在一线战疫、战灾、战贫，用南昌干部的好

---

① "五项机制"：脱贫成果回查监测机制、脱贫人口增收发展机制、防止返贫保险保障机制、扶贫项目运维管护机制、志智双扶激励机制。

② "六项保障"：责任保障、组织保障、政策保障、帮扶保障、基层保障和作风保障。

作风交出了"三战齐打、战战告捷"的优异成绩。

——基础设施提升脱贫攻坚"硬实力"。以贫困村组水、电、路、校为重点，全力推动光伏扶贫、保障扶贫、安居扶贫、结对帮扶、村庄环境整治、主要基础设施建设、公共服务等七个全覆盖，促进城乡融合发展。例如，南昌县18个省市贫困村，从2016年以来，共投入各类资金近3亿元，实施各类项目500多个，实现了新农村建设点全覆盖，提升了脱贫的"硬实力"。又如，南昌县黄马乡罗渡村，全村569户2227人，其中贫困户21户55人，2015年被列为省定"十三五"贫困村。通过两位市委机关干部的两轮第一书记与村"两委"一道，多方筹措资金，推动全村交通、环境、水电、公共服务等基础设施建设，采取"旅游+产业+合作社+农户"模式发展产业，实现贫困户通过"股金、租金、薪金"增收高质量脱贫，贫困户人均收入由7000元增加至13000余元。昔日田地贫瘠、道路破烂、群众贫穷的"贫困村"，如今已蜕变成移步换景、设施完善、村民富足的"小康村"。2018年罗渡村被评为全省文明村、全市最美"三风"示范村、全市十佳秀美乡村。

——因地制宜发展扶贫产业。经过这些年的努力，南昌市贫困群众斩断了"贫穷根"，种下了"摇钱树"，基本实现了村村有扶贫产业、户户有增收门路，实现了从"脱贫无门"到"致富有望"的转变。

这些年来，南昌产业就业帮扶一齐抓，念好了"两业经"，唱好了"发展戏"。一方面，念好产业"致富经"。以前的贫困村，大部分面临各种不利局面，脱贫无门；如今，种油茶、种莲子、种葡萄，一个个项目落地，一个个企业带动，一棵棵"摇钱树"种下，一个个贫困村找到了产业的支撑。截至目前，全市1297家新型经营主体直接参与产业扶贫，通过"龙头企业+合作社+贫困户"的带贫模式，带动影响9438户21726人，带动贫困户稳定就业2632人。一批贫困群众土地流转有收入、基地务工能赚钱、产业发展可分红，在产业扶贫的带动下找到了致富门路。产业帮扶，不仅富了村民，更是强了集体。在产业帮扶的带动下，贫困村村级集体"造血"功能全面增强，村级集体经济收入稳定增长，所有脱贫村村级集体经济收入有望超过10万元。另一方面，念好就业"增收经"。就业是贫困群众实现稳定收入的另一个"通行证"。2015年来，南昌通过开设公益性岗位、创办扶贫车间、开展专场招聘、实施技能培训、落实小额信贷政策等，实现了小额信贷的"应贷尽贷"、有就业能力和意愿贫困户技能培训和稳定就业的全覆盖、贫困户公益性岗位"因需设岗""因人定岗"和"一人一岗"、扶贫车间质效双升，有力保障了贫困群众持续增收。

——企业助力实现就业脱贫。在脱贫攻坚这场战役中，南昌社会各界全面形成"积聚扶贫力量，画好同心圆"的攻坚合力。全市81家民营企业捐助231.5万元结对帮扶新疆阿克陶；新力公益基金会、崛美公益等一批公益组织发起"99公益日""名著小书包""呈香小院"等公益活动，惠及贫困群众；工商联、各级商会发起"百企帮百村"精准扶贫、"千企帮千村"消费扶贫等活动，全面助力消费扶贫；离退休老干部、共青团等"老中青"发起"点赞脱贫攻坚""圆梦微心愿"等活动，点赞扶贫、协力攻坚，汇聚了脱贫"你我力量"，构建了扶贫"攻坚合力"。

就业脱贫是贫困户脱贫的一条根本路、暖心路，积极鼓励各类企业与贫困群众结对子、建立就业扶贫基地、为贫困群众出点子、助贫困群众闯路子。安义县乡贤凌继河，尝到创业成功甜头毅然返乡，2009年怀揣1000多万元资金和商场打拼经验，在鼎湖镇组建水稻种植为主的绿能农业公司。"公司+基地+合作社+职业农户"模式成功后，2015年牵头与村级集体成立水稻种植专业合作社，吸纳贫困户进入合作社，以安义县万埠镇下庄村脱贫帮扶"租金+分红"的成功模式让贫困户参与收益分红，这种模式已带动100户贫困户脱贫，每户年增收6000元。新建县乡贤丁建新，立志返乡带动贫困户脱贫致富，2017年带回创业1000多万元积蓄和优质农产品销售网络，在流湖镇注册江西省新赣食用菌科技有限公司，并组建"就业扶贫车间"，吸纳10多名建档立卡贫困户到公司上班，带领他们脱贫致富。

——社会保障兜底特殊群体。为全市建档立卡贫困人员、低保对象、特困人员实行社会养老保险政策兜底脱贫，实现"应保尽保、应发尽发"。南昌市持续实施10种重大疾病免费救治政策，将签约服务工作重点由签约率转变为履约率及签约对象满意度，免费为贫困群众提供健康建档、健康教育、咨询指导和就医路径指引服务，对其中6类重点人群免费提供健康体检、随访和转诊等服务，健康随访次数由每年4次增加到6次，有力提升了对贫困群众的基本医疗和公共卫生服务。

——奖惩激励激活脱贫内生动力。南昌坚持脱贫不仅要"富口袋"更要"富脑袋"，实施了志智双扶的新举措。近年来，一个个"爱心超市"如雨后春笋在贫困村建立，一场场"三讲一评"颂党恩活动在贫困村开展，持续激发贫困群众脱贫致富的内生动力。目前，全市已建有"爱心超市"330家，实现了脱贫村全覆盖，"爱心超市"用积分换商品等，激励贫困群众自我创造更加幸福美好的生活；累计开展"三讲一评"活动3700余场，引导贫困群众讲党恩，树立自我脱贫发展斗志。通过这些举措，着力贫困户扶志、扶智、扶德、扶勤，真正实现了贫困群众"要我脱贫"到"我要脱贫"的转变。

总之，脱贫攻坚工作严格按照中央的总体要求和省委、省政府的具体部署，统筹推进脱贫攻坚与经济社会发展，根据都市圈特点和贫困户致贫原因，重点抓好产业扶贫、就业扶贫和社会保障兜底"三篇大文章"，使有劳动能力的一般贫困户通过发展产业、转移就业实现增收脱贫，完全丧失劳动能力的贫困人口通过社会保障政策实现兜底脱贫，部分丧失劳动能力的贫困人口通过产业扶持和保障扶贫叠加政策脱贫。

·结　语·

习近平总书记指出，脱贫摘帽不是终点，而是新生活、新奋斗的起点。征途漫漫，惟有奋斗。在开启建设"富有创新活力和文化魅力，令人向往的中国智造新城、山水名城"城市远景的新征程中，在全面推进脱贫攻坚向全面推进乡村振兴平稳过渡的历史进程中，南昌将以习近平新时代中国特色社会主义思想为指导，全面贯彻落实党的十九届五中全会精神，坚持把巩固提升脱贫攻坚成果同乡村振兴有效衔接作为中心任务，大力发扬为民服务孺子牛、创新发展拓荒牛、艰苦奋斗老黄牛的精神，立足南昌实际，做好过渡期内领导体制、工作体系、发展规划、政策举措、考核机制等有效衔接，在推动乡村全面振兴，实现乡村"产业兴旺、生态宜居、乡风文明、治理有效、生活富裕"上彰显省会担当，以高质量巩固拓展脱贫攻坚成果开创乡村振兴新局面，奋力在描绘好新时代江西改革发展新画卷中挑重担、走前列！为全面开启建设富裕美丽幸福现代化新江西、描绘好新时代改革开放新画卷作出省会城市的新贡献！

产业扶贫：稳定脱贫的根本之策

——南昌市农业产业扶贫纪实

扶贫扶长远，关键看产业。产业扶贫是稳定脱贫的根本之策。2015年南昌市《关于推进农村精准扶贫工作加快实现脱贫目标的意见》提出"实施十大扶贫到户工程"就包括"产业扶贫到户"，即采取"一户一业、一户一策、一人一法"的方式，帮助贫困户发展脱贫产业、增加收入。近年来，南昌市农业农村局紧紧围绕高质量打赢脱贫攻坚战的目标任务，积极培育壮大各具特色的农业扶贫产业，发挥农业扶贫产业"造血"功能，推动贫困群众持续增收、脱贫致富。

·构建机制压实扶贫责任·

南昌市农业农村局充分发挥产业扶贫行业职能，坚持压紧压实责任链条，抓过程促结果、强调度促落实、严督导促成效，建立健全工作机制，扎实推进脱贫攻坚助推全面小康。

一是构建了工作推进机制。建立了以局主要领导为组长、分管领导为副组长、局机关有关科室负责人为成员的产业扶贫工作领导小组，下设办公室，配备了专职副主任，抽调专班具体负责实施。

二是构建了定期调度机制。市农业农村局作为行业主管部门，每年局党组（委）会组织10次以上专题研究部署，建立了定期调度机制，坚持平常不定期小调度，每月大调度一次，分管领导每周进行碰头研究。

三是构建了督查考核机制。对农业产业扶贫落实情况每月跟踪督办，并纳入全市高质量目标考核和乡村振兴专项巡看重要内容，严格进行督促推进。对产业发展存在问题难点进行科学决策、精准施策，提升产业水平，助推全面脱贫共奔小康。

四是构建了整改落实机制。根据全市脱贫攻坚整改工作部署要求，全面建立整改台账、细化整改责任，体现真整改、可操作，落实到事、到人、到机制。涉及市农业农村局的中央巡视"回头看"、2019年度国家脱贫攻坚成效考核、"不忘初心、牢记使命"主题教育检视发现的问题以及国家成效考核举一反三共性问题共18个问题29条整改措施，全部完成整改。

·政策驱动提升扶贫水平·

制定了农业产业扶贫工作计划、关于推进农业产业扶贫的实施意见和农业产业扶贫年度工作要点，明确了农业产业扶贫目标任务、重点工作和推进举措，为顺利推进全市农业产业扶贫工作奠定了基础。

一是充分发挥业务职能优势，出台了畜禽、优质稻米、渔业、蔬菜、水果、中药材、花卉、休闲农业等8个方面具体扶持政策，组织县区对区域内的扶贫产业开展实地调研，结合各地的自然资源情况进行分类指导，选择适合当地发展的扶贫产业，着重引导发展特色产业有带贫功能的种养业和休闲农业。通过产业直补、经营主体带动等多种模式，积极引导贫困户参与特色产业发展，提高农业扶贫产业发展水平。截至2020年底，发展有带贫功能的种植业4.23万亩、猪牛羊养殖1.31万头、家禽77.7万羽、水产0.67万亩等，休闲农业经营主体55个，做到了"村村有扶贫产业、户户有增收门路"。

二是紧抓农产品产销对接，抗击疫情影响，瞄准线上线下两个市场，做好农产品展示展销工作。市农业农村局"乐享昌农"小程序平台正式上线，该平台开设了"扶贫专区"，推出贫困村农产品套餐。举办"买产品、献爱心、促脱贫"扶贫集市活动，共展销了12大类300个品种特色扶贫农产品，现场交易额达25.69万元，现场签订产销协议24个合计241.29万元；举办"百县千品扶贫助农"直播活动和优质农产品出村进城（夜市）活动，有20家企业40多个品种的扶贫产品参加。组织农业企业参加南昌市"全民消费助力攻坚"扶贫产品展示展销会、第二届江西"生态鄱阳湖·绿色农产品"博览会和第十八届中国国际农交会（重庆）等多次扶贫产品展示展销活动，有效缓解扶贫产品滞销困难。

·经营主体带动脱贫致富·

为有效调动农业经营主体参与产业扶贫的积极性，出台了强化农业产业化龙头企业、农民合作社及家庭农场与贫困户建立紧密利益联结机制的相关政策，建立健全龙头企业、合作社、家庭农场与贫困户的利益联结机制，不断完善"龙头企业＋合作社＋贫困户"等带贫模式，引导经营主体通过订单生产、土地流转、资产托管、入股分红、就地务工等方式参与产业扶贫，把贫困户嵌入扶贫产业链条。全市有 1297 家新型经营主体直接参与产业扶贫，带动行政村 366 个（覆盖全市 80 个贫困村），带动贫困户 9438 户 21726 人，带动贫困户稳定就业 2632 人。积极开展消费扶贫工作，联合市扶贫办下发《关于扎实开展市级农业产业化扶贫龙头企业认定工作的通知》，组织开展了市级扶贫龙头企业的申报工作。经企业主动申请、县（区）初审推荐、市级组织专家评审和公开公示等程序，完成认定益海嘉里（南昌）粮油食品有限公司等 20 家市级农业产业化扶贫龙头企业，并成功申报认定 5 家省级农业产业化扶贫龙头企业。

·集体经济夯实脱贫基础·

大力支持村集体充分盘活集体资源资产、因地制宜发展资源型经济、以资源折价入股工商企业等方式发展资源型经济，开展土地流转管理、农业生产、乡村旅游等服务，积极探索壮大村级集体经济的有效途径，巩固"空壳村"整治成果，全面增强村级集体"造血"功能，逐步建立村级集体经济收入稳定增长机制。据调查，全市 1153 个行政村 2020 年集体经营性收入 11.4 亿元，村均收入近 100 万元，实现了 10 万元全覆盖，收入 50 万元以上的经济强村占比 21%，较全省平均高出约 15 个百分点，收入 1000 万元以上超级强村有 21 个。全市 80 个贫困村村级集体经济总收入达到 2278.76 万元，平均每个村 28.48 万元，所有贫困村村级集体经济收入均超过 10 万元。

·强化服务彰显科技效能·

制定下发《关于印发〈南昌市农业产业扶贫技术培训实施方案〉的通知》，分期分批开展农业技术培训和现场指导，加大对贫困户发展种养业现场技术服务和技能培训力度。印发《关于进一步做好农业扶贫产业发展指导员服务工作的通知》和《关于建立完善农业扶贫产业发展指导员对接机制的通知》，建立了市、县、乡、村四级农业产业扶贫指导员队伍，落实 708 名产业指导员参与产业扶贫服务指导工作。各级农业产业扶贫指导员结合各自专业领域，深入贫困村、贫困户开展产业技术指导服务，开展技术指导与培训数量 454 场（次），服务贫困人口 3425 人次。

·接续发展探索长效机制·

乡村产业兴旺是巩固脱贫攻坚成果的重要支撑，为全面巩固脱贫攻坚成果，南昌市农业农村局进一步坚持脱贫攻坚问题导向和目标导向，加快研究脱贫攻坚与乡村振兴的政策衔接问题。坚持攻坚力度、帮扶力量、投入保障、政策举措"四个不减"，探索建立乡村振兴与脱贫攻坚深入有效衔接机制，深化农业产业扶贫提质增效行动，全力推进农业产业扶贫与乡村振兴有机结合。突出做优发展规划、做长产业链条、做宽销售渠道、做稳带贫主体、做紧利益联结等关键环节，重点优化提升农业扶贫产业、扶持发展新型经营主体、培育壮大村级集体经济、全面开展农业技术服务与培训，全面推动扶贫产业高质量、可持续发展。

就业扶贫：一人就业，全家脱贫

——南昌市就业扶贫纪实

　　就业扶贫是稳定脱贫的关键举措。"十三五"以来，南昌市人力资源和社会保障局以全面建成小康社会为总目标，紧紧围绕实现转移就业增收、提升就业技能、开发公益性岗位托底安置、落实基本养老保险兜底等方面持续推进人社扶贫工作，较好地完成了扶贫任务。其基本做法是：

·完善基础信息平台·

　　依托国家扶贫系统、江西省就业扶贫系统等平台支持，结合江西人社一体化综合信息系统建立南昌市就业扶贫数据平台，将全市建档立卡贫困劳动力的个人信息、享受就业帮扶政策及跟踪扶持信息纳入数据库，实行专项动态管理。通过建立贫困劳动力就业监测明细、公益性岗位明细、培训供给明细、培训需求明细、扶贫车间信息以及享受补贴明细等业务数据台账，确保做到精准动态掌握全市贫困劳动力数据，提高南昌市就业扶贫工作的针对性、实效性和科学性。

·多措并举就业帮扶·

　　强化就业招聘服务。一是持续在全市范围内开展"春风行动""就业援助月""就业扶贫日"等招聘服务活动，收集一批适合建档立卡贫困劳动力的岗位信息，通过专场招聘、设立专区、送岗入户等形式多渠道帮助贫困劳动力解决就业问题。2016年以来，全市开展"就业扶贫"专场招聘服务活动337次。二是主动与扶贫部门沟通联系，及时全面掌握扶贫车间认定、清理动态变化信息。2016年以来，全市扶贫车间累计吸纳贫困劳动力就业888人次，累计发放吸纳就业补贴65.6万元。三是统筹做好公益性岗位开发管理工作，建立全市贫困劳动力公益性岗位实名制台账，明确人员信息、岗位工种、工作时间、薪酬待遇、用工形式、补贴发放、设立部门、岗位管理等详细内容,定期开展公益性岗位监督管理。2016 年以来,公益性岗位安置贫困劳动力 6283 人次,累计发放公益性岗位补贴 1647.4531 万元。

提升技能培训实效。统筹全市培训资源,建立培训供给台账,逐村逐户逐人组织开展培训需求调查摸底,并根据人员数量、培训需求、就业意向,制定早点制作、保安、手工艺、电商等有群众有需求的培训计划,分期分批次实施免费技能培训。2016 年以来,累计开展培训 9692 人次,发放培训补贴 83.487 万元。

·构筑养老保险兜底·

按照江西省、南昌市相关社保文件要求,认真做好比对核查工作,主动摸清核准建档立卡贫困户参加城乡居民养老保险人员底数,认真对比系统数据,做好贫困人员参保服务工作。2016 年以来,南昌市共为 27275 人建档立卡贫困人员代缴城乡居民基本养老保险费用,代缴金额 272.75 万元,代缴率 100%;为符合领取城乡居民养老保险费待遇的 12398 名建档立卡贫困人员按月及时发放待遇,实现贫困群众基本养老保险费政府代缴和待遇发放"全覆盖"。

·持续就业脱贫解困·

2020 年以来,南昌市人力资源和社会保障局主动履职担当,持续积极作为,不断夯实贫困劳动力精准脱贫基础,高质量完成了人社脱贫攻坚工作。一是坚决整改各类巡视检查发现问题。针对脱贫攻坚专项巡视"回头看"反馈意见、国家成效考核反馈问题、"不忘初心、牢记使命"主题教育检视问题中涉及人社领域整改的"底数不清、扶贫车间后续帮扶措施缓慢、培训针对性和公益性岗位管理不够精准规范、产业措施覆盖相对不足、公益性岗位设置不规范、长效脱贫机制不健全"6 个问题,细化制定了 20 条整改措施,目前均已按要求完成整改。二是着力应对疫情影响。制定出台并实施了一系列促进南昌市企业复工复产、稳定企业就业岗位和支持劳动者复工返岗的政策和举措,创新运用"1255"工作法,建立了"半月调度,月总结"工作机制,对脱贫攻坚工作进行安排部署。组织开展"春风行动暨就业援助月""百千万线上线下"就业服务,设立专场、专区,并采取送岗入户、"点对点"包机包车输送等方式,推行"大篷车""小喇叭""就业扶贫码"等一系列举措,有效帮助贫困劳动力复工返岗。

社会保障扶贫：构筑民生安全网

——南昌市社保扶贫纪实

社保扶贫是脱贫攻坚的底线工程。2016 年以来，南昌社会救助工作充分发挥兜底保障职能，切实筑牢民生安全网，坚持聚焦重点抓突破、小步快跑补短板，不断提升社会救助水平和力度，全市城乡困难群众基本生活得到明显改善。

·统筹城乡低保提水平·

一是持续加大民生工程兜底保障力度。城市低保标准由 510 元提高到 735 元，增长 44%，累计保障人数 21.9 万人；农村低保标准由 310 元提高到 530 元，增长 70%，累计保障 41 万余人次。农村特困人员供养标准由 410 元提高到 690 元，增长 68%；城市特困人员供养标准由 600 元提高到 955 元，增长 60%。社会救助兜底保障水平显著提升。

二是在全省率先实现城区城乡低保统筹。2016 年南昌市重点推进城乡低保统筹工作，所有城区（除新建区）实现了城乡低保统筹，所有居民符合城市低保条件的都可以申请享受城市低保。逐步推进南昌县、进贤县、安义县、新建区城乡低保统筹，为打好社会保障脱贫攻坚战发挥重要作用。

三是全面落实脱贫攻坚兜底保障责任。2016 年 6 月 21 日，南昌市政府出台《关于加强农村低保与扶贫开发制度衔接的实施方案》，南昌县、安义县、新建区、湾里区、进贤县相继以政府名义出台《农村低保与扶贫开发制度衔接的实施方案》。两项制度的有效衔接，实现贫困人口与农村低保对象信息数据有效衔接，做到应扶尽扶、应保尽保，确保实现扶贫对象不愁吃、不愁穿，实现农村低保兜底脱贫。同时，加大投入，提高精准扶贫工作实效性。"十三五"期间，逐年提高农村低保标准。2016—2020 年农村低保标准按照不低于 3720 元 / 年（310 元 / 月）、4140 元 / 年（345 元 / 月）、4740 元 / 年（395 元 / 月）、5340 元 / 年（445 元 / 月）、

6120元/年（510元/月）的标准逐年提高。

·统筹城乡医疗重实效·

一是坚持城乡统筹，实现医疗救助与基本医疗保险、大病保险等制度无缝衔接。城乡医疗救助统筹后，打破城乡壁垒，将农村15类重大疾病扩大到城市医疗救助对象，统一搭建城乡一体的网上同步结算平台，实现了全市城乡医疗救助对象统一持卡管理、持卡结算，为有效解决困难群众就医难问题开辟了绿色通道。统一定点医疗机构，做到同步结算（直补）网络纵向覆盖省市镇村定点医疗机构，横向覆盖所有县区医疗保险、民政部门，在全市真正实现了基本医疗保险定点医疗机构即为医疗救助定点医疗机构，更加方便了困难居民看病。

二是政策引领，全面提升城乡困难群众医疗救助水平。南昌市连续出台《关于统筹城乡医疗救助工作的通知》《关于进一步加强和完善医疗救助制度的实施意见》等惠及民生的重要政策，全面提升城乡困难医疗救助水平。三无常补对象、特困供养人员100%救助，非常补对象住院救助比例达70%。累计实施医疗救助42.2万余人次，发放医疗救助资金3.27亿元，最大限度降低了困难群众的医疗费用。

三是加大健康扶贫医疗救助力度。将建档立卡贫困人员中特困人员医疗费用，予以全额救助；建档立卡贫困人员中低保对象政策范围内医疗救助费用，在现行医疗救助比例的基础上，提高5个百分点；将建档立卡贫困户，纳入支出型低收入贫困家庭救助范围予以救助。为农村特困人员、农村低保对象再筑一道医疗保障线，购买重大疾病医疗补充保险，筹资标准为每人每年330元。

·统筹临时救助托底线·

一是统筹临时救助制度、临时应急补充救助制度、特别救助制度，筑牢托底线。这些政策的出台，确保了困难群众"求助有门、受助及时"，真正做到"救急难、托底线"，使城乡困难群众基本生活得到有效保障。提高了临时救助筹资标准和救助标准，扩大了救助面。筹资标准市级由原来的按照辖区人口数每人每年0.12元提高到每人每年0.5元，县（区）级由原来的按照辖区人口数每人每年0.24元提高到每人每年1元；最高救助标准由原来的不超过4000元提高到不超过12000元；政策覆盖面由原来的户籍地城乡低保户家庭、低保边缘户家庭扩大到全市户籍地困难群众和已办理居住证的困难群众。累计实施临时救助3.5万人次，发放救助资金6399万元。

二是"救急难"工作处于全国全省领先水平。2016年，南昌市出台《全面推进"救急难"工作实施意见》，在全市范围内开展"救急难"工作。首先形成了完善的组织架构和工作网络。横向有民政、卫生、教育、房管、人社等职能部门的全力合作，纵向有区、街、居、慈善机构、社会组织、社工义工队伍全程参与。其次是建立了部门通力合作的协作机制。各职能部门均明确了本部门的工作目标、工作内容、工作流程和工作时限，形成了"救急难"与现行社会救助制度的无缝对接。再次是专业社工依法介入。充分利用社工资源，将社工理念、方法、技巧和社会组织的公益服务引入"救急难"工作，介入急难救助的所有环节，变"消极性社会救助"为"积极性社会救助"。从次是转变了工作方式。采取"8个1方式"畅通主动发现急难对象渠道，通过"6项举措"形成快速有效的解决通道，推动社会救助方式的转型。通过开展"救急难"工作，帮助困难群众摆脱生存危机和生活困境，防止了冲击社会道德和心理底线事件的发生。

·统筹制度建设重长远·

一是建机制，重长效。2016年以来，南昌市围绕健全特困人员救助供养制度开展了一系列工作：首先出台《关于印发〈南昌市特困人员救助供养操作规程（试行）〉的通知》，县（区）全面开展特困人员审核审批工作；其次是完善"数字民政"社会救助模块，增设"特困人员救助供养"模块，全面开展特困人员经济状况核查工作，为精准认定特困人员提供科学的信息化手段；再次是在全省率先落实"特困人员救助供养标准每年按照不低于城乡低保标准的1.3倍"的政策，并分别按照每月不低于每人每月1200元、300元、70元的标准安排失能、半失能、自理特困人员的照料护理经费；从次是印发《南昌市特困人员生活自理能力评估办法（试行）》，全面、规范开展特困人员生活自理能力认定。

二是抓基本，强保障。根据经济发展水平，南昌市不断提高城乡特困人员救助供养水平，让特困人员共享城市发展成果。农村特困人员供养标准由410元提高到690元，增长68%，城市特困人员供养标准由600元提高到955元，增长60%。

三是解难题，促融合。农村特困人员医疗问题得到妥善解决。第一，率全省之先实现了医疗救助、基本医疗保险、大病保险和定点医疗机构三方网上同步结算，畅通医疗救助"直通车"，保证了特困人员就医不用负担1分钱，实现100%救助。第二，为特困人员再筑一道医疗保障线。从2017年起，为农村特困人员购买重大疾病医疗补充保险，筹资标准为每人每年330元。第三，实现医疗服务与养老服务深度融合。通过在敬老院内设立医务室、护理站或与医疗卫生机构开展协议合作等形式，开展医养结合，促进敬老院与医疗卫生机构融合发展，确保老有所养、病有所医。

教育扶贫："斩穷根"托起明天新希望

——南昌市教育扶贫纪实

教育扶贫是阻隔贫困代际传递的根本之策。2016年以来，南昌市教育局严格对标"两不愁三保障"标准，紧扣"控辍保学""学生资助"两个重点，做到精准施策，努力实现"义务教育有保障"目标，全面落实教育系统脱贫攻坚工作，取得了一定的成效。

·压实责任，规范管理·

以严格执行国家资助政策为重点，以聚焦教育脱贫攻坚为主线，以精准资助和规范管理为抓手，以宣传政策和资助育人为载体，确保不让一个学生因贫失学。

建立长效机制，压实脱贫责任。一是建章立制促长效。为了进一步聚焦建档立卡等贫困学生，下发了《关于做好建档立卡等贫困家庭学生资助工作的通知》，要求各县区及学校落实好责任，依托扶贫办、民政等部门提供的数据和教育扶贫系统、全国资助系统的数据信息做到资助精准，做好建档立卡人员资助台账。为更及时地回复舆论关切，制定印发了《南昌市学生资助热点舆情应对实施细则（试行）》，进一步增强了全市学生资助舆论引导工作的主动性、针对性、及时性、有效性，为营造好学生资助良好舆论氛围提供了制度保障。二是压实责任有保障。为了夯实教育扶贫学生资助工作，全市各县区教育部门与本辖区学校签订长期教育扶贫责任状，有效落实学生资助政策校长负责制，全市共有882所义务教育阶段学校，74个乡镇实行义务教育（小学、初中）学生资助政策学校校长与乡镇属地双负责制，进一步保障贫困家庭子女学生资助政策全覆盖。三是落实政策保障。为了使建档立卡学生资助政策落实到位，定期对各县区的学生资助工作开展检查工作，通过实地检查督促县区提高思想意识，有力推动建档立卡学生资助工作落到实处。

狠抓动态管理，精准识别资助。在"坚持动态管理、坚持精准帮扶"原则指导下，市学生资助管理中心组织各县区及学校开展数据摸排与核查。一是建立台账抓精准。2016 年至 2020 年底累计对 4 万余条建档立卡数据逐一进行排查核实并建立资助台账，从学前至高中阶段累计对 27045 人次建档立卡学生进行资助，发放资助金 3792.08 万元（学前 3060 人次、义务教育 15718 人次、普通高中 4015 人次、中职 4252 人次）。二是动态管理成常态。为了确保建档立卡学生资助不遗漏，市学生资助管理中心运用全国资助系统重点保障人群模块，定期通过系统数据动态比对城镇贫困家庭子女在校资助情况，确保建档立卡家庭学生资助一个不漏、落到实处。

·财政保障，社会参与·

落实资金，为教育扶贫做好保障。2016—2020 年累计下达资助资金 7.2 亿元，资助 34.46 万人，为教育扶贫做好有力的保障。其中学前资助 2.12 万人，资金 2632.97 万元；义务教育阶段困难家庭寄宿生 2.86 万人，资金 3172.96 万元；义务教育阶段困难家庭非寄宿生 2.83 万人，资金 1542.97 万元；免除学费普通高中建档立卡、城镇困难群体等家庭经济困难学生 1.02 万人，资金 622.67 万元；普通高中国家助学金 8.84 万人，资金 18072.96 万元；高考政府资助金 1.23 万人，资金 6629.5 万元；高校新生入学资助项目 0.25 万人，资金 163.7 万元；中职国家助学 2.25 万人，资金 4809.6 万元；中职免学费补助 11.74 万人，资金 23139.17 万元；中职国家奖学金 86 人，资金 51.6 万元；生源地助学贷款 1.31 万人，资金 10766.71 万元（其中：2020 年全年下达资助 17866.22 万元，资助 8.35 万人，包括学前教育资助金 464.82 万元，资助 3814 人；义务教育生活补助金 1480.47 万元，资助 22280 人；普通高中国家助学金 3186.86 万元，资助 13925 人；普通高中免学费 194.85 万元，资助 2852 人；中职国家助学金 1542.79 万元，资助 4996 人；中职免学费 7051.43 万元，资助 29356 人；中职奖学金 27 万元，奖励 45 人；高考政府资助金 979 万元，资助 1958 人；高校新生入学资助金 58.8 万元，资助 883 人；生源地助学贷款 2880.21 万元，资助 3331 人）。

筑牢托底保障，引导社会参与。一是补齐政策短板。2019 年秋季开始对义务教育阶段非寄宿生进行资助，每人资助标准为小学 500 元 / 年，初中 625 元 / 年，重点保障建档立卡、低保、特困救助等五类人群，彻底补齐了义务教育阶段非寄宿贫困学生无相关学生资助的短板，实现了义务教育阶段学生资助体系全面覆盖。同时新增中职国家奖学金项目用于奖励特别优秀的在校生，奖励标准为每生每年 6000 元，加强了中职教育发展的支持力度。二是引导社会参与。近几年市教育局牵线优秀贫困学子与人大代表开展"青年学子圆梦·人大代表助学"项目。截至2020年底，共有141名优秀贫困学子受到人大代表的资助，发放资助资金112.8万元，每人受助8000元，有效引导社会力量参与教育助学。

·政策宣传，价值引领·

加强政策宣传，密切联系群众。充分发挥教育部门的优势开展学生资助政策宣传，密切联系广大学生家长做好政策解读工作。一是开展广泛宣传。每年组织学校统一发放《致学生家长一封信》及在高三年级各班张贴《全国学生资助管理中心致普通高中应届毕业生的公开信》，将学生资助政策详细告知学生家长，以点扩面的方式加大资助政策宣传力度，让全社会了解学生资助政策。二是资助育人结合。要求各校因地制宜以各种活动形式，把资助工作与育人工作相结合，进而激励广大学生奋发自强、立志成才，以达到强化资助工作的效果，提升育人工作的内在价值。三是密切联系群众。在开展"万民教师访万家"的活动中，为家长及学生讲解好学生资助政策，及时掌握学生家庭经济困难状况，为后期学生精准资助做好有力的保障。

·构建机制，控辍保学·

以县区教育部门、学校的日常工作为中心，建立常态的工作体系；以建档立卡户学生、因病因残学生为核心，建立重点工作目标；以排查疑似辍学为方法，建立跟踪销号管理台账；以总结提炼为媒介，探索推广成功经验；以8项制度为抓手，完善6项工作机制；以工作机制为载体，构建全市长效控辍保学工作体系。

抓好日常，建立常态工作体系。以问题为导向，督促各县区教育部门根据本辖区的实际情况，强化学校保障，改善学校办学条件、合理布点，切实保障义务教育学生就近上学的权利；加强对学校的业务指导，提高学校育人质量，指导学校开展教育教学活动、教师家访、关爱留守儿童困境儿童、学籍管理排查、送教上门、学生劝返等工作；加强与公安、民政、残联等部门以及有关乡镇、街道的沟通对接，摸清流失学生情况，提供准确的流失学生名册，于每学期开学初上报当地政府。

抓好重点，建立重点工作目标。针对已外出就读的建档立卡学生，督促学校准确掌握学生的就读学校、年级等基本信息；针对本地有学籍但学生已外地就读的建档立卡学生，按"籍随人走"的原则，督促家长为学生办理转学手续；针对随班就读的因病因残学生，从特教学校转入普通学校或普通学校转入特教学校时，其学籍可以转入新学校，也可保留在原学校；针对无法随班就读的因病因残学生，必须由地段学校开展送教上门，每月2次，学校要准备好相应的送教计划、教案、记录本等，每次送教必须由家长、学校签名确认，各种纸质送教材料、送教照片都必须按"一人一案"的规定留底存档，同时，该生学籍由送教学校建立。

抓好劝返，确保控辍保学目标。发现疑似辍学学生后，指导学校在第一时间制订劝返工作方案，并安排教师上门家访，了解家长、学生思想动态，家庭基本情况，找出辍学原因，采取关爱措施帮助学生返校就读。对于学校劝返后学生仍不返校的，各级教育部门要及时向当地政府报告，请相关部门采取行政手段或提请司法机关介入，强制辍学生复学。各学校劝返工作，按"一人一案"原则，学校劝返方案、家访、工作记录、工作照片、书面报告等，尤其是与有关部门、乡镇、街道联合劝返的有关工作材料，装订成册，存档备案。针对2020年新冠疫情，为了防止因疫情影响造成新的辍学，及时指导督促各县区教育部门、学校对应返校学生进行摸底，并结合健康打卡平台动态监测学生到校情况，发现未打卡或未在校的，立即核查学生实际情况，加强学校对学困生的关爱，确保应返尽返，确保无新的辍学生出现。

立足长远，建立长效工作体系。根据《南昌市教育局关于建立控辍保学系列工作制度的通知》文件精神，以8项制度为抓手，完善6项工作机制；以工作机制为载体，构建长效控辍保学工作体系。依托《南昌市教育局控辍保学工作制度》《南昌市教育局强化保障控辍制度》《南昌市教育局提高教学质量控辍保学工作制度》完善控辍保学工作责任机制；与公安、民政、司法、残联等部门开展定期协商，专题研究部署年度控辍保学工作，完善联控联保工作机制；依托《南昌市教育局控辍保学学籍管理制度》完善动态监测工作机制；依托《南昌市教育局疑似辍学报告制度》完善书面报告工作机制；依托《南昌市教育局流失学生劝返制度》完善劝返复学工作机制；依托《南昌市教育局控辍保学责任追究制度》完善考核追究工作机制。同时，加强与当地政府的沟通，由政府牵头，各相关部门联动，形成"广泛参与、全区覆盖"的工作格局。

台账管理，跟踪保障贫困学生。下发《关于进一步做好全市义务教育控辍保学工作的通知》《关于进一步加强控辍保学台账管理的通知》，督促指导各县区、局属学校对辖区内义务教育在校儿童少年就学情况进行全面排查，建立完善"贫困家庭义务教育阶段适龄子女信息台账""不具备学习条件的儿童、少年信息台账""辍学学生劝返复学工作台账"等3个台账，实施每月一查、每月一报，跟踪学生的学习状态。对于新摸排出的未纳入控辍保学工作台账管理平台的辍学学生提出了具体操作要求，构建环环相扣的控辍保学工作体系。截至目前，共对全市18773名贫困家庭义务教育阶段学生的家庭地址、身份证号、就读学校、年级、班级、学籍号、贫困类型等信息建立了台账，其中5215名建档立卡学生。

全面覆盖，保障特教学生就学。督促指导全市12个县区成立了由教育、心理、康复、社会工作等方面专家组成的县区残疾人教育专家委员会，保障不同类型学生的入学认定评估需求，除确实不具备学习条件的学生外，其他病残学生采取随班就读、特教学校就读、送教上门等措施保障义务教育阶段适龄子女不失学辍学。

脱贫攻坚已到关键决胜时期，南昌市教育局将严格按照市委、市政府的统一部署，慎终如始，一鼓作气，以"咬定青山不放松"的决心、"不破楼兰终不还"的勇气，闻鸡起舞、只争朝夕、奋勇担当、真抓实干，高质量打赢教育脱贫攻坚战，夺取全面建成小康社会的伟大胜利。

健康扶贫：协同筑牢"因病致贫、因病返贫"保障防线

——南昌市健康扶贫纪实

　　健康扶贫是打赢脱贫攻坚战的重要保障。南昌市贫困户主要是因病、因残致贫占主体，不同于就业、住房、教育等致贫因素，难以做到一次性消除，需要有更加精准而持续的举措。自 2016 年以来，市卫健委担当作为，逐步构建完善了健康扶贫"四道保障线"（即贫困群众就医费用可享受基本医保、大病保险、医疗救助、补充保险四项政策的报销），有序推进实施了"三个一批"（大病集中救治一批、慢病签约服务管理一批、重病兜底保障一批）措施，进一步保障了贫困群众看得起病、看得好病、看得上病、更好防病。成立于 2019 年 2 月的南昌市医疗保障局，配合卫健部门做好健康扶贫中的医疗保障工作，两部门协同作战，协同筑牢"因病致贫、因病返贫"保障防线。

·构筑健康扶贫"四道保障线"，卫健委主动担当·

——主动担当，让贫困群众看得好病——

　　一是万人参与，乡村医务人员成为健康扶贫"主力军"。南昌市组织 1 万余名医务人员开展了一系列行之有效的扶贫工作，切实做到真扶贫、扶真贫。南昌市 94 所乡镇卫生院，3000 余名乡村医生参与了签约服务活动，其中，家庭医生签约服务贫困群众 45370 人，履约率达 100%。全市 7000 余名乡村医务人员，利用随访、巡诊等方式，上门入户调查核实了全市所有因病致贫人口的患病人数、病种、病情、治疗需求等情况，确保全面、准确、真实，并将相关信息及时录入健康扶贫动态管理信息系统，做到一户一档，为因人施策、对症下药、靶向治疗奠定了坚实基础。

　　二是千人义诊，市县公立医院医务人员成为健康扶贫"生力军"。市、县公

立医院深入开展"服务在基层、健康进家门"活动，定期组织医疗队深入贫困村开展巡回义诊，做到市、县公立医院每季度不少于一次，为贫困村村民检查身体、分析病情、提供治疗建议、回答问题咨询，并向村民免费发放常用药品和各类健康教育宣传资料，使贫困群众在家门口享受到了优质医疗卫生服务。

三是众人受益，优秀医务人员成为健康扶贫"后备军"。为抓好市、县公立医院对口支援乡镇卫生院的工作落实，从市、县公立医院选拔了55名优秀医务人员到有贫困村的乡镇卫生院挂职副院长，从乡镇卫生院选拔了80名优秀年轻医护人员到贫困村卫生室开展对口帮扶。通过采取精准支援的方式，重点提升了乡、村医疗机构管理能力，以及儿科、妇产、高血压、糖尿病、中医和外科的诊疗水平，有效解决了基层群众看病难的问题。

——创新机制，让贫困群众看得起病——

一是政策上给力，医疗兜底保障利民。在专门为贫困群众建立重大疾病补充保险的基础上，南昌市整合各类医疗保障，对建档立卡贫困人口的医疗费用做到应兜尽兜、兜紧兜牢，有效减轻建档立卡贫困人口就医负担。至2018年，全市建立起贫困群众基本医保、大病保险、补充保险、医疗救助、政府兜底"五道保障线"。2019年以来，根据中央脱贫攻坚巡视反馈指出的"贫困人口住院最终实际报销补偿比例达到90%适度的要求"，市卫健委协同医保、扶贫等部门出台了调整贫困户医疗费用报销的政策，进一步优化了报销程序、报销比例和筹资标准，将健康扶贫"五道保障线"压缩为"四道保障线"。2020年前三季度，全市建档立卡贫困群众住院累计医疗费用1.1亿元，"四道保障线"累计报销0.99亿元，报销比例达90.05%。

二是制度上助力，先诊疗后付费惠民。为减轻贫困患者看病的资金周转压力，使其能安心配合医生治疗，贫困患者在5个健康扶贫工作县（区）的96家县域内定点医疗机构住院无需交纳押金，直接办理相关住院手续，发生的医疗费用实行"一站式"结算服务，由各级定点医院先行垫付基本医保、大病保险、补充保险和民政救助等补偿，暂时不能即时结算的，贫困患者只需先交付该次医疗总费用的10%即可，待医院与各相关部门结算后，再进行多退少补。对于贫困户县域外发生的住院医疗费用，专门设置了"一站式"结算窗口，避免群众多头跑报销。同时，推动了糖尿病、高血压等门诊特慢病定点下沉到所有的83家乡镇卫生院，对接做好了村卫生室医保刷卡报销，极大地方便了群众看病拿药。市、县级医院及乡镇卫生院设立扶贫病房（病床）560张，对建档立卡贫困人口减免相关费用，优化医疗服务，切实减轻建档立卡贫困人口就医负担。

三是项目上加力，重大疾病救治安民。2016年以来，持续开展儿童先天性心脏病等10类重大疾病免费救治和耐多药肺结核等15类重大疾病专项救治，全面掌握贫困群众的疾病信息，对所患疾病预后良好、能够进行有效治疗的患者，及时组织实施救治。同时，陆续提升贫困群众重大疾病救治待遇，其中，重大疾病专项救治的病种由2016年的15种提高到2020年的25种。

——建强基础，让贫困群众看得上病——

南昌市严格落实政府办医责任，进一步加大贫困乡村医疗卫生投入力度，做到政策项目最大限度地向贫困乡村倾斜，有力地改善了贫困地区医疗卫生服务条件。

一是卫生院公共卫生科标准化建设全覆盖。在全市55个有贫困村的乡镇卫生院中，全部开展了卫生院的公共卫生科标准化建设，实现了全覆盖。通过将基本公共卫生相关科室集中标准化设置，使之达到人员结构合理、硬件设施完善、岗位职责明确、规章制度健全、内部管理规范、业务运转流畅、服务质量提高的总体目标，确保基本公共卫生服务均等化工作落到实处。同时，推进"县级公立医院＋乡镇卫生院"的县域医共体模式，依托二级以上医疗机构，与服务能力较强、服务人口较多的乡镇卫生院，组建医疗服务共同体，投入资金支持5个县区的31个基层医联体开展特色科室、远程医疗建设，提高贫困乡村医疗资源共享水平；实施结合新冠肺炎疫情防控，启动了33个乡镇卫生院发热诊室建设。

二是村卫生计生服务室标准化建设全统一。2016年，全市启动了公有产权村卫生计生服务室建设，按照《南昌市村卫生计生服务室标准化建设视觉识别系统手册》要求，统一了外观标识，统一设置了诊察室、治疗室、观察室、药房等"八室一间"，强化了村级卫生计生服务能力。市级财政按照建设资金的50%，对新建每所最高补助8万元的标准，全面完成了80个贫困村公有产权村卫生计生服务室的建设目标。

三是乡村医疗卫生机构定向生培养全免费。为逐步建立一支素质良好、结构合理、适应需要、相对稳定的农村医疗卫生队伍，本市积极实施村卫生室免费订单定向医学生培养工作。2016年起，优先推荐贫困乡村定向生进行培养，四年来共组织456名村卫生室定向医学生就读，第一批87名定向生已进入村医力量薄弱的村卫生室从业。同时，启动并组织188名农村医学专业的中专毕业生参加全市乡村医生执业资格考试；组织810名乡、村医务人员参加基层卫生人才能力提升培训，有效提升了基层医疗卫生服务能力，确保了群众就近就医需求。

在做好贫困群众基本医疗有保障工作的同时，市卫健委还围绕贫困群众安全饮水有保障的工作要求，积极开展贫困户饮用水检测工作。目前南昌市已对贫困户安全饮水台账内的贫困户，逐一进行了饮用水评价，均已采用简易方法进行水质安全检测。

·医保助力健康扶贫·

医疗保障部门成立以来，通过协同财政部门资助贫困人口参加基本医疗保险，落实贫困人口基本医保、大病保险和医疗救助三项制度保障，建立城乡居民门诊统筹制度，优化门诊特殊慢性病鉴定工作等举措，保障贫困人口基本医疗有保障，患病能够获得及时诊治，并充分享受各项待遇，筑牢"因病致贫、因病返贫"保障防线，助力全市完成脱贫攻坚任务目标。

——担当实干，提升能力——

市医保局自成立以来，及时召开医疗保障行业扶贫工作部署会，从认清形势、找准方向、统筹推进三个方面，对做好医疗保障扶贫工作强调部署；召开扶贫工作专题调度会议，局班子成员、内设处室负责人、下属单位相关人员参加会议，对医疗保障扶贫整改涉及本局相关问题逐条梳理，制定具体的整改措施，提出了完成时限，并对下一步开展脱贫攻坚工作进行了强调部署，要求全局干部职工深刻认识推进脱贫攻坚的重要性和紧迫性，进一步提升政治站位，强化责任担当，认真对照逐条落实，确保脱贫攻坚任务圆满完成。

结合医疗保障扶贫实际工作，积极开展政策、业务培训，先后组织8次医疗保障有关扶贫政策会议及培训，通过邀请专家授课、业务知识解读、座谈交流等形式，强化学习效果，保证医疗保障扶贫各项工作落地见效，不断提升业务水平，为做好医疗保障扶贫提供坚强支持。

——问题导向，狠抓整改——

2019年召开专题会议研究医疗保障扶贫脱贫攻坚工作，认真开展中央巡视组反馈问题整改、脱贫攻坚"夏季提升"整改和"秋冬巩固"攻势，对照脱贫攻坚问题整改工作清单，主动认领问题。先后印发《市医保局关于中央巡视组反馈问题整改方案》《南昌市医疗保障局2019年脱贫攻坚"夏季提升"整改攻势工作方案》和《关于印发南昌市实施"秋冬巩固"攻势解决贫困人口基本医疗有保障突出问题工作方案的通知》，建立整改工作台账，逐项分解任务，明确整改措施、完成时限等，层层压实责任，实行挂图作战和销号管理。中央巡视反馈问题 5 个，制定了 10 条整改举措，1 个问题完成整改、4 个问题立行立改并长期坚持。脱贫攻坚"夏季提升"整改问题 9 个，制定了 14 条整改举措，5 个问题完成整改、4 个问题立行立改并长期坚持。

2020 年根据《市委办公厅　市政府办公厅印发〈南昌市关于中央脱贫攻坚专项巡视"回头看"反馈意见、"不忘初心、牢记使命"主题教育检视问题、成效考核指出问题整改工作方案〉的通知》，经查摆梳理，南昌市医保局主动认领了《南昌市"不忘初心、牢记使命"主题教育检视问题整改任务清单》两大类问题中的 2 个具体问题，出台了整改工作方案，制定了 4 条具体工作举措，并紧紧围绕工作举措开展各项整改工作，现均已完成整改，经市委整改办指导组审核后销号。按照南昌市脱贫攻坚成效考核反馈问题等各类问题整改工作要求，本局共负责 3 条整改措施，其中全省成效考核反馈问题 2 条、举一反三共性问题 1 条现均已完成整改，经市委整改办指导组审核后销号。

——精准识别，优化流程——

精准识别管理。加强与扶贫等部门沟通联系，及时比对贫困人口基本信息，精准识别扶贫对象，定期核实、动态调整，对贫困人口身份状态实行精细化管理，实现贫困人口参加基本医疗保险"随时认定、随时标识、随时参保、随时享受待遇"，进一步提升贫困人口参保及时性、时效性和准确性。2019 年全市 48084 名建档立卡贫困人口都参加了基本医疗保险，并全部纳入医疗保障范围。2020 年全市 47282 名建档立卡贫困人口参加基本医疗保险。

完善保障政策。一是坚持基本医保"保基本"原则，落实贫困人口各项基本医疗保险待遇。二是稳步提高城乡居民大病保险保障能力，继续实施大病保险对贫困人口倾斜支付政策，一、二级定点医院住院起付线由大病保险报销，大病保险起付线降低 50%（2019 年 7033.75 元、2020 年 7647.75 元），报销比例提高 5%，取消贫困人口大病保险封顶线，进一步减轻贫困人口患重大疾病医疗费用负担。三是适当提高医疗救助报销比例，年度救助限额内政策范围内个人自付住院医疗费用医疗救助比例不低于 70%，低保对象在现行救助比例的基础上提高 5 个百分点。四是会同卫健、扶贫、民政等部门调整贫困人口医疗费用报销政策，优化报销程序，明确报销边界，达到既不增加医保基金和财政负担，又确保建档立卡贫困患者住院费用报销比例稳定在 90% 的适度目标。2019 年贫困人口医疗费用累计总金额 17609.17 万元，"四道保障线"累计报销 15856.33 万元，实际补偿比例为 90.05%，贫困人口个人自付医疗费比例为 9.95%。2020 年贫困人口发生住院医疗总费用 14229.06 万元，基本医保、大病保险、医疗救助、重大疾病补充保险报销 12829.95 万元，"四道保障线"实际报销比例 90.17%，个人自付费用比例 9.83%。

实施门诊保障。对贫困人口患常见病、多发性、慢性病实施综合保障政策，稳步提升门诊医疗费用保障待遇，确保贫困人口在"家门口"医疗机构有地方看病、能看得起病、看病有保障。一是贫困人口申办门诊特殊慢性病，Ⅰ类病种年度最高支付限额按基本医疗保险住院统筹基金和大病保险年度最高支付限额执行，Ⅱ类病种年度最高支付限额提高到平均 5000 元，贫困人口申办门诊特殊慢性病，经专家鉴定评估符合认定标准的，及时开通门诊特殊慢性病待遇，将门诊特殊慢性病定点医疗机构下放到乡镇卫生院。二是加大普通门诊保障力度，落实城乡居民基本医疗保险普通门诊统筹政策，贫困人口在选定的普通门诊统筹签约定点医疗机构发生的普通门诊费报销比例提高 5 个百分点，不设起付线和年度最高支付限额。三是实施"高血压、糖尿病"用药保障政策，贫困人口经一级及以上医疗机构诊断为"高血压、糖尿病"的，可申请享受"高血压、糖尿病"用药保障待遇，在签约定点医疗机构发生符合规定的药品费用一级及以下基层定点医疗机构按 60% 报销、二级基层定点医疗机构按 50% 报销，一个自然年度内高血压最高支付限额 400 元、糖尿病最高支付限额 500 元。

优化业务流程。一是继续推行在县域内定点医疗机构就医"先诊疗后付费"和"一站式"结算方式，贫困人口出院结算时只需承担 10% 的个人自付费用；提高基本医保、大病保险、医疗救助经办服务水平，在贫困患者县域内定点医疗机构住院"一站式"结算的基础上，2020 年 6 月底全面推广至市域内定点医疗机构，做到医保业务信息系统畅通，通过"一站式服务、一窗口办理、一单制结算"，实现贫困患者住院费用即时结算，为医保扶贫措施在年底前转为基本医疗保险、大病保险和医疗救助三重保障框架奠定基础。二是进一步加大医疗保障扶贫政策宣传力度，丰富经办服务形式，各县（区）医保经办机构通过公开咨询电话、邮箱等方式，延伸服务触角，方便贫困人口"不见面"或"网上"办理异地就医备案、信息查询等。三是简化门诊特殊慢性病申办手续，贫困人口申请享受Ⅰ类门诊特殊慢性病待遇实行由所在地最高级别定点医疗机构直接审核确定，就诊医院医保科通过微信、邮箱等渠道帮助其申报，确保贫困人员"一次不跑"，在第一时间享受相应的医疗保障待遇，切实保障门诊特殊慢性病贫困患者及时得到认定和治疗。四是全力推进医保"村村通"建设，对产权公有村卫生室实现医保即时结算开展大排查工作，加强调度，分类指导，逐个解决，目前各县（区）村卫生室基本实现医保即时结算。

安居扶贫：保障贫困户住房安全

——南昌市安居扶贫纪实

住房安全保障是"两不愁三保障"脱贫攻坚的重要任务之一。南昌市住房和城乡建设局狠抓了农村危房改造这项惠民工程，为2020年全面打赢脱贫攻坚战奠定了扎实的基础。

·聚焦重点，多措并举·

聚焦重点，推进农村贫困人口危房改造工作。为落实脱贫攻坚农村危房改造工作，南昌市住房和城乡建设局聚焦重点，多措并举，一体推进农村危房改造工作和各级反馈问题整改工作。一是挂牌攻坚。对全市年度危房改造任务和列入年度脱贫计划的贫困户分布、分类情况实行挂图作战，数据精确标注到乡镇、村，为聚焦重点精准发力实施指导提供依据。二是一线督战。2019年以来先后制定了《南昌市2019年脱贫攻坚农村危房改造实践行动方案》和《南昌市脱贫攻坚农村危房改造挂牌督战工作方案》，由局领导带队，局属5个单位党支部书记为组长，抽调工程技术骨干，组建5个督战小组，进村入户，2019年以抽查的形式，对有改造任务的行政村进行了全覆盖督战。2020年对全市265户危房改造对象进行了全覆盖督战。对于危房改造工作滞后的县区，局成立工作小组，采取驻点的方式，吃、住在村里，现场督促、指导，确保按时完成危房改造任务。三是技术下乡。2018年至2020年从施工单位共抽调人员18人次组成"送技术"服务小组，分县包干开展送技术下乡活动，督查危房改造建设情况，检查建房质量安全问题，对农村危房改造进行技术指导。

政策叠加，消除农村贫困人口住房安全隐患。新建区辖区内C级危房已享受危房改造政策的建档立卡22户贫困户，由于补助标准较低，致使维修质量不高，受环境气候等因素的影响，未达到规定的使用年限再度破损，无法满足正常的使用功能。针对农村危房改造不能重复享受补助的政策规定，新建区围绕农村贫困人口住房安全有保障的工作目标，采用政府统筹一点、乡（镇）贴补一点、单位帮扶一点的农村安居保障筹资模式，解决农村贫困人口 C 级住房维修加固不到位的问题，2019 年投入资金 1500 万元实施改造对象 800 余户。

多措并举，防范农村贫困人口建房举债风险。南昌县为防范农村贫困人口建房举债风险，切实解决农村困难群众的住房安全问题，减轻农村贫困人口危房改造的资金负担，积极发动社会力量参与脱贫攻坚，成立了县人大代表爱心公益协会、县政协委员三凤爱心公益中心、县爱心词典扶贫救助协会，组织开展了脱贫攻坚"代表展风采、委员在行动、企业献爱心"系列扶贫活动，筹措资金 2500 余万元，帮助 1250 余户贫困户圆了住房梦，有效防范了农村贫困人口建房举债造成返贫的风险，提高了农村贫困人口的幸福感、安全感、获得感。

因地制宜，创新农村贫困人口危房改造方式。安义县针对石埠镇青湖村地理偏、地势低、面积小、土地少和经济落后等多方面因素，秉着"群众自愿、因地制宜、经济实用"的原则，依托乡镇、村委，采用"集中建设、集中分配、集中管理"的工程建设方式，建成每户 40—60 平方米不等的结构合理、功能齐全、环境舒适的小区式"交钥匙"工程。集中安置、集中管理刘金才等十余位贫困户。采取集中建设的方式既节约了土地资源降低了资金投入，又有利于集约配套公共服务设施，住户在一起还能互相照应，老有所伴、居有所乐，建立亲密的邻里关系。

·资金到位，保障有力·

2016—2020 年共完成 8294 户农村贫困人口（其中建档立卡贫困户 4018 户）危房改造，中央和省级下达补助资金共计 1.36 亿元。其中：南昌县 2576 户，下达补助资金 4300.3 万元；进贤县 1688 户，下达补助资金 2704.4 万元；安义县 1087 户，下达补助资金 1757.8 万元；新建区 2759 户，下达补助资金 4502.5 万元；湾里管理局 184 户，下达补助资金 298.4 万元。

2020 年完成 265 户农村贫困人口（其中建档立卡贫困户 21 户）危房改造，中央和省级下达资金 762.6 万元。其中：南昌县 63 户，进贤县 46 户，安义县 30 户，新建区 126 户，湾里管理局 0 户。

·疫情灾情，科学应对·

开展住房安全有保障核验工作。2020 年是脱贫攻坚收官之年，为全面排查梳理建档立卡贫困户住房安全保障情况，按照住房和城乡建设部办公厅、国务院扶贫办综合司脱贫攻坚住房安全有保障工作推进电视电话会会议精神和江西省住建厅工作要求，南昌市住房和城乡建设局与南昌市扶贫办立即行动，部署了南昌市脱贫攻坚住房安全有保障核验工作。一是2020年6月9日市住房和城乡建设局与市扶贫办联合转发了江西省住建厅、省扶贫办《关于转发住房和城乡建设部 国务院扶贫办开展建档立卡贫困户住房安全有保障核验工作的通知》，传达了核验工作的有关要求，督促各县区抓紧开展住房安全有保障核验工作。二是各级住建部门协同指导，加快推进核验工作进度。各县区住建部门对乡镇进行了培训，并督促乡镇及时指导各村核验责任人进行核验工作。南昌市住房和城乡建设局对各县区核验工作进度每日进行调度，并对核验工作中遇到的问题进行指导。三是开展核验调研工作。市、县、乡住建部门采取随机抽查的方式对建档立卡贫困户住房安全保障情况进行调研，将调研结果和核验结果进行比对，对于核验结果不符合客观实际的，督查核验人进行修正。2020年6月20日，南昌市完成了全市17937户建档立卡贫困户住房安全有保障核验工作。南昌市建档立卡贫困户17937户，其中鉴定安全10380户，改造安全6644户，保障安全820户，死亡销户93户。

科学应对疫情、灾情对住房安全保障的挑战。2020年初新冠肺炎疫情暴发，南昌市住房和城乡建设局转发了江西省住房和城乡建设厅《关于有效应对新冠肺炎疫情坚决做好农村危房改造工作的通知》，要求各相关县区住建部门根据疫情风险情况，在做好疫情防控、保障人员安全的前提下，联合扶贫、民政、残联等部门开展农村危房改造计划摸底排查工作，并将符合条件的农户纳入改造计划，切实保障农村贫困人口住房安全。2020年夏季，江西遭受了特大洪灾。南昌市住房和城乡建设局按照省住建厅要求，积极开展农村房屋灾后重建工作。一是全面开展应急排查。灾情发生后，督促各县区全面开展农村住房安全应急排查，排查出疑似危房364户。二是积极做好安全鉴定。要求县级住建部门组织技术人员对排查出的危房和疑似危房进行安全鉴定，共排查出10户危房（C级危房7户、D级危房3户），截至2020年11月已完工7户，未完工2户，1户通过其他保障方式解决了住房安全问题。三是切实强化技术指导。从江西省商业建筑设计院、中联建设集团股份有限公司、江西城建集团有限公司、江西省直属机关建筑设计院等4家单位抽调12位技术专家组成了灾后重建技术指导组，对受灾相对严重的南昌县和进贤县进村入户提供技术指导服务，帮助开展灾后重建工作。

光伏扶贫：精准扶贫的有效途径

——南昌市光伏扶贫纪实

光伏扶贫是造福贫困群众、收益稳定的民生工程，是国务院扶贫办2015年确定实施的"十大精准扶贫工程"之一。为扎实做好光伏扶贫工程，2015年11月24日，南昌市人民政府办公厅印发了《南昌市光伏扶贫工程实施方案的通知》，明确了80个贫困村每村安装30千瓦光伏电站和2000户贫困户每户安装3千瓦光伏电站的建设目标，均由南昌市财政出资建设。

·光伏扶贫贫困村全覆盖·

为了加快推进全市光伏扶贫项目工程建设，2016年12月市政府办公厅印发《关于印发南昌市市级光伏扶贫资金管理办法的通知》，进一步规范了光伏扶贫资金项目管理，并明确全市光伏扶贫工作资金预算8400万元，由市级财政安排6400万元，县（区）财政配套2000万元。南昌市光伏扶贫建设项目已经全部完成，实际市级财政共计拨付资金约4865万元、县级配套资金约1292万元。

南昌市运维中的光伏扶贫电站共2748个，总容量10627千瓦，2019年全年发电量为1135万度，2020年上半年发电量为476万度。其中村站84个，户站2664个，涉及安义县、进贤县、南昌县、湾里区和新建区五个县区，具体情况如下：

（1）安义县光伏扶贫电站192个，总装机容量954千瓦，其中村站14个、户站178个。

（2）进贤县光伏扶贫电站652个，总装机容量2622千瓦，其中村站23个、户站629个。

（3）南昌县光伏扶贫电站945个，总装机容量3321千瓦，其中村站18个、户站927个。

（4）湾里区光伏扶贫电站118个，总装机容量586千瓦，其中村站6个、户站 112 个。

（5）新建区光伏扶贫电站 841 个，总装机容量 3144 千瓦，其中村站 23 个、户站 818 个。

·光伏发电收益如期结转·

南昌市光伏电站的发电量绝大多数均能达到设计要求：在现有光照条件下达到年度平均 1000 小时利用率，即 3 千瓦的户站年发电量达到 3000 度，30 千瓦的村站年发电量达到 30000 度。

对于纳入国扶系统补助的光伏电站，2016 年建成、并网并通过国扶系统审核的第一批光伏电站（主要是村站），发电收益合计约为 0.98 元 / 度；2017 年以后的第二批光伏电站（户站和少数村站），发电收益合计约为 0.85 元 / 度。

对于未纳入国扶系统补助的光伏电站，无补贴，发电收益为 0.4143 元 / 度。

市供电公司负责光伏扶贫电站的发电度数确认及电费结算工作并代为发放补贴至县区指定结转机构。市扶贫办负责监督发电收益的发放和使用。

·电站建设和运维管理各负其责·

根据《南昌市光伏扶贫工程实施方案》和《南昌市市级光伏扶贫资金管理办法》，市委农工部（市扶贫办）牵头组织落实项目推进，市发改委负责光伏项目的立项、招投标管理等工作。

根据国家《光伏扶贫电站管理办法》，光伏扶贫电站由县级政府按照"规划、设计、施工、验收、运维"五统一的原则实施管理。根据江西省发展改革委下发的《江西省发展改革委　江西省扶贫办关于建立光伏扶贫电站运营管理办法》，南昌市联合市扶贫办出台了相应的《南昌市光伏扶贫电站运维管理办法》，其中规定："南昌市已建成光伏扶贫项目运维管理权限由县区发改部门和扶贫部门、供电部门三家分工负责。"南昌市发改委主要承担督查考核的职责，具体如下："市发改委会同市扶贫办、市供电部门和县区相关人员不定期对光伏扶贫电站进行安全督查，重点检查电站运行和维护情况。电站运行整体情况、设备检修、隐患故障排除、运维落实情况纳入县区考核指标。对运营效果好、发电效益远超同类光伏发电项目的运营机构，县级政府可予以适当奖励。对于出现质量、安全、运维等问题的光伏扶贫电站，在按要求落实行政管理责任的同时，更应依法按约定追究相应建设、运营主体的法律责任，并加强诚信体系建设，对使用伪劣产品的建设主体和运维过程造假行为予以惩戒。"

保障饮水安全　助力脱贫攻坚

——南昌市水利助力脱贫攻坚纪实

农村饮水安全是打赢脱贫攻坚战的底线任务之一。"十三五"期间，南昌市水利局以农村贫困人口水利需求为导向，以饮水安全和农村小型水利项目为重点，扎实推进水利精准扶贫机制落实，水利扶贫各项工作取得了明显成效。

·压实责任，科学谋划·

南昌市水利局坚持以人民为中心的发展思想，扶贫工作坚持做到早谋划、细分工、强部署。研究制定年度扶贫工作要点，为每年的脱贫攻坚工作做好任务分解和工作规划；按照省市的要求部署，聚焦农村人口饮水安全制订出台专项工作方案；积极推进乡村振兴，参与《南昌市乡村振兴战略规划（2018—2022年）》编制，多次对照省市乡村振兴战略涉及农村水利内容进行责任分工并提出贯彻落实意见。

聚焦饮水安全强化组织领导。南昌市水利局切实加大督促指导全市建档立卡贫困户饮水安全工作力度，推进农村贫困人口饮水安全工作取得了实实在在的成效。一是一线部署调度。水利局主要领导深入一线开展调研，针对饮水安全巩固提升工程进展亲自部署，敲定时间节点，扎实有效推进工程进度。分管局领导多次赴县区，推进工作，确保按省水利厅要求的节点时间完成建设任务。二是加强项目管理。针对部分县农村饮水安全巩固提升工程开工晚、建设工期紧、任务重的现状，督促项目建设单位按照既定的时间节点，制定详细的时间表、任务图，抢晴天、战雨天，对农饮工程施工方案进行进一步优化。三是突出贫困人口饮水安全。把解决建档立卡贫困人口饮水安全问题摆在重要位置，优先安排解决农村饮水安全，巩固提升工程受益范围内贫困人口的集中式供水问题，免费为项目区内的贫困户将自来水接通入户。

·增加投入，务求实效·

加大农村饮水工程建设投资力度。农村安全饮水是各级关注、社会关切、群众关心的重大民生事项，也是实施全面乡村振兴战略和打赢脱贫攻坚战的底线任务。"十三五"期间，全市共完成投资约4.99亿元，完成管网延伸工程38处，解决、巩固提升农村居民饮水安全人口58.1万人，免费为10917名建档立卡贫困人口接通自来水。其中，2017年完成青山湖区、湾里区2处农饮项目，完成项目总投资1588.13万元，解决、巩固提升农村居民1.12万人，免费为湾里区76名建档立卡贫困人口接通自来水；2018年完成农村饮水安全巩固提升工程15处，完成项目总投资16217万元，解决巩固24.41万人的饮水问题，免费为3410名建档立卡贫困户人口接通自来水；2019—2020年完成农村饮水安全巩固提升工程21处，完成项目总投资32141万元，解决、巩固32.57万人的饮水问题，免费为7431名建档立卡贫困户人口接通自来水。

·规范操作，狠抓整改·

做好项目资金公告公示。南昌市水利局认真贯彻落实中央、省、市政策要求，及时掌握相关贫困村情况，督促县区通过检查工程资料、实地走访等方式，对整治范围内的水利资金在贫困村的使用项目逐一排查，做好项目资金的公告公示工作，督促纠正项目公告公示不到位情况，整治漠视侵害群众利益问题。鉴于南昌市不存在深度贫困村水利扶贫项目，将整治范围内水利资金在贫困村使用项目的排查范围扩大到2017年以来涉及贫困村的水利扶贫项目（包括农村饮水安全工程、市级小型农田水利建设等项目），督促各县区水利部门主动对接扶贫部门，掌握相关贫困村情况，通过检查工程资料、实地走访等方式，共排查出项目存在公告公示不到位方面47项问题，建立台账迅速推进整改，现已全部整改完毕。

南昌市水利局党组高度重视脱贫攻坚问题整改工作，党组书记带头，党员领导干部集中学习中央、省、市有关脱贫攻坚巡视整改工作有关文件，切实提高政治站位，把问题整改作为重要政治任务，层层发力推动脱贫攻坚政治责任的落实。针对中央脱贫攻坚专项巡视、国家巡查和省级暗访发现问题整改，中央脱贫攻坚专项巡视"回头看"反馈意见、"不忘初心、牢记使命"主题教育检视问题、成效考核指出问题整改，及时制订整改工作方案，明确责任部门和人员，抓好整改任务分工，局纪检部门加强监督，推动问题整改严格落实落细。局党组成员和县级领导干部按规定参加脱贫攻坚专项巡视整改专题民主生活会、脱贫攻坚专项巡视"回头看"整改专题民主生活会，认真进行检视剖析，开展批评和自我批评，以抓好整改的实际行动有力践行党员干部的初心使命。

·多措并举，缓解旱情·

2018 年南昌市降雨量偏少，境内主要江河水位连创新低，出现干旱问题；2019 年 7 月中旬后，南昌市平均降水 82.3 毫米，较常年同期偏少八成，降水量排历史同期倒数第 1 位，遭遇严重干旱，农村居民供水面临较大困难。对此，南昌市水利局部署各地积极采取农村饮水工程维修改造、增打抗旱井和邻里用水互助、运水车送水等方式，确保村民饮水安全。部署乡镇、村编制完善应急送水预案，落实负责应急送水的队伍、车辆和责任人，并根据实际情况及时启动预案，抓好各环节工作落实，突出做好留守老人小孩、残障人士和五保户、贫困户的饮用水保障工作。干旱期间，全市没有出现人畜饮水困难情况。

2018—2019 年，全市投入 7.927 万人参与抗旱工作，共投入抗旱资金 6799.8 万元。

三

南昌市脱贫攻坚大事记

2013 年

1 月

1 月 9 日

副市长刘家富一行来到新建县象山镇大喜村等地，察看扶贫帮扶项目实施情况。

4 月

4 月 17 日

市政协主席卢晓健一行来到新建县石埠乡上莘村，开展扶贫工作。

6 月

6 月 6 日

全市扶贫开发暨一村一品现场推进会在安义县召开。市委常委周关出席并讲话。副市长朱志群主持。自 2011 年以来，全市扶贫资金投入达到 1.3 亿元，实施扶贫项目 576 个，贫困人口数量从 30 万人减少到 26 万人，具有特色的专业乡镇达到 60% 以上、专业村发展到 605 个。

9 月

9 月 4 日

市委常委周关一行来到湾里区罗亭镇上坂村，指导扶贫工作。

10 月

10 月 21 日

市领导周关、朱志群一行来到新建县南矶乡，察看扶贫开发项目推进情况。

12 月

12 月 4 日

省市领导王文涛、江晓斌一行来到南昌县塔城乡南洲村,开展"民情家访"活动。省委常委、市委书记王文涛在座谈时说,再次来到南洲村,看到村里发生了很大变化,我感到特别欣慰。扶贫开发这项工作,我们不仅要常做,更要真做,还要做好,做到老百姓的心坎上。下一步,要按照党的十八届三中全会部署,在扶贫脱贫的基础上,变"输血"为"造血"、规范农村土地流转、发展农业产业化、秀美乡村建设等方面进行总结提升,并积极争取改革试点,找到一条可复制、可推广的扶贫开发之路,帮助更多农民早日过上小康生活,让三中全会精神和全面深化改革的部署在农村得到落实,让广大农民享受更多的改革红利。

2014 年

1 月

1 月 6 日

市政府常务会议在市政府常务会议室召开。会议观看"媒体啄水鸟行动"光碟；听取全市"啄木鸟行动"情况通报；审议并原则同意市发改委草拟的《南昌市推进昌九一体化方案》《南昌市进一步深化户籍制度改革实施意见》，市法制办草拟的《南昌市政府 2014 年立法工作计划（草案）》，市规划局草拟的《关于审批南昌市加气站布点规划的请示》，市财政局、市教育局草拟的《南昌市学前教育财政奖补资金使用管理办法（试行）》，市残联草拟的《南昌市农村残疾人扶贫开发纲要（2013—2020）》，市法制办、民航江西监管局、省机场集团草拟的《关于南昌昌北国际机场净空保护区范围的通告》。市领导张鸿星、刘建洋、高伟、田大忠、姚燕平、刘家富、张根水、朱志群、肖玉文出席。

10 月

10 月 9 日

市领导周关、朱志群一行来到新建县南矶乡，指导扶贫开发工作。

10 月 15 日

市政协主席卢晓健一行来到新建县上莘村，就扶贫工作进行调研。

10 月 22 日

省公安厅副厅长、副市长、市公安局局长王国强一行来到湾里区招贤镇，指导扶贫工作。

2015 年

1 月

1 月 15 日

副市长刘家富一行来到新建县象山镇大喜村，察看扶贫工作。

4 月

4 月 28 日

副市长刘家富一行来到新建县象山镇大喜村，指导扶贫工作。

5 月

5 月 25 日

市政府常务会议在市政府常务会议室召开。会议观看"媒体啄木鸟行动"光碟；听取"啄木鸟行动"有关情况汇报；听取市发改委、各县（区）政府、开发区（新区）管委会《关于稳增长促发展"60条"贯彻落实情况的汇报》；审议并原则同意市农业局草拟的《南昌市农村综合产权交易所建设方案（修改稿）》，市投促局草拟的《南昌市招商引资工作调度制度（送审稿）》，市城管委草拟的《南昌市密闭建筑垃圾运输车辆推广工作实施方案（送审稿）》，市扶贫办草拟的《关于推进农村精准扶贫工作加快实现脱贫目标的意见（送审稿）》，市市场和质量监管局草拟的《关于企业事中事后监管改革试点工作实施意见（送审稿）》《南昌市企业监管分类及抽查检查办法（送审稿）》，市政府办公厅草拟的《南昌市政府驻外办事机构管理暂行办法（送审稿）》，市卫计委草拟的《关于请求以市政府名义通报2014年度全市人口计生工作目标考核结果的请示》；审议市发改委草拟的《南昌市重大重点项目管理实施细则（送审稿）》，市工信委草拟的《南昌市基于云计算的电子政务公共平台顶层设计方案》。市领导刘建洋、田大忠、姚燕平、涂建生、刘家富、张根水、朱志群、肖玉文出席。

6月

6月4日

市委常委会会议在市委第二会议室召开。会议听取市委党校、市残联、市科协工作情况汇报；审议并原则同意市政府党组报送的《关于推进农村精准扶贫工作加快实现脱贫目标的意见（讨论稿）》；审议市政府党组报送的《南昌市政府驻外办事机构管理暂行办法（讨论稿）》，市委组织部报送的《关于在"七一"前夕表彰全市先进基层党组织和优秀共产党员、优秀党务工作者的方案（讨论稿）》，市委办公厅报送的《2015年市委文件制定计划（讨论稿）》，并原则同意请示意见；研究市委组织部报送的干部人事议题。

6月15日

市委、市政府发出《关于推进农村精准扶贫工作加快实现脱贫目标的意见》。

8月

8月13日

市委常委、组织部部长陈德寿一行来到南昌县武阳镇朱坊村，就扶贫工作进行调研。

9月

9月25日

市委常委、统战部部长高鹰群一行来到安义县长均乡把口村，开展"同心共建促和谐，携手连心奔小康"集中帮扶活动。

10月

10月12日

市委常委、宣传部部长龙和南一行来到湾里区招贤镇东源村，调研"百千万"行动开展情况并走访慰问困难群众。

10月20日

市委常委、市纪委书记卢作全一行来到安义县石鼻镇果田村，就扶贫工作进展情况进行调研。

11 月

11 月 13 日

市政府常务会议在市政府常务会议室召开。会议观看"媒体啄木鸟行动"光碟。听取"啄木鸟行动"有关情况汇报，审议并原则同意市发改委草拟的《南昌市公务用车制度改革实施方案及配套管理办法（送审稿）》，市农办草拟的《关于大力推进农村新户型示范村点建设加快全市秀美乡村发展的实施意见（送审稿）》，市教育局、市体育局、市文化局、市卫计委草拟的《关于鼓励社会资本进入教育、体育、文化、卫生事业领域的实施办法（送审稿）》，市民政局草拟的《关于调整社区干部待遇增加社区服务群众经费的请示（送审稿）》，市扶贫办草拟的《南昌市光伏扶贫工程实施方案（送审稿）》，市工业控股集团草拟的《合作组建南昌市产业发展基金方案（送审稿）》，市政府办公厅草拟的《南昌市高级经济顾问聘任管理实施办法（试行）》《南昌市科技顾问聘任管理暂行办法（送审稿）》，市卫计委草拟的《南昌市关于进一步加强完善院前医疗急教和规范院间院后医疗转运工作的意见（送审稿）》，市人社局草拟的《关于深化市属企业负责人薪酬制度改革意见（送审稿）》《2015 年度市直机关绩效管理工作方案（送审稿）》，市房管局草拟的《关于对民政部"不再出具（无）婚姻登记记录证明"涉及房管相关业务办理有关事项的紧急请示》。市领导刘建洋、田大忠、姚燕平、徐建生、刘家富、张根水、肖玉文出席。

11 月 17 日

市政协主席周关专题研究湾里区太平镇泮溪村扶贫工作。

11 月 23 日

市委副书记、政法委书记欧阳海泉一行来到进贤县民和镇旺坊村，就精准扶贫工作开展调研。

12 月

12 月 2 日

市领导周关、朱志群一行来到湾里区太平镇泮溪村，就扶贫开发工作进行调研。

12 月 7 日

市委常委、副市长田大忠一行来到新建区，就经济发展和扶贫开发工作进行调研。

2016 年

1 月

1 月 5 日

副市长姚燕平一行来到进贤县三里乡，就扶贫工作进行调研。

1 月 6 日

市委常委刘家富一行来到南昌县南新乡团结村，就扶贫工作开展情况进行调研。

1 月 12 日

副市长张根水一行来到新建区象山镇井岗村，就扶贫工作进行调研。

1 月 13 日

全市率先实现全面小康动员暨扶贫开发工作会议在红谷滩会议中心召开。会议贯彻中央和全省有关精神，总结全市"十二五"小康建设和扶贫开发工作成果，部署"十三五"率先实现全面小康和脱贫攻坚各项任务，通报表彰"十二五"全市扶贫开发工作先进单位和先进个人。会议强调，率先在全省实现全面脱贫和全面小康，是市委、市政府向省委、省政府和全市广大人民作出的承诺。"两个率先"不仅关系全市人民切身利益，更关系党的执政基础。全市各级各部门要强化责任担当，把"两个率先"作为政治任务完成。欧阳海泉、蔡社宝、周关等市四套班子领导出席。

1 月 26 日

市领导张根水、龙国英、罗蜀强分别来到进贤县、湾里区等地，走访慰问困难群众、贫困户，推进"连心、强基、模范"三大工程。

是日

"南昌绿谷"罗亭都市现代农业休闲观光走廊项目建设现场办公会召开。与会人员现场察看罗亭镇岭南村"五位一体"示范村、"三位一体"服务中心建设现场及扶贫产业园选址情况。副市长朱志群等出席并走访慰问罗亭镇义坪村贫困户。

1月27日

省人社厅副厅长吴福全一行来到新建区昌邑乡坪门村等地，检查指导精准扶贫工作。

2月

2月3日

全市扶贫助困对接活动部署会和城乡发展一体化改革座谈会在市政府小礼堂召开。副市长朱志群出席并讲话。

2月4日

市领导李国根一行来到新建区象山镇河林村等地，走访慰问部分困难群众、困难企业和敬老院，并就扶贫工作进行调研指导。

2月6日

省委书记强卫一行来到安义县古村群石鼻镇罗田村，就古村旅游开发情况进行调研并走访慰问村民。

2月16日

市委常委会会议在市委第二会议室召开。会议审议并原则同意市委改革办报送的《关于加强南昌特色新型智库建设的实施意见（讨论稿）》，市委办公厅报送的《学习宣传贯彻习近平总书记在江西考察工作时重要讲话的分工方案（讨论稿）》，市政府党组报送的《关于落实发展新理念加快农业现代化率先在全省实现全面脱贫和全面小康目标的实施意见（讨论稿）》；研究市委组织部报送的有关机构更名和重新任命等事项；听取市委农工部关于中央、全省农村工作会议主要精神及全市贯彻意见汇报，市信访局关于全国、全省信访局局长会议精神及全市贯彻意见汇报。市委副书记欧阳海泉，市委常委陈德寿、刘建洋、卢作全、江晓斌、龙和南、刘瑄、乐文红出席。

3月

3月1日

全市扶贫助困对接活动动员会在市工人文化宫文体中心举行。市人大常委会副主任李国根出席。

3月23日

市政协副主席辛利杰会见山东省枣庄市政协副主席黄涛、汤海涵率领的精准扶贫重点课题调研组一行。

3月25日

市十四届人大常委会第七十七次主任会议在市人大常委会机关三楼主任会议室召开。会议讨论《南昌市低碳发展促进条例》、《南昌市人民代表大会及其常务委员会选举和任命的国家工作人员宪法宣誓实施方案》、关于2016年开展赣鄱农产品质量安全（南昌）行活动的工作方案、关于"扶贫济困、共享发展"为主题的"助力打造核心增长极代表行"活动的工作方案、关于对市十四届人大六次会议代表建议进行重点督办的意见、关于全市第九轮行政审批制度改革落实工作情况的报告和开展专题询问审议意见的研究处理情况报告。市人大常委会主任蔡社宝主持。市领导李国根、崇江林、邹书玲、李福如、魏国华、戴晓明出席。

4月

4月5日

市政协"找准精准扶贫切入点，大力推进产业扶贫"课题调研座谈会召开。市政协副主席李广振出席。

4月15日

全市"百企帮百村"精准扶贫行动启动仪式举行。省工商联主席雷元江，市委常委、统战部部长乐文红出席。全市69个民营企业、基层商会与全市63个贫困村现场签订帮扶协议。

是日

市政协副主席李广振率调研组一行来到安义县，就精准扶贫工作进行调研。

4月22日

市政府常务会议在市政府常务会议室召开。会议观看"媒体啄木鸟行动"光碟；听取"啄木鸟行动"有关情况汇报；学习新《中华人民共和国安全生产法》；审议并原则同意市环保局草拟的《关于贯彻落实省政府办公厅加强工业园区污染防治工作意见的实施方案（送审稿）》，市规划局草拟的《南昌市"多规合一"工作方案》，市民政局草拟的《南昌市困难残疾人生活补贴和重度残疾人护理补贴制度实施办法（送审稿）》《关于提高我市最低生活保障和农村五保对象供养标准的请示》《关于相关县、区（新区）要求设立街办的情况报告》；审议市农办草拟的《南昌市县域经济发展专项资金管理办法（送审稿）》。市领导刘建洋、华清、姚燕平、张根水、肖玉文出席。

4月29日

市政协副主席罗蜀强一行来到进贤县调研"兴家风、淳民风、正社风"活动并走访扶贫村。

5月

5月5日

市政协副主席李广振一行来到进贤县，就"找准精准扶贫切入点，大力推进产业扶贫"开展专题调研。

5月8日至13日

市政协副主席辛利杰一行赴贵阳、遵义等地，就云计算基地建设和精准扶贫工作情况进行调研。

6月

6月15日

市政府常务会议在市政府常务会议室召开。市民政局草拟的《关于加强农村低保与扶贫开发制度衔接的实施方案（送审稿）》。市领导刘建祥、肖玉文、华清、姚燕平、朱志群等出席。

是日

市领导周关、熊晓武一行来到湾里区太平镇泮溪村，就扶贫开发工作进行调研，并为村党员做专题党课报告。

6月21日

市人大常委会主任蔡社宝一行来到安义县新民乡尚礼村，就扶贫工作进行调研，并走访慰问困难党员。

是日

市政府发出《印发关于加强农村低保与扶贫开发制度衔接的实施方案的通知》。

6月27日

市政协副主席李广振一行赴贵阳、凯里、怀化等地，就"找准精准扶贫切入点，大力推进产业扶贫"课题进行调研。

6月28日

副市长张根水一行来到新建区象山镇井岗村，走访慰问困难党员，并以"争当合格党员，做好攻坚扶贫的表率"为题作"两学一做"专题教育党课报告。

7月

7月29日

市政协"找准精准扶贫切入点，大力推进产业扶贫"对口协商会召开。市领导朱志群、李广振等出席。

8月

8月22日

市政协副主席李广振一行来到安义县老下村，走访慰问贫困村民。

8月24日

监察部副部长王令浚一行来昌，就贯彻落实中央八项规定精神、扶贫领域执纪问责、"两个责任"落实情况等开展调研座谈，并乘坐南昌地铁"清廉文化主题列车"，考察全市廉政文化建设工作。省市领导周泽民、卢作全、江晓斌，省纪委常务副书记刘卫平，省纪委常委汪爽、王仁辉等出席或陪同。

8月26日

市委常委、市纪委书记卢作全一行来到安义县石鼻镇果田村，就精准扶贫工作进行调研。

9月

9月22日

民政部社会救助司巡视员王治坤率调研组来到青山湖区社会福利中心（青山湖区绿康养老服务中心）、高新开发区麻丘镇敬老院等地，就农村特困人员供养服务机构社会化改革试点工作情况进行调研。市委常委、副市长华清等陪同。

9月23日

市政府常务会议在市政府常务会议室召开。会议观看"媒体啄木鸟行动"光碟，听取"啄木鸟行动"有关情况汇报；学习《中华人民共和国审计法》；审议并原则同意市民政局草拟的《关于加强农村留守儿童关爱保护工作的实施方案（送审稿）》，市工信委草拟的《关于进一步促进我市融资担保行业持续健康发展的若干政策措施（送审稿）》，市扶贫办草拟的《关于坚决打赢全市脱贫攻坚战的实施意见（送审稿）》，市发改委草拟的《〈南昌市大力促进实体经济发展的若干措施〉实施细则（送审稿）》，市房管局草拟的《南昌市已购经济适用住房上市和回购操作流程（送审稿）》。市领导刘建洋、华清、姚燕平、张根水、朱志群、凌卫、宋铀出席。

10 月

10 月 19 日

"同心共建促和谐，携手连心奔小康"集中帮扶活动在安义县长均乡把口村举行。市领导乐文红、龙国英等出席。

10 月 20 日

市人大常委会副主任魏国华率调研组来到湾里区、新建区等地，就乡村旅游和旅游帮扶工作进行调研。

11 月

11 月 11 日

市人大常委会副主任魏国华一行来到进贤县，就推动农业产业扶贫工作进行调研。

11 月 24 日

全市扶贫领域专项巡察工作动员部署会议召开。会议传达学习 2016 年省委第三轮巡视工作动员部署精神，并就全市扶贫领域专项巡察工作进行动员部署。市委常委、市纪委书记吴伟柱出席并讲话。

11 月 29 日

市工商联"百企帮百村"精准扶贫工作现场会召开。市政协副主席熊志刚等出席。

11 月 30 日

市政协副主席熊志刚一行来到进贤县民和镇旺坊村，就精准脱贫工作进行调研。

12 月

12 月 9 日

市政府常务会议在市政府常务会议室召开。审议并原则同意市医改办草拟的《江西省健康扶贫工程实施方案责任分解（送审稿）》。

是日

市委常委、南昌警备区司令员刘瑄一行来到进贤县中陵乡东塘村调研精准扶贫工作。

12 月 15 日

市委常委、秘书长郭毅一行来到南昌县冈上镇合山村调研精准扶贫工作。

12 月 16 日

全市脱贫攻坚现场推进会在新建区象山镇召开。会议总结 2016 年脱贫攻坚工作，部署 2017 年工作任务。市委常委邱向军通报全市精准扶贫推进情况。市人大常委会副主任朱敏华主持。市人大常委会副主任张力出席。会上，新建区介绍脱贫攻坚工作情况，南昌县、进贤县、安义县、湾里区作表态发言。

12 月 26 日

市委常委、统战部部长乐文红一行来到安义县长均乡把口村，就扶贫工作进行调研。

2017 年

1 月

1 月 8 日

市委常委邱向军一行来到安义县等地，就精准扶贫工作进行调研。

1 月 9 日

副市长龙国英一行来到进贤县等地，就精准扶贫工作进行调研，并走访慰问困难群众。

1 月 10 日

副市长凌卫一行来到新建区等地，就精准扶贫工作进行调研。

1 月 11 日

市政协副主席周智安一行来到新建区石埠镇等地，就精准扶贫工作进行调研，并走访慰问困难群众。

1 月 12 日

市委副书记谢一平一行来到进贤县泉岭乡前溪村，走访慰问困难群众，就党建带团和教育扶贫等情况进行调研。

是日

全市首届"奉献爱心扶贫济困"暨"绿地杯"老年文化艺术节书画作品慈善义卖举行。此次慈善义卖共成交 100 幅书画作品，筹得善款近 10 万元，所拍善款将全部用于捐助全市精准扶贫对象，救助贫困家庭和留守儿童。

1 月 14 日

省市领导殷美根、郭毅一行来到南昌县黄马乡罗渡村，走访慰问困难企业和困难群众，就脱贫攻坚工作进行调研。省委常委、副省长、市委书记殷美根在调研时强调，要瞄准产业"主方向"，按照"脱贫攻坚工作开展到哪里、产业发展就要抓到哪里"的要求和思路，不断完善特色扶贫产业体系。要筑牢项目"主抓手"，进一步完善项目推进机制、创新项目调度方式，对所有扶贫项目都实行项目化管理，细化"任务清单"和"责任清单"。要打好兜底"主战役"，以"兜牢底线、应扶尽扶、应保尽保、应助尽助"为原则，有效保障贫困群体的基本生活。要调动群众"主动性"，充分发挥贫困群众的主体作用，不断激发贫困群众的内生动力，努力提升贫困群众的自我发展能力。要构建多元"主格局"，充分调动一切积极因素，广泛吸收社会力量，搭建人人皆可为、人人皆能为的社会参与平台，共同推进脱贫攻坚工作。要夯实基层"主心骨"，始终加强基层党组织建设，切实把农村基层党组织建设成为落实党的政策、带领农民致富、密切联系群众、维护农村稳定的坚强领导核心。

1月17日

市委常委、常务副市长肖玉文一行来到南昌县广福镇北头村，看望慰问困难群众和困难党员，并察看北头村小学环境改造项目和村级光伏电站项目，了解该村扶贫情况。

是日

市领导邱向军、樊三宝一行来到南昌县、进贤县等地，就扶贫开发、新农村建设、县域经济发展项目等工作进行调研。

是日

市委常委、秘书长郭毅一行来到南昌县冈上镇合山村，走访慰问困难群众，并就精准扶贫工作进行调研。

1月18日

市领导邱向军、樊三宝一行来到湾里区，就新农村建设工作进行调研，并召开脱贫攻坚工作座谈会。

1月19日

副市长杨文斌一行来到进贤县架桥镇土坊村，就精准扶贫工作进行调研并走访慰问困难户。

1月23日

全市脱贫攻坚工作会议在红谷滩会议中心召开。会议通报2016年市直单位、县区脱贫攻坚推进情况以及贫困户脱贫第三方核调评估情况，部署下一步工作。省委常委、副省长、市委书记殷美根出席并讲话强调，确保在今年年底全面完成脱贫攻坚任务，是市委、市政府向省委、省政府和全市人民作出的庄严承诺，全市各级各部门务必在强化认识中敢于担当，在强化举措中打破常规，在强化保障中取得实效，奋力夺取全市脱贫攻坚全面胜利，为率先全面小康奠定坚实基础，向省委、省政府和全市人民交出一份满意答卷。市领导谢一平、陈德寿、周关等市委、市人大、市政府、市政协班子成员出席。南昌县、进贤县、安义县、湾里区、新建区党政主要负责人现场签订脱贫攻坚责任状。

1 月 25 日

省残联党组书记、理事长陈卫华来到南昌县走访慰问贫困残疾人家庭。

2 月

2 月 4 日

市委常委、市纪委书记吴伟柱一行来到安义县石鼻镇果田村走访帮扶对象，并召开座谈听取精准扶贫相关情况。

2 月 23 日

市人大常委会副主任王敏一行来到新建区樵舍镇常丰村，就脱贫攻坚工作进行调研。

2 月 28 日

市政协主席周关一行来到湾里区太平镇泮溪村走访慰问贫困户，并就脱贫攻坚工作进展情况进行调研。

是日

副市长樊三宝一行来到南昌县，就脱贫攻坚工作进行调研。

3 月

3 月 3 日、13 日至 15 日

市人大农业和农村委有关人员分别来到市扶贫办和南昌县、进贤县、安义县、新建区、湾里区等地，就脱贫攻坚工作进展情况进行调研。市人大常委会副主任李福如等参加。

3 月 7 日

市政协副主席黄耀华一行来到南昌县南新乡九联村，就精准扶贫工作开展情况进行调研。

3 月 8 日

省、市侨联贫困助学金发放仪式在安义县中学举行。省侨联党组书记张知明出席并向安义县 25 名贫困学生发放助学金。

3 月 10 日

市政协副主席黄清玉一行来到新建区大塘坪乡献忠村，就扶贫工作进行督导。

3 月 13 日

市人大常委会副主任李福如一行来到进贤县就脱贫攻坚工作进行调研。

3月14日

市领导陈德寿、申少平一行来到安文县新民乡尚礼村调研扶贫工作，察看尚礼村标准化农田改造、综合服务大楼建设、光伏电站建设等项目建设情况，并召开座谈会听取相关情况汇报。

3月15日

市人大常委会副主任李福如一行来到新建区流湖镇，就开展脱贫攻坚工作进行专题调研。

3月16日

市委常委、副市长华清一行来到南昌县南新乡团结村，就精准扶贫工作进行调研。

是日

市人大常委会副主任魏国华一行来到安义县，就旅游扶贫工作开展调研。

3月22日

市人大农业和农村委组织有关人员来到湾里区、安义县，就贫困村环境整治工作进行调研，并开展贫困走访活动。市人大常委会副主任李福如等参加。

是日

南昌市贫困地区创业致富带头人科技培训班在安义县开班。省科协副主席孙卫民等出席。

3月24日

市委常委邱向军一行来到湾里区，就脱贫攻坚工作及特色小镇建设进行调研并召开相关座谈会。

是日

省公安厅党委委员、副市长、市公安局局长涂建生一行来到新建区石埠镇竹园村，就精准扶贫工作进行调研。

3月28日

市政协副主席黄耀华一行来到南昌县南新乡九联村，就精准扶贫工作进行调研。

4月

4月19日

市委常委、副市长华清率市民政局、市红十字会等单位负责人来到挂点单位南昌县南新乡团结村，现场调度精准扶贫工作。

4 月 20 日

南昌市在市委第一会议室设立分会场,组织收听收看全省脱贫攻坚整改工作电视电话会议。市领导邱向军参加收听收看。

4 月 24 日

副市长凌卫一行来到新建区象山镇井岗村调研脱贫攻坚工作,察看赵家庄自然村新农村建设点、双冈自然村抗旱渠、井头休闲广场、西岸山国际文化艺术交流中心项目、江西省边防总队后勤基地合作项目,并召开扶贫工作座谈会。

4 月 26 日

全市各民主党派脱贫攻坚专项民主监督工作启动会召开。市领导乐文红、邱向军出席并讲话。市领导谭绍木、龙国英、李广振等出席。

是日

南昌市推进农业供给侧结构性改革专题培训班开班仪式暨脱贫攻坚和农村环境综合整治工作部署会召开。市委常委邱向军出席并讲话。副市长樊三宝等出席。

4 月 27 日

市委常委会会议在市委第二会议室召开。会议传达学习全省市县人大常委会主任专题培训班精神;听取并原则同意市科协关于全省科协工作会议精神及全市贯彻意见汇报,市委农工部(市扶贫办)关于全省脱贫攻坚整改工作电视电话会议精神及全市贯彻意见汇报;审议并原则同意市委统战部报送的《关于支持各民主党派加强县区基层组织建设的实施意见(讨论稿)》,团市委报送的《南昌共青团改革方案(讨论稿)》,市纪委报送的《关于运用监督执纪"第一种形态"的实施办法(讨论稿)》,市编委报送的《南昌市人民政府研究室主要职责、内设机构和人员编制规定(讨论稿)》,市政府党组报送的《南昌市贯彻落实江西省法治政府建设实施纲要(2016—2020 年)实施意见(讨论稿)》《关于深入推进农村社区建设试点工作的意见(讨论稿)》《2017 年南昌市重大重点项目投资计划(讨论稿)》;研究并同意市纪委报送的有关请示意见。省委常委、市委书记殷美根主持。市委副书记谢一平,市委常委吴伟柱、江晓斌、刘谊、刘家富、乐文红、邱向军、郭毅出席。

是日

市人大常委会副主任王敏来到新建区樵舍镇常丰村调研扶贫攻坚工作。

是日

市政协副主席黄清玉来到新建县大塘坪乡献忠村督导扶贫工作。

4月28日

全市脱贫攻坚整改工作会议在红谷滩会议中心召开。市委常委邱向军就全市脱贫攻坚整改工作进行部署。副市长樊三宝主持。

是日

市十五届人大常委会第四次会议在市人大常委会机关楼会议室召开。会议传达学习全省市县人大常委会主任专题培训班精神（书面），听取和审议关于全市生态文明建设和生态环境状况的报告、关于全市脱贫攻坚工作推进情况的报告，审议并通过《关于接受李水弟同志辞去江西省第十二届人民代表大会代表职务请求的决定》的议案及人事任免议案。市人大常委会主任陈德寿主持。市人大常委会副主任申少平、魏国华、王敏、张力、陈以获、谭绍木出席。副市长龙国英、市法检"两长"等列席。

5月

5月4日

省委常委、市委书记殷美根就2016年11月下旬以来全市开展的扶贫领域和作风建设两个专项巡察情况，对被巡察的5个县（区）委书记、6个市直单位党委（党组）书记进行集体约谈。殷美根强调，巡察是政治体检，是落实廉洁南昌建设要求的具体行动。各被巡察县区、单位党组织尤其是"一把手"必须严肃对待，以强烈的担当抓好问题整改，以坚定的态度严明纪律规矩，以高度的自觉落实主体责任；要运用好巡察成果，使全面从严治党要求落到实处，为确保脱贫攻坚工作高质量开展、打造富裕美丽幸福江西"南昌样板"提供坚强的纪律和作风保证。市委常委、市纪委书记吴伟柱通报巡察中发现的普遍性问题，并对抓好问题整改和成果运用提出要求。市委常委邱向军参加约谈。

是日

市委常委、南昌警备区司令员刘瑄一行来到进贤县钟陵乡东塘村，就扶贫工作进行调研。

5月5日

市委常委、宣传部部长龙和南一行来到湾里区调研脱贫攻坚工作，察看招贤镇东源村贫困户危房拆除、扶贫项目推进等情况。

是日

市政协副主席万敏一行来到进贤县三阳集乡，就脱贫攻坚工作进行调研。

5月8日

全市脱贫攻坚整改督查工作培训班举行。市委常委邱向军出席并讲话。

5月9日

市委常委、政法委书记刘家富来到进贤县民和镇旺坊村，就脱贫攻坚工作进行调研。

5月10日

全市健康扶贫工作会议在新建迎宾馆举行。会议总结2016年全市健康扶贫工作，部署2017年重点工作。副市长龙国英等出席。

5月11日至12日

市人大常委会副主任申少平、谭绍木分别来到进贤县罗溪镇塔岗村、新建区松湖镇仙亭村、新建区大塘坪乡新富村，就脱贫攻坚工作进行调研。

5月12日

市政协副主席万敏一行来到进贤县三阳集乡赵埠村，就扶贫工作进行调研。

5月17日

市政协副主席周智安一行来到新建区石埠镇西岗村，就精准扶贫工作进行调研。

5月18日

市委常委邱向军一行来到安义县，就脱贫攻坚工作进行调研。

是日

市委常委、副市长华清一行来到南昌县南新乡团结村，走访慰问贫困户，现场调度精准扶贫精准脱贫工作。

是日

市人大常委会副主任张力一行来到南昌县幽兰镇罗舍村，走访慰问困难群众，就脱贫攻坚工作进行调研。

5月19日

市委常委、市纪委书记吴伟柱一行来到安义县调研扶贫和农村环境综合治理工作,察看石鼻镇果田村产业扶贫、教育扶贫发展及村容村貌和基础设施建设情况。

是日

市政协副主席朱东一行来到进贤县二塘乡新源村慰问贫困户，就扶贫工作进行调研。

是日

2017年全市科技活动周启动仪式在青山湖区举行。副市长杨文斌等出席。本届科技活动周于 20 日至 27 日举办，以"科技强市、创新圆梦"为主题，围绕宣传科技扶贫成就、特色科普活动教育、开放优质科技资源和营造创新文化氛围四大重点内容开展 25 项主要活动。

5 月 20 日

副市长龙国英率领农工党南昌市委会成员来到进贤县，就脱贫攻坚专项民主监督工作进行调研。

5 月 22 日

省脱贫攻坚工作第八检查督导组进驻南昌市，对南昌市进行为期一年的脱贫攻坚工作检查督导。下午，全市脱贫攻坚工作检查督导汇报会召开。市委常委邱向军出席。副市长樊三宝主持。

5 月 23 日

市人大常委会副主任王敏一行来到新建区樵舍镇常丰村，就脱贫攻坚工作进行调研。

5 月 26 日

市委常委、统战部部长乐文红一行来到安义县长均乡把口村，就扶贫攻坚工作进行督导并走访慰问贫困户。

5 月 27 日

市政协副主席万敏一行来到进贤县三阳集乡赵埠村，就扶贫工作进行调研。

6 月

6 月 9 日

省残联党组书记、理事长何剑锋一行来到湾里区太平镇南源村，就精准扶贫情况进行调研。

6 月 16 日

市卫计委组织市第一医院、市第三医院专家等来到进贤县钟陵乡东塘村，开展"赣青扶贫"义诊咨询活动。专家们为 200 余名村民开展免费健康诊疗、医疗咨询，测量血压、用药指导并发放健教资料。义诊结束后，专家们走访慰问贫困户。

6 月 20 日

市政协副主席陈匡辉一行来到进贤县前坊镇焦家村督导扶贫工作。

6 月 27 日

市人大常委会副主任王敏一行来到新建区樵舍镇常丰村调研脱贫工作，并走访脱贫户。

6月30日

市领导周关、周智安一行来到湾里区太平镇泮溪村开展"向党的生日献礼"志愿服务和挂点扶贫活动。

7月

7月12日

市政协副主席周智安一行来到新建区石埠镇西岗村,督导农村环境综合整治工作,调研指导脱贫攻坚工作,并走访慰问贫困户。

7月14日

全市扶贫领域监督执纪问责工作部署会议在市纪委七楼会议室召开。会议传达学习中央、中央纪委和省委、省纪委关于扶贫攻坚工作指示要求和市委常委会会议精神,部署全市扶贫领域监督执纪问责工作。市委常委、市纪委书记吴伟柱出席并讲话。市领导邱向军、樊三宝等出席。

是日

市人大常委会副主任魏国华来到新建区,就全市乡村旅游和旅游扶贫工作开展情况进行调研。

7月18日

省市脱贫攻坚督导工作调度会在市政府小礼堂召开。省脱贫攻坚督导组听取前一阶段南昌市脱贫攻坚督导组工作开展情况,并对下一阶段督导工作进行部署。市委常委邱向军出席。

7月19日

市纪委常委会会议召开。会议专题学习省纪委常委会研究扶贫领域监督执纪问责工作会议精神,审议《扶贫领域作风问题专项督查工作方案》和《纪检监察机关履行扶贫领域监督责任不力问责暂行办法》,听取市委巡察办关于扶贫领域专项巡察整改情况报告。市委常委、市纪委书记吴伟柱主持并讲话。

是日

市委常委、秘书长郭毅一行来到南昌县冈上镇合山村召开工作调度会,了解精准扶贫工作开展情况,对下一阶段工作进行部署。

7月27日

市脱贫攻坚座谈会在市政府小礼堂举行。市委常委邱向军出席并讲话。副市长樊三宝主持。

8月

8月1日

市委巡察工作领导小组召开专门会议,部署扶贫领域专项巡察整改情况的督查工作。会议通报被巡查县区扶贫领域专项巡察整改情况。

8月3日

省残联副理事长田颖汉一行来昌,对全市残疾人康复、就业、文化、扶贫等工作进行调研。

8月8日

省脱贫攻坚督导组一行来到安义县,就脱贫攻坚工作进行督导。市委常委邱向军等陪同。

8月9日

市委常委、副市长华清一行来到南昌县南新乡团结村,对精准扶贫、精准脱贫工作进行现场调度,并看望贫困家庭学生。

8月11日

全市"第一书记"和"连心"小分队工作推进会在红谷滩会议中心召开。会议总结前期工作并就下一步工作进行部署。2016年,全市各级机关企事业单位为贫困村投入和引进资金3.1亿元。

8月21日

市政协副主席黄清玉一行来到新建区大塘坪乡献忠村走访慰问贫困户。

8月24日

市政协副主席熊志刚一行来到湾里区罗亭镇,察看扶贫产业发展情况。

是日

市工商联"百企帮百村"精准扶贫现场观摩推进会在安义县举行。市政协副主席、市工商联主席熊志刚等出席。

8月25日

2017年市"双百工程"帮扶资金发放仪式举行。省关工委第一副主任王峰、市委副书记谢一平出席并讲话。此次共发放帮扶资金140万元,帮扶2178人。

8月30日

市政协副主席黄耀华一行来到南昌县南新乡督导扶贫工作。

9 月

9 月 1 日

省公安厅党委委员、副市长、市公安局局长涂建生一行来到新建区石埠镇竹园村，就扶贫工作进行调研。

9 月 6 日、27 日

市人大常委会副主任王敏一行来到新建区樵舍镇常丰村督导脱贫攻坚工作并走访慰问贫困户。

9 月 12 日、14 日

市政协副主席万敏一行来到新建区、进贤县，督导"河长制""美丽南昌·幸福家园"环境综合整治和精准扶贫工作。

9 月 13 日

市人大常委会副主任魏国华率调研组来到湾里区招贤镇东源村、梅岭镇立新村，就乡村旅游和旅游扶贫工作开展情况进行调研。

是日

副市长凌卫一行来到进贤县红壤农业博览园、李渡镇元代烧酒作坊遗址等地，调研乡村旅游工作。

是日

市政协副主席黄耀华一行来到南昌县南新乡九联村督导精准扶贫工作。

9 月 19 日

副市长樊三宝一行来到进贤县温圳镇东岗村、岗前村、杨溪李家村等地，察看新农村建设情况。

是日

市政协副主席朱东一行来到进贤县开展"脱贫攻坚进展情况"专项民主监督工作。

9 月 23 日至 30 日

市人大常委会副主任魏国华率调研组赴杭州市、上饶市等地，学习考察乡村旅游和旅游扶贫工作。

9 月 27 日

在收听收看深入推进全省脱贫攻坚工作电视电话会议后，南昌市在市委第一会议室召开全市脱贫攻坚工作电视电话会议。会议贯彻落实全省会议精神，对全市脱贫攻坚工作进行再动员、再部署。省委常委、市委书记殷美根出席并讲话强调，要认真学习领会习近平总书记有关脱贫攻坚工作重要讲话和对江西省脱贫攻坚工作重要批示精神，以及省委书记鹿心社在部分贫困县脱贫攻坚座谈会上的讲话精神，增强脱贫攻坚意识，保持脱贫攻坚定力，加大脱贫攻坚力度，深入开展脱贫攻坚"百日行动"，为全省脱贫攻坚工作迈入全国"第一方阵"作出省会应有贡献，以优异成绩迎接党的十九大胜利召开。市委副书记谢一平参加收听收看全省会议。市委常委、常务副市长肖玉文主持。市委常委邱向军通报全市脱贫攻坚工作推进情况，并就《南昌市脱贫攻坚"百日行动"实施方案》作说明。副市长樊三宝等出席。

9月29日

市委常委、市纪委书记吴伟柱一行来到安义县石鼻镇调研农村整治和扶贫工作。

是日

市政协副主席朱东一行来到南昌县开展"脱贫攻坚进展情况"专项民主监督工作。

10月

10月17日

市人大常委会副主任魏国华率调研组来到南昌县黄马乡罗渡村、蒋巷镇立新村，就全市乡村旅游和旅游扶贫工作进行调研。

是日

副市长樊三宝一行来到湾里区罗亭镇义坪村开展扶贫日走访活动。

是日

市政协副主席、市工商联主席熊志刚等出席市工商联"扶贫日"活动暨产业扶贫项目签约仪式。

10月20日

市政府常务会议在市政府常务会议室召开。审议并原则同意市扶贫办草拟的《关于加快推进产业扶贫的实施意见（送审稿）》。

10月24日

市人大常委会副主任王敏一行来到新建区樵舍镇常丰村督导脱贫攻坚工作，并走访慰问贫困户。

10月31日

全市抓党建促脱贫攻坚工作推进会暨第一轮第一书记工作总结会在市委党校举行。会上通报表彰全市第一批优秀第一书记及先进帮扶单位。市委常委、组织部部长江晓斌出席并讲话。

11月

11月9日

市委常委、政法委书记刘家富一行来到进贤县旺坊村,调研指导扶贫攻坚工作。

11月16日

市政协副主席黄耀华走访南昌印钞厂,研究对口扶贫村帮扶工作。

11月22日

市人大常委会副主任王敏一行来到新建区樵舍镇常丰村督导脱贫攻坚工作。

11月23日

副省长李利一行来到新建区松湖镇和平小学、西山镇九年一贯制学校等地,就支教帮扶和迎国检工作开展情况进行调研。省政府副秘书长刘晓艺、省教工委书记黄小华、副市长龙国英等陪同。

11月24日

市委常委、副市长华清一行来到南昌县南新乡团结村,就精准扶贫工作进行调研。

11月28日

副市长樊三宝一行来到新建区石埠镇竹园村、西山镇霞溪村、松湖镇仙亭村等地,就扶贫村退出工作进行调研。

12月

12月1日

市人大常委会副主任谭绍木一行来到新建区大塘坪乡新富村督导扶贫攻坚工作。

是日

市政协副主席万敏一行来到湾里区开展"脱贫攻坚进展情况"专项民主监督活动。

12月5日至7日

市领导周智安、陈匡辉、黄耀华、黄清玉、熊志刚分别来到南昌县、进贤县、安义县等地开展"脱贫攻坚进展情况"专项民主监督视察调研。

12月6日

全市脱贫攻坚工作推进会在市政府小礼堂召开。市委常委邱向军主持。副市长樊三宝等出席。

12 月 11 日

市政协副主席李广振、朱东分别来到南昌县、新建区开展"脱贫攻坚进展情况"专项民主监督视察调研。

12 月 12 日

市工商联"百企帮百村"精准扶贫行动专家顾问团研讨暨"百日行动"推进会召开。市政协副主席熊志刚出席。

12 月 13 日

市政协副主席黄清玉一行来到安义县开展"脱贫攻坚进展情况"专项民主监督视察调研。

12 月 15 日

市政协副主席黄耀华一行来到南昌县南新乡九联村督导精准扶贫工作。

12 月 16 日

省公安厅党委委员、副市长、市公安局局长万秀奇一行来到新建区石埠镇竹园村走访慰问贫困群众。

12 月 17 日

全市扶贫小额信贷工作调度会召开。会议传达学习全市脱贫攻坚工作培训会议精神，通报全市扶贫小额信贷工作情况。市委常委邱向军主持并讲话。副市长樊三宝等出席。

12 月 21 日

市商务局联合江西苏宁云商销售有限公司在新建区象山镇井岗村举行"宁聚爱，益起来"扶贫济困捐赠活动。副市长凌卫出席。

12 月 25 日

市政协副主席周智安一行来到新建区石埠镇西岗村督促指导脱贫攻坚工作。

12 月 26 日

市政协"脱贫攻坚进展情况"民主监督协商座谈会召开。市政协主席周关出席并讲话。市领导樊三宝、周智安、李广振、陈匡辉、朱东、黄清玉等出席。

12 月 27 日

市人大常委会副主任王敏一行来到新建区樵舍镇常丰村，督导调研脱贫攻坚工作并走访贫困户。

12 月 28 日

市委常委、秘书长郭毅一行来到南昌县冈上镇合山村调研脱贫攻坚工作。

是日

市人大常委会副主任申少平一行来到进贤县罗溪镇塔岗村等地，就脱贫攻坚工作进行督导。

12 月 29 日

省委常委、市委书记殷美根一行来到南昌县黄马乡罗渡村，调研脱贫攻坚工作，走访慰问困难群众，并送上新年祝福。殷美根在调研时强调，坚决打赢脱贫攻坚战，让贫困人口和贫困地区同全国一道进入全面小康社会是党的庄严承诺。全市各级党委、政府要切实把打赢脱贫攻坚战作为重大政治任务，把增进民生福祉作为头等大事驰而不息、久久为功，把中央、省委、市委精准扶贫精准脱贫各项政策落实好，确保全面小康进程中一个都不能少，让贫困户早日过上好日子。

是日

市领导陈德寿、周关、魏国华、陈以获分别来到安义县、湾里区、南昌县等地督导扶贫工作，并走访慰问贫困户。

2018 年

1 月

1 月 2 日

全市脱贫攻坚工作推进会在红谷滩会议中心召开。会议贯彻落实中央、省委脱贫攻坚工作新要求，动员全市上下认识再提升、措施再精准、责任再压实、作风再优化，推动全市脱贫攻坚工作再上新台阶。省委常委、市委书记殷美根出席并讲话强调，要全面提振打好打赢脱贫攻坚战的精气神。务必深刻领会新要求，紧紧围绕精准脱贫这一核心，全面落实各项决策部署，完成各项目标任务，突出问题导向，下足"绣花"功夫，以决战决胜的信心和定力，不折不扣落实好脱贫攻坚这一重大政治任务 。务必准确把握新形势，针对全市贫困人口基数不大但难度较大、贫困地区范围不大但区域分散、扶贫投入不少但成效不足的问题，强化精准措施，实施聚焦战略，切实加以克服和解决。务必全力抢抓新机遇，抓扶贫就是抓发展，精准扶贫工作中蕴含了难得的发展机遇，把脱贫攻坚放在经济社会发展大局中去思考、去谋划，推动脱贫攻坚与强产业、兴城市、促改革、优生态、惠民生等各项工作深度融合，实现"在扶贫中发展、在发展中扶贫"的良性互动。要坚决完成打好打赢脱贫攻坚战的硬任务。脱贫攻坚讲的是政治、干的是民生、体现的是大局、反映的是党性，必须用非常之力竟非常之功。聚焦标准要求，严格执行中央确定的"两不愁三保障"标准，精准识别、动态调整，既不降低标准，也不吊高胃口，保证现行标准下的脱贫质量。实行精准施策，加强各部门间数据比对和信息共享，强化扶贫对象动态管理，根据贫困地区和贫困家庭的实际情况，制定针对性措施，做到对症下药、精准滴灌、靶向治疗。激发内生动力，统筹发展好贫困地区教育、就业培训，引导贫困群众在参与精准扶贫过程中唱主角、当主体，增加自信、获得尊严、提升能力，既富"口袋"，也富"脑袋"。注重提升形象，采取统筹规划、贫困优先、示范带动、整体推进的方式，瞄准环境"脏"、建房"乱"、设施"差"等问题，实施贫困村整村提升工程，确保贫困村村容村貌有明显改善。确保脱贫实效，把扶持贫困地区产业发展、增加就业岗位作为增强"自我造血"功能的关键，推进村集体经济市场运转、健康发展，实现所有贫困户和贫困人口捆绑发展、抱团增收。要强力保障打好打赢脱贫攻坚战的真落实。责任要压实，脱贫攻坚这场战役中，没有旁观者，没有局外人，市四套班子特别是各挂点市领导要以上率下，县、乡两级党委政府要担负主体责任，村"两委"干部、驻村帮扶干部、第一书记要与贫困群众一块上一块干，各类帮扶企业、社会组织要齐上阵。作风要务实，坚持实事求是，秉持为民宗旨，保持冲刺状态，进一步增强工作的针对性实效性。保障要坚实，做到人力保障、基础保障、财力保障"三个到位"。纪律要严实，加大考核运用，加大巡查督导，加大执纪问责，把纪律和规矩立起来、严起来，为脱贫攻坚提供坚强的政治保证。市领导谢一平、陈德寿、周关以及市四套班子其他领导等出席。市领导吴伟柱、邱向军、樊三宝分别部署和通报有关工作。市财政局、湾里区委、进贤县钟陵乡、市公安局驻村第一书记等单位和个人在会上作表态发言。

是日

市委常委、组织部部长江晓斌一行来到南昌县武阳镇朱坊村调研扶贫工作，并走访慰问贫困户。

1月3日

市委副书记谢一平一行来到进贤县泉岭乡前溪村调研扶贫工作，并走访慰问贫困户。

是日

市政协副主席黄耀华、万敏分别来到南昌县南新乡九联村、进贤县三阳集乡赵埠村督导脱贫攻坚工作，并看望慰问贫困户。

1月4日

市政协主席周关一行来到湾里区太平镇泮溪村调研脱贫攻坚工作，并走访慰问贫困户和部分困难群众。

1月21日

省公安厅党委委员、副市长、市公安局局长万秀奇一行来到新建区石埠镇竹园村，调研脱贫攻坚工作。

2月

2月2日

市政协副主席黄耀华一行来到南昌县南新乡九联村走访慰问贫困户。

2月9日至10日

市领导王敏、朱东、万敏分别来到新建区、进贤县等地走访慰问贫困户。

2月11日

市委常委、副市长华清一行来到南昌县南新乡团结村,走访慰问贫困户并送上新春祝福。

3月

3月2日

全市农村工作会议在红谷滩会议中心召开。省委常委、市委书记殷美根出席并讲话强调,要增强使命感,切实扛起实施乡村振兴战略的政治责任。全市上下要准确把握"三农"工作新的历史方位,以全市农村工作会议强烈的使命感、紧迫感推进全市乡村振兴,促使农业全面升级、农村全面进步、农民全面发展,为全省实施乡村振兴战略作出示范引领。要突出针对性,牢牢把握实施乡村振兴战略的重点任务。聚焦产业兴旺,发展现代农业。以深入推进农业供给侧结构性改革为主线,围绕全市农业产业四年提质增效行动总体部署,着力转变发展方式、优化经济结构、转换增长动力,推动农业产业化、项目化、集约化、品质化、科技化发展。聚焦生态宜居,建设美丽乡村。坚持高标准建设、大力度整治、全方位保护,大力改善基础设施、环境面貌,打造整洁美丽、和谐宜居的新时代乡村。聚焦乡风文明,守护精神家园。积极倡导科学、文明、健康的生活方式和行为习惯,深入开展基层文明创建、先进文化活动、陈规陋习整治,培育农村健康积极向上的精神力量。聚焦治理有效,维护农村和谐。强化基层队伍建设、"善治"体系建设、"平安乡村"建设,着力构建党委领导、政府负责、社会协同、法治保障的现代乡村社会治理体制。聚焦生活富裕,促进群众增收。全力以赴打赢脱贫攻坚战,全心全意促进农民增收,全面兜底织好农村保障网,切实增强农民幸福感获得感。要提高保障力,不断加强实施乡村振兴战略的组织领导。完善领导机制,切实加强和改进党对"三农"工作的领导,各级党委、政府要把实施乡村振兴战略摆上优先位置,健全责任体系,加强督查考核,推动工作落实。激发改革活力,把牢方向、抓住重点、扩大成效,坚持不懈深化农村改革,不断激发农村发展活力。推进科学规划,准确把握不同村庄变迁发展趋势,分类推进,突出特色,努力打造各具特色的现代版"富春山居图"。壮大人才队伍，培育新型职业农民，加大招才引智力度，大力推进回乡创业，让各类人才在乡村振兴伟大实践中施展才华、实现价值。要加大投入保障，健全投入保障制度，创新投融资机制，拓宽资金筹集渠道，加快形成财政优先保障、金融重点倾斜、社会积极参与的多元投入格局。要以习近平新时代中国特色社会主义思想为指导，深入贯彻党的十九大和中央、全省农村工作会议精神，按照"产业兴旺、生态宜居、乡风文明、治理有效、生活富裕"总要求，全面实施乡村振兴战略，奋力谱写新时代全市"三农"工作新篇章。市领导谢一平、陈德寿、周关以及市四套班子其他领导，市法检"两长"等出席。市委常委邱向军解读市委、市政府《关于全面实施乡村振兴战略，扎实做好2018年农业农村工作的意见》。副市长樊三宝总结部署工作。部分县区、农业企业在会上作交流发言。1日，与会人员实地察看部分县区现代农业、镇村建设和农村环境整治等方面情况。

3月26日

南昌市召开省脱贫攻坚督察组见面会。市委常委邱向军主持。副市长樊三宝汇报全市脱贫攻坚工作推进情况。从26日起以九江市政协副主席吴秋红为组长的省脱贫攻坚工作第九督察组进驻南昌对全市脱贫攻坚工作进行督察。

3月28日

市人大常委会副主任王敏一行来到新建区常丰村调研脱贫攻坚工作并走访贫困户。

4月

4月4日

省市领导殷美根、邱向军、郭毅、樊三宝一行来到南昌县塔城乡湖陂村调研脱贫攻坚工作。省委常委、市委书记殷美根在调研时讲话并强调，脱贫攻坚贵在坚持、重在精准。全市上下要做到精准管理，对贫困户复查复核要"零遗漏"，确保动态管理、有进有出。要做到精准施策，针对贫困群众不同的致贫原因、生活状况开展产业扶贫、就业扶贫、安居扶贫、教育扶贫、健康扶贫，加快各类贫困群众脱贫步伐。要做到精准帮扶，在依靠政府机关、行业部门帮扶的同时，发动本地能人及社会各界力量参与到脱贫攻坚当中，不断整合资源形成合力。要做到精准考核，严格按照中央、省、市要求，以群众满意为根本，以脱贫质量为标准，制定科学合理的考核评估制度。要做到精准整改，聚焦问题为导向，对脱贫攻坚中发现的问题、存在的不足，逐一整改、限期整改。要做到精准治理，深入开展扶贫领域腐败和作风问题专项治理，加强扶贫资金管理，对挪用、贪污扶贫款项的行为严惩不贷。

4月27日

市工商联精准扶贫农产品团购暨振兴乡村经济座谈会召开。市政协副主席熊志刚等出席。

5月

5月2日

南昌市在市委第一会议室设立分会场，组织收听收看全省脱贫攻坚"夏季整改"行动电视电话会议。省市领导殷美根、邱向军、樊三宝等参加收听收看。

5月3日

市政协副主席黄清玉一行来到新建区大塘坪乡献忠村召开脱贫攻坚座谈会。

5月4日

市政协副主席黄耀华一行来到南昌县南新乡九联村督导精准扶贫工作。

是日

市政协副主席黄清玉一行来到新建区、高新区等地，就"农村五保户生活"课题进行调研。

5月8日

市政协副主席胡彬一行来到新建区调研脱贫攻坚专项民主监督工作。

5月24日

市委常委会会议在市委第二会议室召开。会议研究市委组织部报送的干部议题；研究并同意市纪委报送的有关请示意见；通报关于赴广东省开展招商引资及学习考察情况；传达学习省委办公厅、省政府办公厅《关于2017年市县党委和政府脱贫攻坚工作成效考核情况的通报》精神，研究部署全市脱贫攻坚工作及农口有关重点工作；审议并原则同意市纪委报送的《关于深化作风建设大监督工作实施方案（讨论稿）》《南昌市加强媒体监督强化作风建设工作方案（讨论稿）》，市人大常委会党组报送的《关于健全人大讨论决定重大事项制度、各级政府重大决策出台前向本级人大报告的实施办法（讨论稿）》，市委组织部报送的关于设立中共江西省南昌公共资源交易中心党组的请示。省委常委、市委书记殷美根主持。市委常委吴伟柱、江晓斌、刘家富、肖玉文、邱向军、郭毅、王宗军、滕俊峰出席。

6月

6月1日

市政协副主席胡彬一行来到新建区开展脱贫攻坚民主监督和政协特色工作。

6月6日

市人大常委会副主任李福如一行来到安义县东阳镇新华村调研,并走访贫困户。

6月8日

南昌市设立分会场,组织收听收看全省城镇贫困群众脱贫解困工作动员部署视频会。省市领导殷美根、樊三宝参加收听收看。

6月15日

市政协副主席朱东一行来到进贤县二塘乡调研扶贫工作,并看望慰问贫困户。

6月28日

市政协副主席周智安一行来到新建区西岗村扶贫点调研脱贫攻坚工作。

7月

7月2日

市政协副主席万敏一行来到进贤县调研水环境治理、脱贫攻坚等工作。

7月12日

市委常委、副市长滕俊峰一行来到南昌县黄马乡罗渡村苗木基地、三江镇汗塘村腌菜博物馆、广福镇北头村扶贫车间等地,就脱贫攻坚工作进行调研并召开相关座谈会。

7月17日

2018年南昌市经济社会发展重大课题立项评审会召开。市委常委、宣传部部长龙和南出席会议并讲话。南昌市设立"南昌构建协同发展的现代产业体系,不断增强经济创新力和竞争力研究""关于进一步加快南昌生物医药产业发展研究""在实施乡村振兴战略中,发展壮大南昌农村集体经济研究""关于南昌构建绿色金融体系研究""做大做强南昌市属投融资平台的路径与对策研究"5个重大课题面向全省公开招标,共有13个课题组参加申报。会上,专家评审委员会听取各申报课题组汇报情况,并现场进行评议投票。

7月20日

市委常委邱向军一行来到湾里区罗亭镇义坪村泥垅自然村、义坪村岭口王家自然村、名山村新庄自然村等地,就脱贫攻坚和新农村建设工作进行调研。

8 月

8 月 11 日

市领导刘建洋、樊三宝一行来到新建区河林村调研脱贫攻坚工作，走访慰问贫困户，察看河林村村容村貌整治、千亩生态养殖扶贫产业示范园等项目进展情况，并举行座谈会听取相关工作汇报。

8 月 23 日

市关工委"双百工程"帮扶助学金发放仪式在市老干部活动中心举行。市委常委、组织部部长江晓斌出席并讲话。省关工委第一副主任王峰出席。截至目前，全市累计结成"一对一"帮扶对子近 5 万个，共筹措帮扶资金超 1.5 亿元。

是日

市委常委、统战部部长乐文红一行来到挂点扶贫村安义县长均乡把口村，开展扶贫走访调研。市政协副主席、市工商联主席熊志刚参加。

8 月 28 日

市政协主席周关一行来到湾里区太平镇泮溪村督导脱贫攻坚工作，走访慰问贫困户，并察看泮溪村红泮公路改造拓宽工程、停车场建设工程、村容村貌环境提升工程、"三风"建设情况等。

是日

省工商联副主席周华爱一行来到南昌县调研教育精准扶贫行动开展情况。

8 月 30 日

全市脱贫攻坚工作培训部署会在市委党校学术报告厅召开。市委常委邱向军出席并讲话。

8 月 31 日

市委常委会会议在市委第二会议室召开。会议研究市委组织部报送的干部议题；传达学习习近平总书记在推进"一带一路"建设工作五周年座谈会上、在同团中央新一届领导班子集体谈话时的重要讲话精神，全国、全省组织工作会议精神，全省乡镇干部绩效考核试点推进会议精神，省委书记刘奇在调研南昌市扫黑除恶专项斗争时的讲话精神；集体学习新修订《中国共产党纪律处分条例》；听取市人大常委会 2018 年上半年工作情况汇报，市委农工部关于全省实施乡村振兴战略暨改善农村人居环境工作推进会主要精神及全市贯彻意见汇报；审议并原则同意市政府党组报送的《关于加大城镇贫困群众脱贫解困力度的实施意见（讨论稿）》《2018 年度南昌市高质量发展目标管理考核实施意见（讨论稿）》；审议并同意市委组织部关于设立国家税务总局南昌市税务局党委的请示。省委常委、市委书记殷美根主持。市委副书记刘建洋,市委常委吴伟柱、龙和南、刘家富、乐文红、肖玉文、邱向军、郭毅、王宗军、滕俊峰出席。

是日

全市脱贫攻坚工作情况通报会召开。市委常委、统战部部长乐文红主持并讲话。市委常委邱向军,各民主党派、工商联、党外知识分子联谊会相关负责人等出席。

9 月

9 月 4 日

市政协副主席黄清玉一行来到挂点扶贫村新建区大塘坪乡献忠村督导扶贫工作。

9 月 7 日

全市乡村振兴暨脱贫攻坚推进会在红谷滩会议中心召开。会议学习贯彻中央、全省乡村振兴会议精神,研究安排全市乡村振兴战略和脱贫攻坚工作。省委常委、市委书记殷美根出席并讲话强调,要提高政治站位,切实增强实施乡村振兴战略的使命感。坚持目标导向,深刻认识实施乡村振兴战略是实现高质量发展的重大机遇,科学推进农村各项工作;坚持问题导向,深刻认识实施乡村振兴战略是破解主要矛盾的必然要求,加快补齐农村基础设施短板和民生领域欠账,努力实现城乡均衡融合一体发展;坚持民生导向,深刻认识实施乡村振兴战略是打好脱贫战役的有力促进,通过集中统筹公共资源和广泛动员社会力量参与,建立扶贫脱困长效机制,防止脱贫后返贫。要突出工作重点,切实增强实施乡村振兴战略的实效性。着力推进都市农业建设,全面实施《南昌市"十三五"都市现代农业发展规划》,积极构建农业与二三产业深度融合的现代产业体系;推进绿色品牌建设,深入开展绿色生态农业"十大行动",大力发展绿色农业、优质农业、特色农业;推进田园综合体建设,加快推进全市 20 个综合体项目尽快投产见效;推进美丽乡村建设,切实做到精心规划、精致建设、精细管理、精美呈现;推进生态环境建设,加大农村生态保护力度,统筹山水林田湖草系统治理;推进基础设施建设,推动城乡共建共享、互联互通;推进文明新风建设,繁荣和发展农村文化,加快形成文明乡风、淳朴民风、良好家风;推进平安法治建设,坚持自治法治德治相结合,打造和谐有序的善治乡村;推进富民惠民建设,坚决打好脱贫攻坚战,让农民过上生活便利、保障有力、幸福健康、安居乐业的美好生活;推进社会事业建设,着重在幼、学、劳、病、老、住、弱"七个有所"上用力,增强农民的安全感、获得感和幸福感。要加强组织领导,切实增强实施乡村振兴战略的保障力。强化领导，压实责任，健全领导体制，建立考核制度，高质量开展年度"三农"专项巡察工作；强化统筹，科学规划，抓紧研究全市乡村振兴战略的五年规划；强化投入，加大保障，坚持把农业农村作为财政支出的优先领域，全面落实各项强农惠农富农政策；强化人才，夯实支撑，紧紧围绕培育乡村振兴主力军目标，推动"一村一名大学生工程"提质升级，大力实施新型职业农民培育工程和引才回乡工程；强化改革，增添动力，纵深推进农业农村改革，不断健全城乡融合发展的体制机制。市委副书记、市长刘建洋主持。市领导周关、邱向军、李福如、樊三宝等出席。

9月12日

全市旅游产业发展大会在红谷滩会议中心召开。会议贯彻落实省委十四届六次全会、全省旅游产业发展大会和市委十一届五次全会精神，研究部署当前和今后一个时期旅游强市工作。省委常委、市委书记殷美根出席并讲话强调，全市上下要坚持规划带动，绘好发展蓝图。按照"定目标、绘蓝图、挖潜力、破瓶颈、抓转型、促提升"的总要求，围绕"有看头、有玩头、有吃头、有住头、有说头、有买头、有学头、有拜头、有行头、有疗头、有享头、有回头"的旅游"十二个头"，坚持高站位规划、大思路布局、差异化运作，科学编制南昌2018—2030年旅游规划。要坚持项目拉动，做强产业支撑。加速一批在建项目、推动一批筹建项目、准备一批招商项目，做到有开发、有储备、有后劲，切实提升全市旅游产品层次。要坚持品牌推动，扩大城市影响。继续以"天下英雄城"为主轴，按照"全球式、全景式"的理念，多渠道、广角度、高密度地进行旅游品牌打造和宣传。要坚持资源联动，提升品质品位。加快文化旅游产品开发，把南昌特色文化资源转化为优质旅游资源；大力发展都市旅游，打造一批全国有名、全省知名的旅游胜地；不断延长乡村旅游产业链，努力实现旅游增值和脱贫攻坚的"双赢"。要坚持服务促动，优化功能配套。聚焦以人为本理念，在做好景区、景点规划的同时，着力抓好公共交通、医疗服务、信息咨询等配套建设规划，让游客吃得放心、住得舒心、玩得开心。要坚持创新驱动，激发内生动力，着眼于旅游发展新常态，加快旅游供给侧结构性改革，着力推动旅游业从门票经济向产业经济转变，从粗放低效方式向精细高效方式转变，从封闭的旅游自循环向开放的"旅游+"转变。全市各级各部门要把抓好旅游产业发展作为一项重要任务，切实担起在发展旅游业上献计出力、发挥作用的使命责任，不断强化力量、聚合协调，配合资金整合、机制融合、督考结合，进一步完善规划、理顺机制、明确责任、落实任务、保证经费，进一步提升竞争意识、品牌意识、创新意识，努力推出更多更优的旅游产品，增强全市旅游产品的影响力和吸引力。市委副书记、市长刘建洋主持。省旅发委主任欧阳泉华，市领导魏国华、凌卫、胡彬等出席。

9月21日

市政协副主席周智安一行来到挂点扶贫村新建区石埠镇西岗村督导脱贫攻坚工作。

9月27日

南昌市设立分会场，组织收听收看全省脱贫攻坚工作电视电话会议。省委常委、市委书记殷美根等参加收听收看。会后，全市脱贫攻坚电视电话会议召开。会议安排部署全市脱贫攻坚工作，开展"秋冬会战"行动。市委常委邱向军部署相关工作。副市长樊三宝主持。省脱贫攻坚第九督察组组长程以金及督察组全体成员到会指导。

10月

10月9日

副省长胡强一行来到安义县、湾里区、新建区等地，调研全市现代农业发展情况，察看安义县罗田古村绿谷建设及脱贫攻坚工作、南昌菜园田园综合体，新建区溪霞镇新农村民宿建设、江西绿丰生态农业园、溪霞国家农业综合开发现代农业示范园区等。市领导邱向军、樊三宝等陪同。截至10月9日，全市共创建农业园151个，实际建设面积14.65万亩，累计投资79.38亿元，完成68个"一村一品"市级示范点创建。

10月10日

全市深化扶贫领域腐败和作风问题专项治理暨扫黑除恶专项斗争监督执纪问责工作推进会在市纪委七楼会议室召开。市领导吴伟柱、邱向军出席并讲话。

10月12日

全市脱贫攻坚暨高质量新农村建设现场推进会在红谷滩会议中心召开。市领导邱向军、滕俊峰等出席。省脱贫攻坚第九督察组组长、吉安市政协副主席程以金到会指导。11日，与会代表参观新建区、湾里区、安义县脱贫攻坚、新农村建设、旅游公路、田园综合体、民宿产业等项目。

10月16日

市委常委、市纪委书记、市监委主任吴伟柱采取"五不"方式赴安义县石鼻镇果田村开展扶贫领域监督执纪问责工作调研。

10月19日

南昌市在市委第一会议室设立分会场，组织收听收看中央第十一巡视组对江西省开展脱贫攻坚专项巡视工作电视电话动员会议。市领导陈德寿、周关、吴伟柱、江晓斌、刘家富、邱向军、郭毅、滕俊峰等参加收听收看。

10 月 23 日

市政协副主席万敏一行来到进贤县三阳集乡万埠村督导脱贫攻坚工作。

10 月 24 日

市委常委邱向军一行来到进贤县调研脱贫攻坚工作推进情况，并走访慰问贫困户。

是日

市委常委、秘书长郭毅一行来到南昌县冈上镇合山村调研脱贫攻坚工作。

是日

市领导张力、朱东分别来到南昌县幽兰镇罗舍村、进贤县二塘乡新源村开展扶贫工作调研。

10 月 25 日

市人大常委会副主任申少平一行来到进贤县罗溪镇塔岗村走访慰问贫困户。

10 月 29 日

市领导陈德寿、陈以获分别来到安义县新民乡尚礼村、鼎湖镇湖溪村开展扶贫走访帮扶活动。

是日

市政协副主席黄清玉一行来到新建区大塘坪乡献忠村，就年底整村退出贫困村验收进行调研督导。

10 月 30 日

市人大常委会副主任魏国华一行来到南昌县塔城乡湖陂村开展扶贫工作调研。

11 月

11 月 2 日

市人大常委会副主任李福如一行来到安义县东阳镇新华村调研扶贫工作。

是日

市政协副主席万敏一行来到南昌县黄马乡罗渡村、武阳镇朱坊村开展"推进精准脱贫工作情况"专项民主监督。

11 月 5 日

市领导周智安、朱东一行来到新建区石埠镇开展"推进精准脱贫工作情况"专项民主监督。

11月6日

市委常委邱向军一行来到新建区西山镇、石岗镇调研农村工作。

是日

市人大常委会副主任王敏一行来到新建区樵舍镇常丰村开展扶贫调研工作。

11月7日

市政协副主席李广振一行来到安义县开展"推进精准脱贫工作情况"专项民主监督。

11月13日

市委常委邱向军一行来到新建区松湖镇抗援村、流湖镇上房村和南昌县等地调研指导脱贫攻坚工作。

是日

全市健康扶贫工作会议在市政府小礼堂召开。会议部署下一阶段全市健康扶贫工作任务。副市长龙国英等出席。

是日

市政协副主席周智安一行来到新建区石埠镇西岗村走访慰问贫困户。

11月14日

市人大常委会副主任王敏一行来到新建区樵舍镇常丰村开展脱贫攻坚督导工作。

11月13日至15日

民政部社会救助司副司长蒋玮一行在昌调研脱贫攻坚工作情况,走访慰问贫困户。省民政厅副厅长樊胜等陪同。

11月15日

市领导黄耀华、黄清玉一行来到进贤县前坊镇、罗溪镇等地,开展"推进精准脱贫工作情况"专项民主监督。

11月20日

市委常委、政法委书记刘家富一行来到进贤县察看部分乡镇综治中心、派出所建设以及市委、政法委精准扶贫村工作情况等。

11月23日

市委巡察工作领导小组专题会议在市委第八会议室召开。会议学习贯彻全省脱贫攻坚巡视巡察"回头看"暨扫黑除恶、作风建设专项巡视巡察动员部署电视电话会精神,听取、审议市委第六轮巡察情况汇报。市委常委、市纪委书记、市监委主任、市委巡察工作领导小组组长吴伟柱主持。市委常委、组织部部长、市委巡察工作领导小组副组长江晓斌等出席。

12 月

12 月 3 日

市领导刘建洋、樊三宝一行来到新建区象山镇河林村走访慰问挂点帮扶贫困户，并就南昌溪霞国家农业综合开发现代农业园区项目建设进展情况进行调研。

12 月 4 日

市委常委邱向军一行来到新建区大塘坪乡、铁河乡东阳村、昌邑乡窑西村调研脱贫攻坚工作。

12 月 13 日

市政协"精准脱贫工作情况"民主监督协商座谈会召开。市政协主席周关出席并讲话。市领导樊三宝、周智安、朱东、黄耀华、黄清玉、熊志刚、胡彬等出席。

12 月 29 日

市政协副主席周智安一行来到新建区石埠镇西岗村督导扶贫工作。

2019 年

1 月

1 月 8 日

省委常委、市委书记殷美根一行来到南昌县黄马乡罗渡村调研脱贫攻坚工作推进情况，走访慰问困难群众、敬老院老人、驻村扶贫干部。

1 月 19 日

中央第十一巡视组对江西省开展脱贫攻坚专项巡视情况反馈会视频会议在市委第一会议室召开。市领导陈德寿、申少平、李福如、魏国华、王敏、张力、陈以获、谭绍木出席。

1 月 24 日

上午，市领导刘建洋、肖玉文、申少平、李广振分别来到新建区象山镇等地走访慰问挂点帮扶贫困户、困难党员、挂点企业等，并代表市委、市政府向他们致以诚挚问候和新春祝福。

1 月 28 日

副市长杨文斌一行来到进贤县架桥镇土坊村委会调研脱贫攻坚工作，并走访慰问困难户。

2 月

2 月 1 日

市委巡察工作领导小组会议在市委第八会议室召开。会议听取各巡察组开展脱贫攻坚巡察"回头看"暨扫黑除恶、作风建设专项巡察工作情况汇报；审议巡察组发现的问题线索、存在的普遍性倾向性问题及提出的意见和建议。市委常委、市纪委书记、市监委主任吴伟柱主持并讲话。市委常委、组织部部长江晓斌出席。

2月3日

省公安厅党委委员、副市长、市公安局局长万秀奇一行来到新建区石埠镇竹园村走访慰问困难群众，并听取扶贫工作情况汇报。

2月19日

《江西日报》第2版以"瞄准高质量，紧盯项目干——南昌县'大抓项目、狠抓落实'热潮涌"为题，报道南昌县召开2019年三级干部大会，提出聚焦高端高质，实施"产业升级提速突破年"行动，加速打造高端化工业、发展差异化服务业、壮大现代化农业；聚焦全域全景，实施"巩文巩卫深化拓展年"行动，不断缩小城乡环境之差、彰显生态环境之美、补齐人文环境之短；聚焦共建共享，实施"全面小康攻坚决胜年"行动，全力提升全面小康指数、脱贫质量指数、群众幸福指数，推进精准帮扶"十大行动"，推行产业扶贫"五个一""一领办三参与"模式，确保全面小康路上一个都不少；聚焦先行先试，实施"改革创新示范引领年"行动，倾心抓好关键性改革、抓好深层次开放、抓好全方位创新；聚焦从严从实，实施"基层党建晋级提升年"行动，建设有凝聚力战斗力执行力的党组织，打造忠诚干净担当的干部队伍。

2月20日

下午，市委常委会会议在市委第二会议室召开。会议传达学习习近平总书记在中央政治局第十二次集体学习时的重要讲话精神，全省扫黑除恶专项斗争视频会议精神，中央、全省农村工作会议精神和全国深入学习浙江"千万工程"经验全面扎实推进农村人居环境整治会议精神，研究南昌市贯彻意见，并原则同意市扫黑办提出的有关贯彻意见，市农业农村局提出的贯彻意见和《关于坚持农业农村优先发展扎实做好"三农"工作实施意见（讨论稿）》；听取市扶贫办关于中央第十一巡视组对江西省脱贫攻坚专项巡视情况反馈会和整改工作动员会议精神及南昌市贯彻意见汇报，并原则同意市扶贫办提出的有关意见；审议并原则同意市政府党组报送的《南昌市城市功能与品质提升三年行动暨深入推进"美丽南昌·幸福家园"环境综合整治实施方案（讨论稿）》，市委组织部报送的《各县区（开发区、新区）党（工）委书记和市直市管党（工）委书记2018年度抓基层党建工作综合评价意见（讨论稿）》，市委政法委报送的《关于加强综治中心实体化建设和创新基层社会治理工作实施意见（讨论稿）》，市信访局报送的《关于开展全市党政领导干部大接访活动实施方案（讨论稿）》《关于成立工作专班集中解决信访突出问题实施方案（讨论稿）》；研究并同意市纪委提出的关于给予郑响龙、胡鹏飞党内警告处分的请示。省委常委、市委书记殷美根主持。市委常委吴伟柱、江晓斌、龙和南、刘家富、乐文红、邱向军、郭毅、滕俊峰出席。

2月27日

全市农村工作会议暨中央脱贫攻坚专项巡视反馈意见整改动员会在红谷滩会议中心召开。会议传达中央、全省农村工作会议精神，部分县区、乡镇作书面交流发言。省委常委、市委书记殷美根出席并讲话强调，实现高质量跨越式发展，必须稳定"三农"这个基本盘；决胜全面建成小康社会，必须拿下"三农"各项硬任务；满足人民美好生活需要，必须打好"三农"全面振兴战。全市上下要深入贯彻落实中央、全省农村工作会议精神，扎扎实实做好新时代"三农"工作，为做大做强做优大南昌都市圈提供强有力基础支撑。市委常委邱向军总结2018年全市"三农"工作，部署2019年工作任务。副市长樊三宝主持。市领导郭毅、李福如、熊志刚出席。

2月28日

下午南昌县人大常委会"脱贫攻坚行·代表展风采"主题活动颁奖典礼在南昌县文化会展中心举行。市人大常委会副主任李福如等出席。

是日

南昌市扶贫办公室挂牌成立。副市长樊三宝出席并讲话。

3月

3月4日

市领导刘建洋、樊三宝一行来到安义县石鼻镇果田村、长埠镇义基村、鼎湖镇春耕备耕现场，调研脱贫攻坚、春耕备耕、防火防汛工作，并察看松材线虫病疫木除治及"大棚房"问题整治情况。

3月5日

全市脱贫攻坚巡视整改暨"大棚房"专项清理整治工作调度会在市委第一会议室召开。会议通报中央巡视反馈问题、省历次督察、全省县际交叉考核反馈问题整改情况及全市"大棚房"问题专项清理整治工作情况，并部署下一阶段工作。南昌县、进贤县、安义县、湾里区、新建区、东湖区汇报相关情况。省委常委、市委书记殷美根主持并讲话强调，各级各部门要按照既定安排部署，迅速进入状态、投入战斗，立说立行、真改实改，务必全面彻底漂亮地打赢脱贫攻坚巡视整改和"大棚房"专项清理整治两场战役。市领导邱向军、樊三宝出席。

3月6日

上午，市纪委常委会暨监委委务会在市纪委三楼会议室召开。会议传达学习习近平总书记重要文章《在新的起点上深化国家监察体制改革》和《中国共产党重大事项请示报告条例》《关于加强党的政治建设的意见》，习近平总书记对脱贫攻坚专项巡视工作重要指示，中央组织部副部长吴玉良、中央第十一巡视组组长刘维佳、省委书记刘奇在中央第十一巡视组对江西省开展脱贫攻坚专项巡视工作反馈会上的讲话精神和省委书记刘奇在中央脱贫攻坚专项巡视反馈意见整改工作动员会上的讲话精神，并研究贯彻落实意见。市委常委、市纪委书记、市监委主任吴伟柱主持。

3月7日至10日

南昌市乡村振兴专项巡看活动举行。活动采取实地察看、现场汇报、大会评价形式，查看全市现代农业发展、田园综合体建设、生态宜居美丽乡村建设、脱贫攻坚、环境整治、农业农村改革工作。市领导邱向军、李福如、樊三宝参加。

3月17日

市委脱贫攻坚专项巡视整改工作调度会召开。会议通报省纪委督察南昌市脱贫攻坚专项巡视整改工作发现的情况，安排部署下一步工作。市委常委邱向军出席并讲话。

3月19日

上午，省医疗保障局局长梅亦一行率队来昌，就南昌市医保业务经办情况、医保基金监管、按病种分值付费进行调研，并来到新建区就医保健康扶贫整改落实情况进行督导。市委常委、副市长滕俊峰等陪同并参加座谈会。

是日

下午，中央脱贫攻坚专项巡视交办问题线索处置工作调度会在市纪委七楼会议室召开。市委常委、市纪委书记、市监委主任吴伟柱出席并讲话。

3月21日

市委常委邱向军一行来到新建区委脱贫攻坚专项巡视整改办公室、新建区健康扶贫"一站式"结算服务中心，调研脱贫攻坚专项巡视整改工作，并召开相关座谈会。

3月24日

市委常委、副市长滕俊峰一行来到安义县石鼻镇罗田村花果园基地，察看产业扶贫工作，了解帮扶情况和帮扶措施，询问脱贫攻坚工作困难与问题，并走访贫困户。

3月25日

市委常委、市纪委书记、市监委主任吴伟柱一行来到南昌县向塘镇和青山湖区、东湖区纪委机关，调研脱贫攻坚问题整改和扫黑"打伞"工作。

是日

全市巡视整改暨脱贫攻坚工作调度会在市委第一会议室召开。会议集中观看习近平总书记赴重庆考察调研视频；传达学习近期习近平总书记关于脱贫攻坚系列重要讲话精神、省委书记刘奇关于脱贫攻坚专项巡视整改工作重要指示精神。市委常委邱向军主持。市委常委、副市长滕俊峰出席。

3月26日

南昌市在市委第一会议室设立分会场，组织收听收看全省解决"两不愁三保障"突出问题和考核整改工作电视电话会。会议传达学习习近平总书记在中央政治局会议听取2018年脱贫攻坚成效考核等情况汇报时和在解决"两不愁三保障"突出问题座谈会上的重要讲话精神，国务院解决"两不愁三保障"突出问题和考核整改工作电视电话会议精神等。省市领导殷美根、刘建洋、肖玉文、郭毅出席。市委常委邱向军部署相关工作。

3月27日

市委常委会会议在市委第二会议室召开。审议并原则同意市委办公厅报送的《市委常委班子脱贫攻坚专项整改专题民主生活会对照检查材料（讨论稿）》。

是日

全市中央脱贫攻坚专项巡视整改工作调度会召开。会议传达全省中央脱贫攻坚专项巡视整改工作调度会议精神，通报中央脱贫攻坚专项巡视反馈意见整改工作调研督导情况。市委常委邱向军出席并讲话。市委常委、副市长滕俊峰主持。

3月28日

市纪委市监委"扫黑打伞"暨中央脱贫攻坚反馈意见整改工作推进会在市纪委七楼会议室召开。市委常委、市纪委书记、市监委主任吴伟柱主持并讲话。

3月29日

市委常委邱向军一行来到南昌局、市文广新旅局、市民政局等市直单位，调研脱贫攻坚专项巡视整改工作。

5月

5月13日

下午，市领导刘建洋、樊三宝、李松殿一行来到新建区象山镇河林村，走访慰问挂点帮扶困户。

5月15日

上午，市人大常委会副主任王敏一行来到新建区樵舍镇常丰村调研脱贫攻坚工作，并走访慰问脱贫户。

是日

市委常委会会议在市委第二会议室召开。会议传达学习习近平总书记在中央政治局会议听取2018年脱贫攻坚成效考核等情况汇报时、在重庆主持召开"两不愁三保障"突出问题座谈会上的重要讲话精神；传达学习中央对2018年脱贫攻坚成效考核发现形式主义官僚主义等问题较多省份集中约谈、解决"两不愁三保障"突出问题和考核整改工作电视电话会议精神以及全国公安工作会议精神，研究全市贯彻意见，并原则同意市公安局党委提出的有关贯彻意见；听取市委巡察办关于全国巡视工作会议暨十九届中央第三轮巡视动员部署、市委军民融合办关于省委军民融合发展委员会第三次会议精神及南昌市贯彻意见的汇报，并原则同意上述单位提出的有关贯彻意见；听取关于全市脱贫攻坚专项整改工作暨"两不愁三保障"情况汇报，研究部署全市脱贫攻坚下一步工作，并原则同意市扶贫办提出的下一步工作打算和工作建议；听取市委平安建设领导小组关于2018年全市综治工作（平安建设）考评情况汇报，并原则同意市委平安建设领导小组提出的有关考评结果；审议并原则同意市委办公厅报送的《关于深入整治形式主义突出问题为基层减负的通知（讨论稿）》，市政府党组报送的《2019年南昌市重大重点项目投资计划（讨论稿）》《江西汽车投资有限公司组建方案（讨论稿）》《关于加快文化强市建设的实施意见（讨论稿）》，市政协党组报送的《关于进一步加强新时代全市政协党的建设工作的实施意见（讨论稿）》，市委组织部、市委政法委共同报送的《关于乡镇（街道）党组织配备政法委员的意见（讨论稿）》，市委宗教工作整改办报送的《中共南昌市委关于中央宗教工作督查反馈意见整改情况的报告（讨论稿）》。省委常委、市委书记殷美根主持。市委副书记刘建洋、刘烁，市委常委吴伟柱、江晓斌、龙和南、刘家富、乐文红、肖玉文、邱向军、郭毅、王宗军、滕俊峰出席。

5月16日

市政府常务会议在市政府常务会议室召开。传达学习习近平总书记在全国公安工作会议上的重要讲话、习近平总书记关于脱贫攻坚的重要讲话精神和中央有关会议、全国公安工作会议精神。

5月17日

下午，全市脱贫攻坚工作巡视整改调度会召开。会议通报市委整改办三个工作组阶段性工作运行情况；听取全市脱贫攻坚"春季提升"整改攻势工作方案起草思路、主要内容及相关要求汇报；讨论《关于深入开展扶贫扶志感恩行动的实施意见（讨论稿）》。市委常委邱向军出席。

5月28日

下午，市委常委会会议在市委第二会议室召开。会议审议并原则同意市扶贫办报送的《南昌市2019年脱贫攻坚"夏季提升"整改攻势方案（讨论稿）》；研究支持欧菲光集团有限公司发展有关事宜，市委组织部报送的干部议题。市委副书记、市长刘建洋主持。市委副书记刘烁，市委常委吴伟柱、江晓斌、龙和南、刘家富、乐文红、肖玉文、邱向军、王宗军出席。

6月

6月6日

副市长樊三宝一行来到湾里区罗亭镇义坪村调研扶贫工作，并走访慰问贫困户。

6月13日

《江西日报》头版以"助残脱贫，让生活充满阳光——南昌多措并举推动残疾人就业创业"为题，报道南昌残疾人脱贫攻坚和就业创业工作。

6月14日

下午，全市脱贫攻坚"夏季提升"整改攻势工作调度推进会在市委第一会议室召开。会议解读全市"夏季提升"整改攻势工作方案，部署脱贫攻坚形式主义、官僚主义执纪问责工作，并就扶贫感恩行动活动安排进行部署。市委常委邱向军出席并讲话。市委常委滕俊峰主持。

6月25日

市委常委邱向军一行来到市农业农村局、市财政局、市发改委、市水利局，调研督导脱贫攻坚"夏季提升"整改攻势情况。

6月26日

南昌启动"千人十村"公益行动，免费为全市10个村1000名贫困群众进行健康体检，捐赠1000个小药箱，把关爱送到村民家门口，为贫困群众健康"护航"。

7月

7月2日

南昌市2019年第二期脱贫攻坚干部能力提升培训班开班仪式在市委党校举行。副市长樊三宝出席。

7月12日

上午，全市市直单位挂点扶贫"第一书记"座谈会在市委第一会议室召开。会上，通报2018年度"第一书记"考核情况，"第一书记"代表作汇报交流发言，市委常委邱向军出席并讲话。市委常委、副市长滕俊峰主持。副市长樊三宝出席。

7月17日

市委常委邱向军一行来到湾里区招贤镇乌井上堡村、湾里区脱贫攻坚专项巡视整改办，就脱贫攻坚"夏季提升"整改攻势推进情况进行调研，并召开座谈会。

7月23日

市委常委邱向军一行来到南昌县昌万公路塘南段、塘南第六产业园项目现场，调研农村人居环境整治、田园综合体建设及脱贫攻坚"夏季提升"整改工作推进情况，并召开座谈会。

7月29日

上午，市委常委、常务副市长肖玉文一行来到南昌县，调研广福镇北头村无花果基地，了解产业扶贫项目，并来到贫困群众家中走访慰问。

8月

8月14日

副市长樊三宝一行来到南昌县三江镇调研电商扶贫基地、龙头企业发展情况。

9月

9月9日

省公安厅党委委员、副市长、市公安局局长万秀奇一行来到市公安局帮扶点新建区石埠镇竹园村，走访慰问困难群众，并调研市公安局扶贫项目豆腐作坊生产经营情况。

是日

上午，南昌交通脱贫攻坚暨农村公路建设工作推进会在安义县南昌菜园会议室召开。副市长李松殿出席并讲话。与会人员察看石鼻镇乡道Y018和扶贫基地、县农村公交客运站、农村公路万埠综合服务站、万埠镇乡道Y007和长均乡乡道Y062等地。

9月10日

市委常委、副市长滕俊峰一行来到安义县石鼻镇罗田村莲蓬产业基地，察看市教育局莲蓬产业园，了解罗田村脱贫攻坚工作推进情况，并走访慰问贫困户。

9月11日

下午，市政协副主席黄耀华一行来到南昌县南新乡九联村走访慰问贫困户。

9月12日

上午，市政协副主席周智安一行来到新建区石岗镇西岗村走访慰问贫困户。

9月24日

南昌市扶贫开发领导小组会议召开。会议研究部署全市脱贫攻坚有关工作事项，审议市直单位挂点帮扶调整方案及市直单位驻村"第一书记"调整轮换和《南昌市脱贫攻坚"爱心超市"建设实施意见》等事宜。市委副书记、市长刘建洋主持并讲话。市领导邱向军、樊三宝出席。

10月

10月10日

市政协副主席万敏一行来到新建区松湖镇仙亭江铃小学、石埠镇西岗村芦笋基地开展脱贫攻坚情况民主督查。

10月11日

市委常委、副市长滕俊峰一行来到湾里区罗亭镇，就"加快建立防返贫长效机制，高质量打好打赢脱贫攻坚战"主题进行调研，察看贫困村人居环境整治、产业发展、扶贫扶志感恩行动工作，并走访贫困户，了解贫困户生活现状和下一步打算。

10月11日至12日

市领导周关、周智安一行来到湾里区和新建区，就脱贫攻坚、基层党组织建设"三风"活动情况开展"不忘初心、牢记使命"主题教育调研，察看湾里区太平镇泮溪村玻璃漂流滑等项目及新建区长埈镇文教路社区、长埈镇政府"三风"活动开展情况。

10月14日

市政府办公厅发出《关于印发〈南昌市深入开展消费扶贫助力打赢脱贫攻坚战实施方案〉的通知》。

10月17日

市委常委、南昌警备区政委王宗军，南昌警备区副司令员侯毅军一行来到进贤县钟陵乡东塘村开展送温暖献爱心活动，走访慰问困难群众，察看东塘村产业扶贫发展情况、村容村貌和基础设施建设情况。

是日

上午，副市长樊三宝一行来到湾里区罗亭镇义坪村参加爱心捐赠活动，察看义坪村脱贫动力加油站。

是日

市政协副主席熊志刚一行来到南昌县泾口乡就"不忘初心、牢记使命"主题教育进行脱贫攻坚专题调研。

是日

南昌市工商联产业扶贫基地启动暨产业扶贫基金签约仪式在南昌县塘南镇西河村扶贫车间举行。市政协副主席、市工商联主席熊志刚等出席。

10 月 22 日

全国脱贫攻坚先进事迹巡回报告团来到南昌县南新乡团结村调研。省市领导吴亚非、樊三宝，省扶贫办党组书记、主任史文斌等陪同。

10 月 23 日

市政协副主席胡彬率调研组来到湾里区罗亭镇义坪村和太平镇泮溪村调研脱贫攻坚情况。

10 月 24 日

市政协副主席李广振一行来到新建区象山镇调研扶贫工作。

10 月 25 日

下午，市政协副主席陈匡辉一行来到进贤县开展"脱贫攻坚情况"民主监督视察调研。

10 月 30 日

上午，市人大常委会副主任王敏一行来到新建区樵舍镇常丰村开展脱贫攻坚督导工作，并走访贫困户。

10 月 31 日

市政协副主席黄耀华一行到南昌县蒋巷镇调研脱贫攻坚工作推进情况。

11 月

11 月 5 日

市委常委、副市长滕俊峰以"答好'时代之问'交好英雄城脱贫攻坚'答卷'"为题，为市财政局、市教育局、市发改委等单位分管领导和处室负责人、市扶贫办班子成员以及全体干部作主题教育专题党课报告。

11 月 14 日

市人大常委会副主任谭绍木一行来到挂点扶贫村新建区大塘坪乡新富村走访，了解该村脱贫攻坚和产业发展情况。

11 月 19 日

市派第三批驻村第一书记暨市扶贫办"不忘初心、牢记使命"主题教育党员培训班在湾里区开班。副市长樊三宝出席并讲话。

11 月 20 日

市政协"脱贫攻坚情况"民主监督协商座谈会召开。会议汇报专项民主监督开展情况和全市精准脱贫工作开展情况；委员们围绕如何高质量发展产业扶贫、壮大村集体经济等问题建言献策；市直相关部门、有关县区围绕民主监督协商主题进行交流发言。市政协主席周关出席并讲话。市领导樊三宝、周智安、黄耀华、黄清玉、熊志刚、万敏、胡彬出席。

11 月 29 日

市扶贫开发领导小组（扩大）会议召开。会议传达习近平总书记等中央领导同志关于脱贫攻坚的重要指示批示、全省扶贫开发领导小组（扩大）会议精神及市委常委会研究脱贫攻坚工作相关精神；通报各级暗访督查发现的问题，并部署下一步脱贫攻坚工作。省委常委、市委书记殷美根出席并讲话强调，全市上下要保持定力、持续加力，真抓实干、埋头苦干，扎扎实实做好各项工作，以全年脱贫攻坚的优异成绩，交好英雄城脱贫攻坚的"时代答卷"。市委副书记、市长刘建洋主持。市领导乐文红、邱向军、滕俊峰出席。

12 月

12 月 3 日

市委常委、市纪委书记、市监委主任吴伟柱一行来到安义县石鼻镇果田村沙洲果园、帮扶对象家等地，了解扶贫产业项目发展和贫困户生产生活相关情况。

12 月 4 日

市委常委、统战部部长、安义县委书记乐文红一行来到安义县长均乡把口村，走访慰问对口帮扶困户，并送上慰问物品。

12 月 12 日

市委副书记、组织部部长刘烁一行来到进贤县泉岭乡调研脱贫攻坚工作。

是日

副市长龙国英一行来到进贤县三里乡调研脱贫攻坚工作。

12月17日

上午，市委常委、秘书长郭毅一行来到南昌县冈上镇合山村，走访慰问贫困户，了解贫困户生活状况、危房改造情况，并察看合山村污水处理项目和村民休闲广场建设情况。

12月18日

市委常委、统战部部长、安义县委书记乐文红一行来到江西省中西医结合医院定点扶贫村安义县万埠镇前岸村走访调研精准扶贫工作。

12月19日

省委常委、市委书记殷美根一行来到南昌县黄马乡罗渡村，察看罗渡村人居环境打造和美丽乡村建设情况，了解富硒白莲扶贫产业基地发展情况，走访慰问贫困户，并看望驻村扶贫干部。

12月25日

省公安厅党委委员、副市长、市公安局局长万秀奇一行来到新建区，察看流湖镇上房村扶贫项目菌菇基地，为市公安局援建"爱心超市"揭牌，走访慰问石埠镇竹园村困难群众，听取市公安局引进扶贫项目竹园村中药材种植基地产业投资进展情况汇报。

2020 年

1 月

1 月 2 日

市委常委、副市长胡晓海一行来到南昌县莲塘镇走访慰问精准扶贫对象。

1 月 21 日

下午，"1%工程慰问天灯下社区困难群众扶贫帮困"捐赠活动在西湖区南浦街道举行。市人大常委会副主任谭绍木等出席。

2 月

2 月 13 日

上午，南昌市设立分会场，组织收听收看省政府设区市市长视频会。会后，相关贯彻落实会议召开。市委副书记、代市长黄喜忠主持并强调，要深入贯彻落实习近平总书记重要讲话和重要指示批示精神，特别是在 2 月 12 日召开的中央政治局常务委员会会议上的重要讲话精神，坚决贯彻落实党中央、国务院及省委、省政府的决策部署和市委的统一要求，统筹兼顾、压实责任、强化措施，打胜疫情防控阻击战，打赢精准脱贫攻坚战，打好经济发展推进战，做到三战齐打、战战告捷。市委常委、常务副市长杨文斌出席。

2 月 14 日

市政府发出《关于打胜疫情防控阻击战、打赢精准脱贫攻坚战、打好经济发展推进战有关事项的通知》。

是日

市政府党组会议召开。会议传达学习习近平总书记在中央全面依法治国委员会第三次会议上、在北京调研指导新冠肺炎疫情防控工作时，特别是在 2 月 12 日召开的中央政治局常务委员会会议上的重要讲话精神；研究《关于打胜疫情防控阻击战、打赢精准脱贫攻坚战、打好经济发展推进战有关事项的通知》；决定成立南昌市经济发展推进工作领导小组。市委副书记、市政府党组书记、代市长黄喜忠主持。

2月18日

南昌市设立分会场，组织收听收看省委农村工作会议暨扶贫开发工作会议。省市领导殷美根、黄喜忠、樊三宝出席。

2月21日

市委农村工作会议暨扶贫开发工作会议召开。省委常委、市委书记殷美根出席并讲话强调，要深入贯彻中央农村工作会议精神，全面落实省委农村工作会议暨扶贫开发工作会议精神，坚决完成"三农"硬任务、筑牢"三农"压舱石、稳住"三农"基本盘，确保决胜脱贫攻坚圆满收官，确保与全国同步全面建成小康社会如期实现。市委副书记、代市长黄喜忠主持并部署下一步工作。市领导郭毅、樊三宝出席。

3月

3月2日

南昌市设立分会场，组织收听收看全省积极应对新冠肺炎疫情决战脱贫攻坚电视电话会议。会后，全市应对疫情决战脱贫攻坚电视电话会议召开。副市长樊三宝出席。

3月4日

省扶贫办副主任路文革一行来昌调研国家消费扶贫试点城市工作。副市长樊三宝陪同。

3月23日

副市长宋铀一行来到新建区调研农村危房改造工作，察看昌邑乡游塘村建档立卡贫困户万新民新建房屋和象山镇大桥村建档立卡贫困户熊春香房屋维修加固实施情况。

3月31日

南昌市设立分会场，组织收听收看省委、省政府中央脱贫攻坚专项巡视"回头看"暨成效考核反馈意见整改工作动员部署会。省市领导吴晓军、黄喜忠、吴伟柱、李镇发、龙和南、杨文斌、滕俊峰、万秀奇、龙国英、宋铀、樊三宝出席。

4 月

4 月 3 日

《江西日报》头版以图片新闻报道湾里区将茶叶作为重点扶贫产业发展，打造观光茶园，将传统农业与休闲旅游相融合，带动当地贫困户脱贫致富。

4 月 7 日

下午，市委常委、统战部部长乐文红一行来到安义县长均乡把口村走访慰问结对帮扶贫困户。

4 月 9 日

市政府党组会议召开。会议传达学习习近平总书记在浙江考察时、在参加首都义务植树活动时的重要讲话精神和对四川西昌市经久乡森林火灾作出的重要指示精神，以及《省委办公厅关于十四届省委第七轮巡视发现倾向性问题的通报》；审议《2019 年度市政府领导班子工作总结（讨论稿）》；听取《南昌市关于中央脱贫攻坚专项巡视"回头看"反馈意见、"不忘初心、牢记使命"主题教育检视问题、成效考核指出问题整改工作的安排》的汇报。市委副书记、市政府党组书记、代市长黄喜忠主持。

4 月 14 日

上午，市纪委常委会暨监委委务会在市纪委三楼会议室召开。会议传达学习习近平总书记在中央政治局会议、浙江考察时的重要讲话精神，全国脱贫攻坚成效考核和专项巡视"回头看"发现问题整改工作电视电话会议精神，省纪委常委会（扩大）会议暨省监委会议精神及省纪委《关于抓好中央脱贫攻坚专项巡视"回头看"反馈意见整改工作的通知》精神，研究贯彻落实意见。市委常委、市纪委书记、市监委主任吴伟柱主持。

是日

市政协农业界别"疫情之下我市脱贫攻坚工作和农业发展"调研座谈会召开。市政协副主席陈匡辉出席。

4 月 16 日

晚，市委中心组脱贫攻坚专项巡视"回头看"整改专题学习研讨会召开。会议传达学习习近平总书记关于扶贫工作的重要论述，特别是在中央政治局常委会会议上听取脱贫攻坚专项巡视"回头看"和成效考核汇报、在决战决胜脱贫攻坚座谈会上的重要讲话精神；学习研讨习近平总书记视察江西时的重要讲话精神和中央脱贫攻坚专项巡视"回头看"反馈意见；学习贯彻中央巡视组反馈意见和省委、市委有关巡视"回头看"整改工作的文件精神；打牢开好市委常委班子脱贫攻坚专项巡视"回头看"整改专题民主生活会的思想基础。省委常委、市委书记吴晓军主持并强调，抓好脱贫攻坚专项巡视"回头看"整改、坚决打赢脱贫攻坚战，是党向人民、向历史作出的庄严承诺，全市上下要进一步增强责任感、紧迫感、使命感，扎实推进专项巡视"回头看"整改工作，全力以赴实现如期脱贫高质量发展。市委副书记黄喜忠，市委常委吴伟柱、李镇发、龙和南、刘家富、郭毅、杨文斌、陆建刚等发言。市领导陈德寿、周关出席。

4月17日

下午，市政府党组会议召开。会议传达学习习近平总书记对安全生产作出的重要指示，并组织开展市政府党组脱贫攻坚专项巡视"回头看"问题整改专题学习研讨；研究审议《市政府党组脱贫攻坚专项巡视"回头看"整改专题民主生活会工作方案（送审稿）》《市政府党组脱贫攻坚专项巡视"回头看"整改专题民主生活对照检查材料（讨论稿）》。市政府党组成员围绕主题，结合思想和工作实际，开展集中学习研讨，对抓好脱贫攻坚专项巡视"回头看"问题整改谈心得体会和工作打算。市委副书记、市政府党组书记、代市长黄喜忠主持。

4月19日

省市领导吴晓军、郭毅、樊三宝一行来到安义县调研，察看安义县石鼻镇果田村沙洲果园扶贫产业基地水果种植规模和对外销售情况、长埠镇木马村和潦河市民公园建设情况、江西锦鹏铝业有限公司发展情况，并召开座谈会，听取安义县工作汇报。吴晓军强调，要充分挖掘产业优势、文化优势、生态优势、区位优势，积极抢抓西二外环高速建设机遇，迈出"小县要有大作为"的新步伐，为南昌彰显省会担当作出应有贡献。

4月20日

上午，南昌市关于做好中央脱贫攻坚巡视"回头看"整改及农业农村重点工作部署会召开。省委常委、市委书记吴晓军作批示。市委副书记、代市长黄喜忠出席并讲话。副市长樊三宝出席。会前，市委副书记、代市长黄喜忠一行来到新建区象山镇河林村察看河林村扶贫产业园果蔬基地，并走访慰问贫困户。

是日

下午，市委中央脱贫攻坚专项巡视"回头看"整改工作领导小组办公室第一次会议召开。会议听取"回头看"整改办人员分工情况以及整改工作进展情况。市委常委、秘书长、"回头看"整改办主任郭毅出席并讲话。副市长樊三宝参加。

是日

下午，副市长龙国英一行来到湾里区调研健康扶贫工作。

4月22日

市委常委班子脱攻坚专项巡视"回头看"整改专题民主生活会召开。省委常委、市委书记吴晓军主持。省纪委省监委、省委组织部有关负责同志到会指导。会上，吴晓军通报 2019 年"不忘初心、牢记使命"主题教育专题民主生活会整改措施落实情况和本次专题民主生活会征求意见情况，代表市委常委班子作对照检查。省委常委、市委书记吴晓军，市委副书记黄喜忠等逐一进行对照检查，开展批评和自我批评。会前，市委常委学习习近平总书记关于扶贫工作的重要论述以及有关文件精神；通过专题调研、座谈会的方式广泛征求意见；开展谈心谈话，交流意见。

是日

市委常委、市纪委书记、市监委主任吴伟柱一行来到新建区石岗镇暗访督导脱贫攻坚专项巡视"回头看"整改工作。

4月24日

上午，市政府党组脱贫攻坚专项巡视"回头看"整改专题民主生活会召开。会议学习贯彻习近平总书记关于扶贫工作的重要论述，特别是听取脱贫攻坚专项巡视"回头看"和成效考核汇报时的重要讲话精神，以及在决战决胜脱贫攻坚座谈会上的重要讲话精神。市委副书记、市政府党组书记、代市长黄喜忠主持并讲话，代表市政府党组作对照检查。会前，广泛征求意见和建议，开展谈心谈话，查找问题。

4月28日

市委常委、统战部部长乐文红一行来到南昌县（小蓝经开区）调研脱贫攻坚宗教领域工作和现代农业企业复工复产情况，并主持召开现代农业企业帮扶小组和企业家代表座谈会。

5月

5月12日

全市中央脱贫攻坚专项巡视"回头看"反馈意见涉及宗教问题整改工作座谈交流会暨现场推进会在新建区召开。市委常委、统战部部长乐文红，省民宗局副局长马哲海出席会议并讲话。

5月17日

副市长龙国英一行来到进贤县调研教育领域脱贫攻坚工作。

是日

"助残脱贫·决胜小康"南昌市第 30 次"全国助残日"活动在小平小道陈列馆举行。省残联理事会何剑锋、副市长樊三宝等出席。

5月18日

下午，市委常委、秘书长郭毅一行来到精准扶贫挂点村南昌县冈上镇合山村产业扶贫大棚工程项目建设基地，调研产业扶贫项目，并召开座谈会，听取合山村入股中石化加油站项目进展情况和合山村产业扶贫工作情况汇报。

5月19日

下午，民进南昌市七届七次全委（扩大）会召开。会议传达学习习近平总书记在决战决胜脱贫攻坚座谈会上、在中共中央政治局常委会会议上的重要讲话精神以及民进江西省八届四次全会精神和南昌市两会精神等内容。市人大常委会主任，市委常委、市纪委书记、市监委主任吴伟柱出席并讲话。市人大常委会副主任、民进市委会主委谭绍木主持。

5月26日

晚，全市扶贫开发领导小组（扩大）会议召开。会议传达近期习近平总书记关于扶贫工作的重要讲话精神；通报中央脱贫攻坚专项巡视"回头看"整改工作进展情况，2019年度全省市县党委政府脱贫攻坚成效考核结果及发现的问题；研究部署下一步工作。新建区、市城乡建设局、市农业农村局作发言。省委常委、市委书记吴晓军出席并讲话。市委副书记、市长黄喜忠主持。市领导郭毅、樊三宝出席。

5月27日至29日

市政协副主席陈匡辉率"脱贫攻坚情况"调研组赴吉安市永新县、井冈山市、青原区调研。

6月

6月5日

市委常委、秘书长郭毅一行来到市残联就中央脱贫攻坚专项巡视"回头看"反馈意见整改工作进行调研督导，并召开座谈会听取有关情况汇报。

6月9日

市人大常委会副主任王敏一行来到新建区樵舍镇常丰村调研扶贫产业发展情况。

6月10日

市政协副主席李广振、胡彬一行来到进贤县七里乡寺背村、罗溪镇塔岗村，就脱贫攻坚工作推进情况开展专项民主监督活动，并调研进贤县医疗器械企业生产经营情况。

是日

下午，市政协副主席万敏一行来到新建区流湖镇开展"脱贫攻坚情况"专项民主监督活动。

6月11日

上午，市政协副主席周智安一行来到湾里区开展"脱贫攻坚情况"专项民主监督活动。

6月16日

市政协副主席朱东、熊志刚一行来到南昌县开展"脱贫攻坚"专项民主监督活动。

6月19日

上午，市政协主席刘家富一行来到市政协机关挂点帮扶村湾里区太平镇泮溪村调研脱贫攻坚工作，察看新村自然村、狮子峰景区游客服务中心和"三风"亭等地环境建设和公共服务设施建设情况。

6月22日

省委常委、市委书记吴晓军一行来到安义县石鼻镇罗田村，察看罗田村乡村旅游发展、莲蓬基地建设、特色民宿打造情况和村便民服务窗口、新时代文明实践中心、综治中心、退役军人服务站、纪检监察工作联络站、村民理事会、扶贫工作室等地，参观1号大调研展馆，并在罗田村党支部召开座谈会。市委常委、秘书长郭毅参加活动。

6月23日

市政协副主席周智安一行来到新建区石埠镇西岗村督导脱贫攻坚工作。

6月29日

下午，市委整治形式主义为基层减负专项工作机制第二次会议暨力戒脱贫攻坚整改工作中的形式主义官僚主义会议在红谷滩会议中心召开。市委常委、秘书长郭毅出席并讲话。

7月

7月3日

市委副书记严允一行来到安义县水南赣派小吃街、水南秀宿，体验特色小吃、民宿旅游，并察看石鼻镇罗田村委会、中共安义县委党校、江西南亚铝业有限公司、江西（安义）大学职教城（安南小镇）、罗田莲蓬扶贫产业基地、安义潦河市民公园等地，就经济社会发展情况进行调研。

7月7日

上午,市领导刘家富、樊三宝、周智安、李广振、陈匡辉、朱东、黄清玉、熊志刚、万敏、胡彬一行来到新建区象山镇河林村扶贫产业基地、溪霞镇桃花村扶贫车间,察看扶贫项目进展情况,了解"两不愁三保障"落实情况,并召开"脱贫攻坚情况"民主监督协商座谈会。

7月9日

市政协副主席朱东一行来到挂点扶贫村进贤县二塘乡新源村看望慰问困难群众,并了解脱贫攻坚工作情况。

8月

8月1日

市委十一届十次全体(扩大)会议在红谷滩会议中心举行。会议传达省委十四届十一次全会精神,总结2020年以来市委常委会工作,研究部署统筹推进疫情防控和经济社会发展各项工作,动员全市上下咬定目标、攻坚克难、团结奋进,决战脱贫攻坚、决胜全面小康;审议和讨论市委常委会工作报告,表决通过《决定》。省委常委、市委书记吴晓军受市委常委会所托作工作报告并作总结讲话。市委副书记、市长黄喜忠就《中共南昌市委关于进一步解放思想,奋勇前行,在描绘好新时代江西改革发展新画卷中充分彰显省会担当的决定(讨论稿)》起草情况向全会作说明。会后,与会人员分九组对市委常委会工作报告、《中共南昌市委关于进一步解放思想,奋勇前行,在描绘好新时代江西改革发展新画卷中充分彰显省会担当的决定(讨论稿)》进行审议和讨论。市领导严允、吴伟柱、刘家富、李镇发、龙和南、乐文红、郭毅、杨文斌、胡晓海、陆建刚、王万征、肖云等出席。

8月4日

省委宣传部副部长,江西省广播电视局党组书记、局长杨六华率省委宣传部调研组来到南昌县塔城乡爱心超市、武阳镇前进村新时代文明实践点、莲塘镇玺园新时代文明实践站等地,就中央脱贫攻坚专项巡视"回头看"反馈意见整改工作中落实"问需于民、问计于民、问效于民"制度情况进行调研。市委常委、宣传部部长龙和南陪同。

8月8日

省公安厅党委委员、副市长、市公安局局长万秀奇一行来到新建区石埠镇调研脱贫攻坚工作,察看村容村貌和扶贫产业情况,并为市公安局扶贫产业新项目"警园爱心养殖基地"揭牌,听取相关工作汇报。

8月20日

市政协主席刘家富一行来到市政协机关挂点帮扶村湾里管理局太平镇泮溪村调研脱贫攻坚工作。

8月25日

上午，全市脱贫攻坚情况通报会召开。市委常委、统战部部长乐文红主持并讲话。副市长樊三宝，市扶贫办、各民主党派、市工商联、市党外知识分子联谊会、市新的社会阶层人士联谊会相关负责人出席。

8月26日

下午，市委常委、政法委书记胡晓海一行来到进贤县温圳镇杨溪李家村金榜广场、家风教育馆、村委会和综治中心，民和镇旺坊村农家书屋、爱心超市和卫生计生服务室以及北岭村，调研督导脱贫攻坚、乡村治理和综治挂点帮扶工作。

8月31日

市委副书记严允一行来到进贤县南昌硒谷，钟陵现代农业产业园、钟陵乡田南村、泉岭乡前溪村、江西进贤医疗器械科技产业园和张公镇花卉、文港镇种鹅产业扶贫基地等地，就经济社会发展、党建工作开展、脱贫攻坚实施等情况进行调研。

9月

9月10日

市人大常委会副主任罗剑云一行来到南昌县塔城乡湖陂村调研督导脱贫攻坚工作。

10月

10月17日

全市"全民消费，助力攻坚"扶贫产品展示展销会启动仪式在南昌市国际体育中心举行。市委副书记严允致辞并宣布启动。副市长樊三宝出席。

10月25日

《江西日报》头版以"图片新闻"为题，报道南昌县冈上镇合山村产业扶贫基地采取"党建+"扶贫模式，吸纳该村50余名农户就近务工，人均月收入达3500元以上。

10月27日

市委常委、统战部部长乐文红一行来到安义县长均乡把口村调研脱贫攻坚工作。

11月

11月10日

市人大常委会党组书记、主任吴伟柱，市人大常委会副主任申少平一行来到安义县新民乡尚礼村调研脱贫攻坚工作。

11月14日

市委常委、常务副市长杨文斌一行来到南昌县广福镇北头村，走访调研产业扶贫项目，看望慰问精准扶贫户，并召开精准扶贫座谈会。

11月24日

全市扶贫开发领导小组（扩大）会议在红谷滩会议中心召开。会议传达学习习近平总书记在第七个国家扶贫日对脱贫攻坚工作的重要指示精神、李克强总理重要批示精神和全省扶贫开发领导小组会议精神，部署南昌市下一步工作。省委常委、市委书记吴晓军出席并讲话强调，脱贫攻坚进入全面决胜阶段，全市上下要慎终如始、善作善成，扎扎实实做好各项工作，一鼓作气夺取脱贫攻坚工作最后胜利，交好英雄城脱贫攻坚的"时代答卷"。市委副书记、市长黄喜忠主持。市委副书记严允、副市长樊三宝出席。

是日

市政协副主席周智安一行来到南昌经开区蛟桥镇瀛上村调研指导帮扶工作。

是日

市政协副主席黄耀华一行来到南昌县南新乡九联村调研指导帮扶工作。

11月26日

市政协副主席周智安一行来到新建区石埠镇西岗村调研指导帮扶工作。

是日

市政协副主席陈匡辉一行来到进贤县前坊镇焦家村调研指导脱贫攻坚和基层党建工作。

是日

市委常委、政法委书记胡晓海一行来到进贤县民和镇，调研指导脱贫攻坚、综治帮创和乡村治理等工作。

12 月

12 月 18 日

市人大常委会副主任申少平一行来到进贤县塔岗村调研扶贫工作并走访挂点贫困户。

12 月 27 日

市委常委、市纪委书记、市监委代理主任董立新一行来到安义县石鼻镇果田村沙洲果园扶贫产业基地、水产养殖基地建设项目现场、新农村道路建设项目现场，了解扶贫产业项目建设情况，走访慰问结对帮扶贫困户，并召开调研座谈会，听取脱贫攻坚工作情况汇报。

12 月 28 日

市委常委、统战部部长乐文红一行来到安义县长均乡把口村走访慰问贫困群众，听取把口村新户型建设和人居环境整治工作情况。

四

瞬间即永恒：
南昌市脱贫攻坚图片集萃

精准扶贫

南昌市旅游集团自筹资金和募集各方支援 80 余万元，新建起崭新的村民文化活动中心。（组图 1）

南昌市旅游集团自筹资金和募集各方支援 80 余万元，新建起崭新的村民文化活动中心。（组图 2）

南昌市旅游集团自筹资金和募集各方支援80余万元，新建起崭新的村民文化活动中心。（组图3）

南昌市民政局开展"买产品、献爱心、促脱贫"活动。

南昌市体育局连心小分队在南昌县黄马乡白城村小为留守儿童开展普法教育和法制扶贫。

南昌市委统战部发挥党派智力密集优势，组织党派成员赴把口小学开展公益乡村支教活动，阻断贫困代际相传。

南昌县冈上镇合山村按照"镇里出一点、帮扶单位帮一点、村里商超拿一点"的方式，依托村民现有商超，精心建设运行精准扶贫"爱心超市"。（组图 1）

南昌县冈上镇合山村按照"镇里出一点、帮扶单位帮一点、村里商超拿一点"的方式，依托村民现有商超，精心建设运行精准扶贫"爱心超市"。（组图 2）

南昌县富山乡虎山小学，县道德模范、最美志愿者万云向贫困留守儿童赠送爱心温暖包。

南昌县冈上镇合山村产业扶贫大棚工程，该项目的实施不仅将进一步壮大村级集体经济，还可以为合山村及周边乡村群众提供就业岗位，带动贫困人口长效和高质量脱贫。

南昌县冈上镇合山村精心建设运行精准扶贫"农家书屋"。

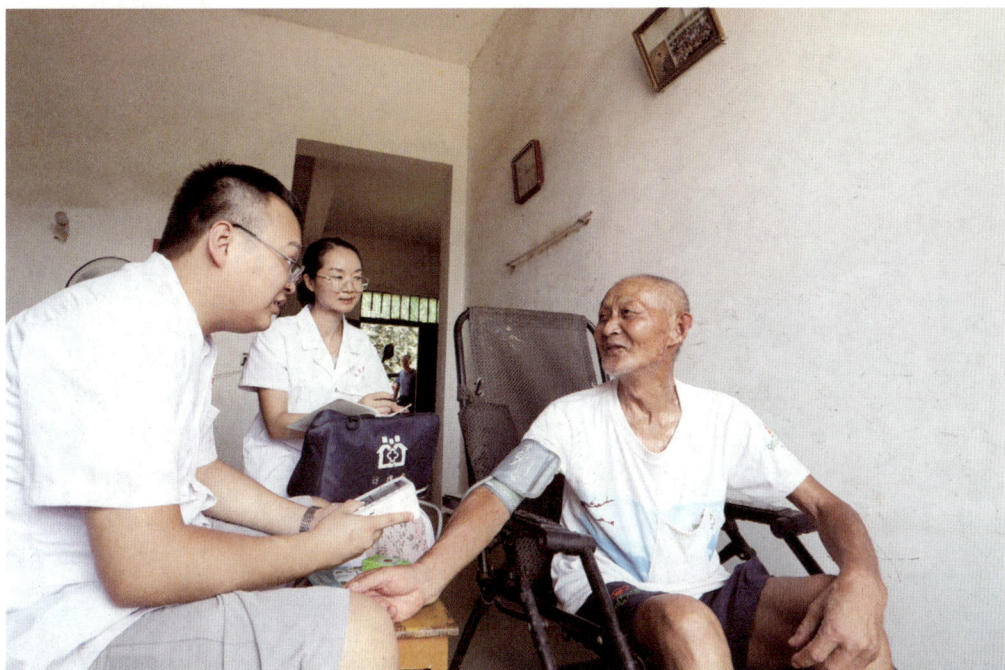

　　南昌县冈上镇卫生院组织家庭医生前往贫困户家中开展送医上户活动。活动中，医务人员为贫困户测量血压，并发放防暑药品。（组图1）

　　南昌县冈上镇卫生院组织家庭医生前往贫困户家中开展送医上户活动。活动中，医务人员为贫困户测量血压，并发放防暑药品。（组图2）

　　南昌县岗上乡文艺下乡活动。文艺文化是精神扶贫的重要方面，文艺下乡给群众送去温暖。

南昌县广福镇北头村的无花果基地主要从事无花果种植和加工，既是南昌县首家无花果种植基地，也是全市规模最大的无花果种植科普示范基地。

南昌县黄马乡大力发展茶产业助推脱贫攻坚，"传帮带"制茶手艺尤为重要。

南昌县黄马乡罗渡村采用"一领办三参与"产业发展模式成立合作社，富硒白莲基地不仅美化了村庄环境，还解决了贫困户就业问题。

南昌县泾口乡东岗村 5G+VR 直播卖货。

南昌县泾口乡东岗村扶贫车间吸纳樊桂凤等贫困群众，帮助贫困户脱贫致富。

南昌县免费为困难听障群众发放助听器。

南昌县贫困户采摘莲蓬。

南昌县三江镇汗塘村与邮政公司合作，打造电商服务平台。

南昌县塔城乡广泛接受家官乡贤和社会爱心人士捐助成立奖学助学中心，每年奖励优秀师生和贫困学生，传承弘扬尊师重教、激励学习、鼓励成才的优良民风和社会风气。

南昌县塔城乡长乐联圩堤下的扶贫养殖基地，村民们正在自家的鱼塘捕鱼收网。

　　南昌县武阳镇朱坊村南昌连心农业开发有限公司，流转土地 20 亩实施优质果蔬栽培项目，建成标准大棚 28 个，开启了朱坊脱贫攻坚"造血"模式。

　　南昌县向塘镇民营企业南昌屏荣食品有限公司在政府开展的"千企帮千村"脱贫攻坚活动中，结合当地实际设立特色车间——扶贫车间，长期招聘附近乡村贫困群众进入扶贫车间工作就业。
（组图1）

　　南昌县向塘镇民营企业南昌屏荣食品有限公司在政府开展的"千企帮千村"脱贫攻坚活动中，结合当地实际设立特色车间——扶贫车间，长期招聘附近乡村贫困群众进入扶贫车间工作就业。（组图2）

　　南昌县新乡村团结村爱心超市建成并投入使用。

南昌县幽兰镇充分利用青岚湖的资源优势，办起了各种家庭农场。

进贤县白圩乡金山村联谊果业种植专业合作社基地负责人方宝根和第一书记袁小波为贫困户现场讲解果苗种植技术。

进贤县梅庄镇打造"合作社＋贫困户＋基地"模式，委托中铁中基公司对共建的猕猴桃园区进行专业化种植管理，保障贫困户利益稳定，实现脱贫。（组图 1）

进贤县梅庄镇打造"合作社＋贫困户＋基地"模式，委托中铁中基公司对共建的猕猴桃园区进行专业化种植管理，保障贫困户利益稳定，实现脱贫。（组图 2）

进贤县七里乡寺背村贫困户和村民正在为合作社 55 亩半夏中草药种植基地除草、施肥。

进贤县三阳集乡百香果产业扶贫基地，员工们正在采摘成熟的百香果供应市场。

　　进贤县文港镇采用"政府＋公司＋合作社＋农户"的方式，以桐汐实业有限公司养鹅技术团队为依托，点对点帮扶贫困户掌握养殖技能，带动贫困户脱贫。

　　志愿者给进贤县三阳集乡石山村贫困户涂传文赠送过冬衣物，并为涂传文全家人理发、量血压。

志愿者为进贤县贫困群众送寒衣。

安义县农业农村局、万埠镇组织贫困劳动力参加农业产业技术培训班。

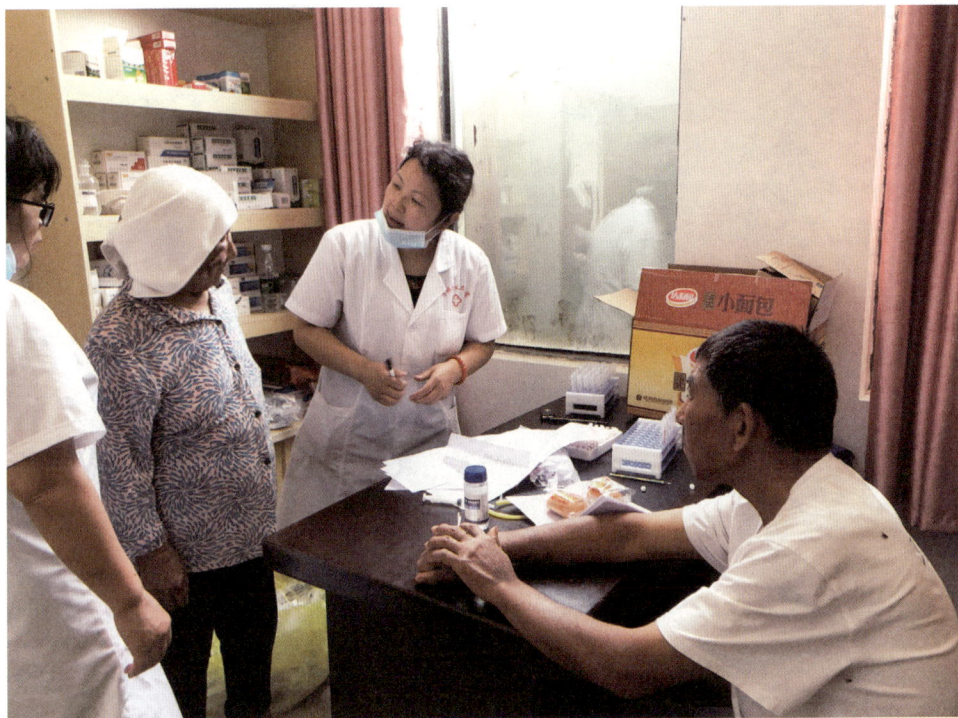

安义县下庄村为贫困户开展免费义诊活动。

安义县新民乡乌溪村志愿者包拥春查看贫困户戴乐的眼睛，准备带他到医院去做手术。

湾里区罗亭镇义坪村政通园艺花卉基地，花农正在劳作。基地聘请的员工多为附近的贫困户。

湾里区太平镇大客天下百亩茶园，茶农正在采摘明前茶。近年来，湾里区把茶叶作为重点扶贫产业发展，发展观光茶园，将传统农业与休闲旅游相融合。

新建区"扶贫车间"开在家门口。

新建区石埠镇西岗村千亩芦笋产业园，以产业扶贫带动西岗村整体脱贫致富。

新建区引进鳝鱼养殖大棚，驻村扶贫队全程帮助指导。

新建区溪霞、昌邑等镇启建多个产业大棚，创造多种脱贫致富模式。

　　新建区溪霞村 300 亩火龙果产业基地、500 亩桃花园观光基地及农业体验活动场所，带动周边就业 30 人。

郭纪征

南昌市政协派驻湾里区太平镇泮溪村第一书记

扶贫心声：

　　贫困户的需求是我们工作的内容，贫困户的笑脸是对我们工作的褒奖。走进乡村，走进贫困户，奋斗我们的青春，为扶贫攻坚决战决胜奉献我们微薄的力量。

王攀

南昌市工信局派驻湾里区罗亭镇名山村第一书记

扶贫心声：

　　用行动坚守初心、用真情描绘人生，时刻牢记第一书记的责任和使命，珍惜每天驻村时光，带领山村村民走上共同致富道路！

蔡志强

南昌市商务局派驻新建区象山镇井岗村第一书记

扶贫心声：

　　驻村扶贫是一项光荣使命、一份伟大事业，能够亲身参与和见证贫困户脱贫致富以及井岗村振兴发展，让我感到踏实满足，感到人生充满意义。

戴党太

南昌市公路管理局派驻新建区铁河乡东阳村第一书记

扶贫心声：

　　踏踏实实做人，认认真真做事。当好党和人民群众之间的"连心"纽带，做群众脱贫致富的引路人、乡村振兴战略的践行者。

蔡易

南昌市人大常委会派驻安义县新民乡尚礼村第一书记

扶贫心声：

　　扶贫路上最美的风景是贫困户发自内心的笑容，小康路上幸福的笑容一个都不能少，我将全身心投入，答好这张脱贫攻坚的"收官之卷"。

曾远明

南昌市司法局派驻安义县长埠镇江下村第一书记

扶贫心声：

　　脱贫攻坚工作已经到了全面冲锋冲刺、全面决战决胜的关键阶段，我们要认真做细做实各项帮扶工作，上下同心、齐心协力，以不胜不休的作战姿态，不折不扣地完成好这项光荣的政治任务。

刘俊

南昌市第一医院派驻安义县东阳镇马源村第一书记

扶贫心声：

脚下沾有多少泥土，心中就沉淀多少真情。我带着组织的重托投入脱贫攻坚事业，贫困群众的需求就是我们的奋斗目标！

刘昆

南昌市教育局派驻安义县石鼻镇罗田村第一书记

扶贫心声：

2019 年底我投身到脱贫攻坚一线，在脱贫攻坚的收官之年，我将继续守护好罗田，做好村庄的带头人、产业的领路人、群众的贴心人，使罗田的幸福之花常开不败。

魏新华

南昌市审计局派驻安义县长埠镇老下村第一书记

扶贫心声：

距离决战决胜脱贫攻坚战的日子越来越近了，虽然感觉责任和压力越来越重大，但想到老下村老百姓生活越过越红火，我的内心无比开心与自豪！

徐桂华

南昌市委政研室（改革办）派驻安义县乔乐乡乔乐村第一书记

扶贫心声：

2020 年是脱贫攻坚的决战决胜之年，也是全面建成小康社会的收官之年，我们迎来了党的九十九岁生日。作为驻村第一书记，我将带领全村干部群众撸起袖子加油干，践行"全面建成小康路上一个都不能少"的庄严承诺，以优异的成绩向党和人民交上一份满意答卷。

张雷鸣

江西省精神病院派驻进贤县三里乡黄家村第一书记

扶贫心声：

作为一名党员，我将帮扶的贫困村作为脱贫攻坚的重要战场，恪守对党的誓言，发展特色产业，发挥磁石一般的凝聚作用。

陈战华

南昌市生态环境局派驻南昌县幽兰镇南山村第一书记

扶贫心声：

脱贫攻坚路上有心酸有感动，我们以精准为方向，用行动和实干、真心和真情帮助每一名困难群众在致富路上不掉队。

高晶

南昌城市建设投资发展有限公司派驻进贤县三阳集乡赵埠村第一书记

扶贫心声：

2020 年是全面建成小康社会目标实现之年，也是打赢脱贫攻坚战收官之年，我们秉承"一个都不能少"的信念，坚定决战决胜的信心，以求真务实真抓实干的作风，坚决打赢脱贫攻坚战。

葛振桐

南昌市大数据发展管理局派驻新建区昌邑乡窑西村第一书记

扶贫心声：

脱贫攻坚，不落一人。作为一名扶贫干部，打好脱贫攻坚战，巩固提升脱贫成效是我的职责所在。面对贫困群众的殷殷期许，只有勤走访、深调查，找准贫困户致贫的痛点难点，才能精准施策、有的放矢。

汪军

南昌市文广新旅局派驻新建区樵舍镇常丰村第一书记

扶贫心声：

守正笃实，久久为功。还记得在常丰村开展"富强中国梦，幸福小康家"合家欢摄影活动时，建档立卡贫困户熊妈妈坚持要和我拍个合影，瞧，我们"娘儿俩"笑得多开心呐……

黄义松

南昌市林业局派驻进贤县前坊镇焦家村第一书记

扶贫心声：

　　些许都是琐碎事，一枝一叶总关情。当第一书记，整天面对村民，干不了什么惊天动地的"大事"，必须真心实意帮助老百姓解决实际问题。我们只有扑下身子、沾满泥土，才能清吐芬芳、结出累累硕果。祝愿老百姓生活越来越好，芝麻开花节节高。

刘青青

南昌市人民检察院派驻新建区金桥乡大观村第一书记

扶贫心声：

　　牢记为民宗旨，满怀为民情怀，始终把贫困村群众的冷暖挂在心头，了解群众的疾苦，倾听群众的呼声，带着责任和感情真扶贫，真心实意多为群众办实事、办好事，尽职尽责解决群众的实际困难和问题，让村民在小康路上一个都不掉队。

刘超

南昌市人力资源和社会保障局派驻进贤县罗溪镇塔岗村第一书记

扶贫心声：

　　了解祖国，爱我中华，以热爱祖国为荣！斗转星移，花开花落，共和国走过了半个多世纪。建设美好祖国的重任已落在我们年轻一代的肩上，让我们为此奋斗！

邹立文

南昌市委办公厅派驻南昌县黄马乡罗渡村第一书记

扶贫心声：

中国的脱贫事业，既彰显着改天换地的雄心壮志，又实实在在改变着亿万人的生活。我作为第一书记，能亲身经历这场伟大的战役，感到无比的自豪和骄傲。我有信心、有决心，发挥扶贫干部的担当，为这场伟大的脱贫攻坚战取得全面胜利贡献出自己的力量。

张增智

南昌市交通运输局派驻进贤县南台乡观前村第一书记

扶贫心声：

能够参与这场注定伟大、彪炳史册的脱贫攻坚战，并在其中挥洒、奉献自己的热情和青春，是人生中不可多得的宝贵财富，是作为扶贫人的自豪和骄傲。

胡峻

南昌市城管局派驻南昌县塘南镇石岗村第一书记

扶贫心声：

脱贫攻坚越往后，遇到的越是难啃的硬骨头。作为第一书记的我，一定会确保剩余贫困人口高标准退出、小康路上不落一人，以更大决心、更强力度推进脱贫攻坚，啃下最后的硬骨头。

范雨锁

南昌市农业农村局派驻湾里管理区罗亭镇义坪村第一书记

扶贫心声：

　　现在义坪村已经基本完成脱贫攻坚任务，连续三年获评国家、省级荣誉：2018 年获评全省文明单位；2019 年获评"全省十大秀美乡村"；2020 年获评国家森林乡村。"产业兴旺、生态宜居、乡风文明、治理有效、生活富裕"的义坪村将会是一幅美丽的农村生活新画卷。

王辉华

南昌市统计局派驻进贤县池溪乡向家村第一书记

扶贫心声：

"脱贫摘帽不是终点，而是新生活、新奋斗的起点。"铿锵有力的话语、掷地有声的承诺，不仅仅是习近平总书记发出的脱贫攻坚总攻动员令，更开启了新生活"赶考"的全新征程。

樊星

南昌市卫生学校派驻进贤县下埠集乡和塘村第一书记

扶贫心声：

组织赋予我的这份使命，是我人生中的宝贵财富。作为年轻的扶贫干部，我要坚定信念、扎根基层、踏实工作，做一名新时代敢于担当作为的脱贫攻坚人。

付璟辉

江西银行派驻进贤县衙前乡下邹村第一书记

扶贫心声：

　　扶贫工作是光荣而高尚的工作，作为扶贫干部，我们的目标就是让贫困群众走向美好生活，与全国人民一道：共圆小康梦，同赴幸福道！

黄皇

共青团南昌市委派驻进贤县泉岭乡前溪村第一书记

扶贫心声：

　　新时代、新向往、新生活，干部驻村心连心，同步小康齐步走，扶贫扶志扶真贫，让我们与困难群众携手并进，解决实际中的困难，克服思想上的贫瘠，帮助困难群众牢固树立"只有努力才能改变，只要努力就能改变"的思想，让他们用自己的辛勤努力去换取明日的美好生活！

黄磊

南昌市总工会派驻进贤县七里乡寺背村第一书记

扶贫心声：

  在这即将全面打赢脱贫攻坚战的历史时刻，牢记习总书记的殷切嘱托，坚定信心、聚力前行，以寺背村精准扶贫的成果为基础，大力实施乡村振兴战略，用双手创造属于自己的幸福美好新生活！

张锦军

南昌市委信访局派驻进贤县民和镇旺坊村第一书记

扶贫心声：

　　精准定位，全力帮扶，真扶贫、扶真贫，真办事、办真事，为脱贫攻坚取得全面胜利履职尽责。

吴运良

南昌市中级人民法院派驻进贤县张公镇邵窝村第一书记兼扶贫小分队队长

扶贫心声：

　　决战决胜脱贫攻坚，是 2020 年必须完成的任务，也是 2020 年必将完成的任务。我坚信，在中央到地方各级党委和政府的正确领导下，在全体驻村干部的共同努力下，我们一定会取得脱贫攻坚战的全面胜利，一定会取得全面建成小康社会的伟大胜利。

任启庭

南昌市水利局派驻进贤县钟陵乡东塘村第一书记

扶贫心声：

决战决胜脱贫攻坚，是一代代中国共产党人的梦想。我感谢这个时代，更感激于自己亲身参与了这一伟大的事业。扶贫干部拼的是辛勤的汗水，更拼的是贫困群众实现脱贫后露出的微笑。

汤轶

南昌国资产业经营集团有限公司派驻进贤县梅庄镇井岗村第一书记

扶贫心声：

2020年，我们越是艰险越向前。作为驻村第一书记，我必将坚定信心、勇于担当，切实把脱贫职责扛在肩上，把脱贫任务抓在手上。在脱贫攻坚决战决胜之年，衷心祝愿困难群众早日迈进小康社会，安居乐业。

夏群英

南昌市自然资源局派驻进贤县南台乡桥头村第一书记

扶贫心声：

　　摆脱贫困，走向小康，是党心所向、民心所依，更是我们扶贫人的最大梦想和奋斗目标。在脱贫攻坚和乡村振兴的伟大实践道路上，自己能参与其中，用心做事，踏实做人，付出艰辛，收获喜悦，并得到桥头村贫困群众的认可，这就是我人生最大的幸福！

朱勇

南昌工业控股集团派驻进贤县架桥镇土坊村第一书记

扶贫心声：

　　"咬定青山不放松，立根原在破岩中。"2020 年如期打赢脱贫攻坚战的号角已经吹响，不忘初心、牢记使命，坚定信心、顽强奋斗，全身心投入到决战决胜脱贫攻坚战中，为如期高质量打赢脱贫攻坚战贡献自己的一分力量。

龚常慧

南昌市税务局派驻南昌县塔城乡湖陂村第一书记

扶贫心声：

　　用真心、带真情、扶真贫，我愿携手湖陂村的父老乡亲大踏步迈上小康路！

雷家胜

南昌日报社派驻南昌县泾口乡东岗村第一书记

扶贫心声：

作为驻村第一书记，我始终坚持"情为民所系、利为民所谋、权为民所用"，为村民诚心诚意办实事，尽心竭力解难事，坚持不懈做好事。贫困户就像是坐车的乘客，而驻村第一书记则像是司机，既要懂技术，还要认路，辨别方向，因此要具备发展经济之"识"、创新创业之"胆"、体贴群众之"心"、廉洁奉公之"德"，才能带领贫困群众走向小康之路。

梁春来

南昌市医疗保障局派驻南昌县蒋巷镇三洞村第一书记

扶贫心声：

在全面建成小康社会的道路上一个都不能少，共同富裕路上一个都不能掉队。人生道路虽然磕磕绊绊，但只要坚持不懈勇往直前，贫困群众肯定可以摆脱人生的困境，让我们携手贫困群众，过上幸福的生活！

熊伟

南昌市工商联派驻南昌县塘南镇西河村第一书记兼驻村工作队队长

扶贫心声：

　　脱贫攻坚已经进入决战决胜的冲刺阶段，作为战斗在扶贫一线的青年党员干部，要始终坚定为人民服务的宗旨信念，以时不我待的紧迫感、勇于担当的责任感、不负韶华的使命感，撸起袖子加油干，确保小康路上一个都不能少。

李晓明

南昌轨道交通集团派驻南昌县幽兰镇罗舍村第一书记

扶贫心声：

初心如磐，使命在肩。作为一名扶贫干部，我深刻感受到党的各项政策和精准扶贫工作给乡村群众带来的幸福变化，更深感自己的使命光荣、责任艰巨。在脱贫攻坚决战决胜的关键时刻，让我们不忘初心，继续前行，为高质量打赢脱贫攻坚战，实现脱贫攻坚与乡村振兴的有效衔接贡献自己应有的力量！

万乔赟

南昌市委组织部派驻武阳镇朱坊村党支部第一书记

扶贫心声：

在决战决胜脱贫攻坚、全面建成小康社会已进入读秒倒计时的关键时刻，我们必须分秒必争，持续发力，久久为功。聚焦"三化六好"，加强基层组织建设，打造一支敢于担当、勤于实干的干部队伍；聚焦产业兴村，壮大村级集体经济，留下一批产权清晰、收入稳定的村级产业；聚焦秀美乡村，提升农村人居环境，擘画一幅整洁美丽、和谐宜居的乡村风貌。

王小红

南昌市退役军人事务局派驻南昌县三江镇汗塘村第一书记

扶贫心声：

　　走在扶贫路上，一身责任一身担当，帮助人民群众过上美好生活，是我们扶贫工作者的初心和奋斗目标。攻坚时刻，让我们携手村"两委"干部和村民，共谋共促乡村振兴，扬起致富高帆，为汗塘村的美好未来贡献自己的一分力量。

吴恬

南昌市委老干部局派驻南昌县蒋巷镇立新村第一书记

扶贫心声：

　　在脱贫攻坚工作中，最开心的是，帮扶思路走向实践，扶贫有成效；最感动的是，一路走家串户，户户是笑脸。不负信任、无愧于心，我愿与立新村共同努力，决战决胜脱贫攻坚，全面奔小康！

熊剑晓

南昌市发改委派驻南昌县广福镇北头村第一书记

扶贫心声：

　　作为一名 10 年党龄的共产党员，能够被组织选派为驻村第一书记，我深感责任重大，唯有脚踏实地、奋斗不息，扎根基层做一名实干者，真情实意为困难群众办好每一件小事、实事，帮助他们在小康路上不掉队，才能不负韶华、无愧于伟大时代赋予的历史使命。

应文伟

南昌县农业农村局派驻南昌县南新乡九联村第一书记

扶贫心声：

我们用"沉淀与执着"，雕塑了"第一书记"的群像；我们用"守望与担当"，展现了"第一书记"的风采！精准扶贫不是一句口号，"第一书记"不是一顶帽子。青春正好，梦想在线！脱贫攻坚，我们永远在路上！

曹龙友

南昌市人民政府办公厅派驻新建区象山镇河林村第一书记

扶贫心声：

在第一书记这个岗位上，我竭尽所能，充分利用产业"造血"，真正实现村民脱贫致富的可持续发展。同时，创新发展思路，以产业兴旺建设美丽乡村，用美丽乡村点亮乡村旅游，借乡村旅游带动扶贫农产品销售，统筹推进旅游扶贫与乡村振兴，持续打造河林精准脱贫工作示范效应，持续打造河林乡村振兴示范效应，实现河林村好看、好玩，又好吃。

范锦峰

江西广播电视大学南昌市分校派驻新建区厚田乡谷城村第一书记

扶贫心声：

　　作为一名共产党员，作为组织选派的第一书记，我义不容辞，扎实行动，始终牢记为民宗旨，满怀为民情怀，了解群众的疾苦，倾听群众的呼声，带着责任、带着感情真扶贫，真心实意多为群众办实事、办好事，尽职尽责解决群众的实际困难和问题，为脱贫攻坚尽自己的一分力量！

蒋晓辉

南昌市机关事务管理局派驻新建区流湖镇淑溪村第一书记

扶贫心声：

第一书记是一面旗，代表着党的形象。驻村帮扶"使命光荣，责任重大"。"坚决打赢脱贫攻坚战，让贫困人口和贫困地区同全国一道进入全面小康社会"是我们党的庄严承诺。只有扑下身、不麻痹、不厌战、不侥幸，真抓实干抓党建、强堡垒、促脱贫，才能带领全村贫困群众同全国人民一起奔小康。

涂志锋

南昌汉代海昏侯国遗址管理局派驻新建区大塘坪乡新富村第一书记

扶贫心声：

　　小康不小康，关键看老乡。扶贫成效好不好，关键看老乡是否满意。脱贫既离不开扶贫干部的帮扶，更离不开贫困群众自身的不懈奋斗。让我们撸起袖子加油干，携手迈进新富村脱贫奔小康新起点、新征程。

杨亮

南昌市公安局特警支队派驻新建区流湖镇上房村第一书记

扶贫心声：

　　为了打赢"脱贫攻坚战"，就要思想上"吃苦不言苦，反以苦为乐"，工作中坚持做到吃透精神、摸清详情、精准出击，与群众将心比心，把准工作命脉，落实扶贫政策，精准开展脱贫。

喻明

南昌市公安局高新分局瑶湖派出所派驻新建区石埠镇竹园村第一书记

扶贫心声：

能够见证和参与实现第一个百年奋斗目标、开启第二个百年奋斗目标新征程，是人生的难得际遇。我将珍惜机遇、不负时代，为国履职、为民尽责。我将更加努力学习习近平总书记关于脱贫攻坚的重要讲话精神，为决胜全面建成小康社会、实现"两个一百年"奋斗目标、实现中华民族伟大复兴的中国梦而努力奋斗！

周建明

南昌市住房保障和房产管理局派驻新建区厚田乡闸上村第一书记

扶贫心声：

扶贫是我的工作内容，我更愿意通过我和贫困群众的共同努力，在脱贫奔小康的路上不停步。

朱立形

南昌旅游集团派驻新建区联圩镇路司口村第一书记

扶贫心声：

　　扶贫路上，我们始终牢记习近平总书记的嘱托，战疫情抗洪水，用心用情真扶贫，让贫困群众住上了安全房，过上了好日子！我们坚信，在中国共产党的坚强领导下，路司口村一定能够与全国人民一道共享小康成果，芝麻开花节节高！

周勇华

南昌市市场监督管理局派驻新建区石埠镇西岗村第一书记

扶贫心声：

  坚决贯彻落实习近平总书记在脱贫攻坚座谈会上的讲话精神，紧紧围绕"两不愁三保障"重点内容，以党建为引领，因地制宜，精准施策，提升脱贫质效；依托千亩芦笋基地，做大做强扶贫产业，创造更多就业岗位，稳步增加贫困群众收入；坚持扶贫扶志并行，激发内生动力，确保小康路上一个都不掉队，实现脱贫攻坚与乡村振兴有效衔接。

·最美扶贫干部·

王明君：把"扶贫日记"写进贫困户的心坎里

先进事迹

从机关干部到第一书记，他在扶贫一线践行着一名共产党人的初心和使命，用产业扶贫带领村民致富，用项目扶贫实现乡村振兴，用殷殷关切赢得贫困户认可。

定期走访农户

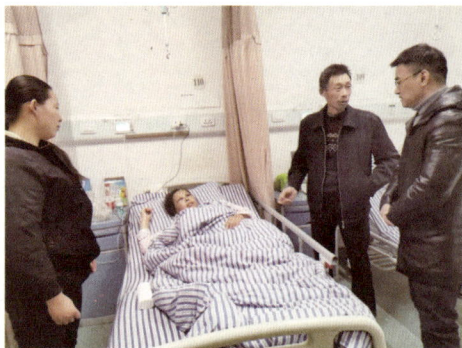

看望出车祸的贫困户宋显梅

与工作队协商修路事宜

到种植基地踏勘

曹龙友："网红第一书记"的乡村振兴新路子

先进事迹

> 曹龙友是 2019 年 10 月经市政府办公厅择优选派到新建区象山镇河林村担任第一书记，因直播、开抖音带货，解放思想、创新形式开展脱贫攻坚，新华社、学习强国、江西日报、江西党建、江西扶贫等媒体宣传报道浏览量超 800 万，被称为"网红第一书记"。

组织村产业基地与贫困户签订认领承包种植大棚协议

广泛征求群众意见

走入田间地头，推介河林村优质生态美都西瓜

推动村扶贫产品参加农产品交易会

付璟辉："不肯走"的第一书记

先进事迹

她叫付璟辉，2017年8月竞聘成为进贤县衙前乡下邹村第一书记。这一干就是两任，几年来她人变"黑"了，心却越来越红，乡亲们亲切地称她为"不肯走"的第一书记。

带领村民站在疫情防控第一线

在农田里调研

给孩子送教育

义诊送乡

疫情期间教村民如何正确佩戴口罩

何龙：醉过方知酒浓　扶贫方知情重

先进事迹

何龙，2017 年 9 月至 2019 年 10 月，被派驻安义县东阳镇马源村任第一书记。2019 年 11 月至今，由南昌市委组织部统一安排，再次担任湾里管理局东源村第一书记，兼驻村工作队队长。自担任驻村第一书记以来，他一直奋战在脱贫攻坚一线，积极开展帮扶工作。

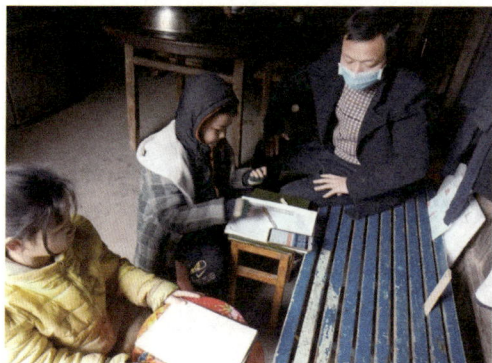

关心留守儿童生活、学习

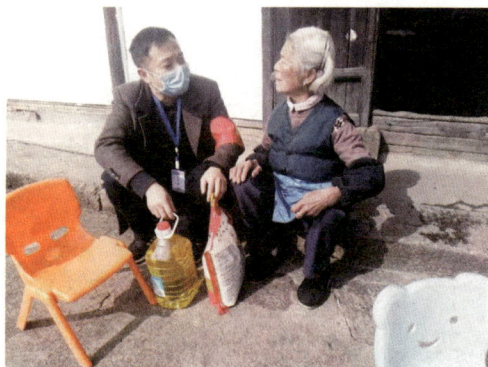

给贫困户送去生活物资

看望贫困户

黄晓安：配好"钥匙"打开扶贫门

先进事迹

黄晓安作为市派第三批驻村第一书记，到南昌县冈上镇合山村开始扶贫工作。他精心寻求打开扶贫门的那把"钥匙"，现在他已成了镇干部和村民们一致称赞的"好书记"。

查阅爱心超市台账

在产业基地调研

向村民了解扶贫产品长势

江勇：江流中砥柱　勇拓扶贫路

先进事迹

江勇，被南昌市卫生健康委选派到进贤县三里乡黄家村任第一书记，任满后，组织考虑他有丰富的驻村经验，希望他代表医院再次驻村，他毫不犹豫答应了，出任白圩乡金山村第一书记。江勇不忘初心，牢记使命，攻坚克难，为扶贫做出了积极贡献。

白天马不停蹄走村入户，晚上熬夜统计造册、建档立卡

深入田间地头调研

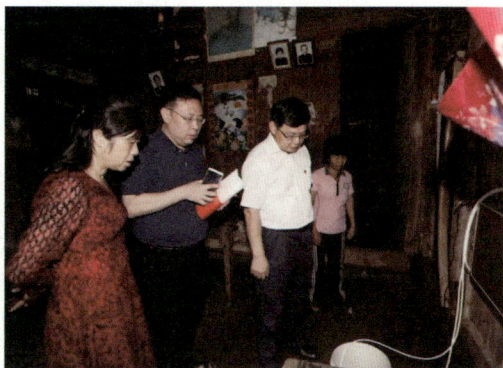

走访贫困户了解具体情况

姜振宇：扶贫路上续写警民情深

先进事迹

姜振宇作为南昌市公安局第二批驻村干部，选派为竹园村第一书记。扶贫村企由无到有，数百个日夜中，倾注着姜振宇的真情与汗水。田间地头、村舍屋前，处处遍布着他的脚印，在扶贫路上续写警民情深。

帮助村民发展产业脱贫，"输血"变"造血"，打通致富路

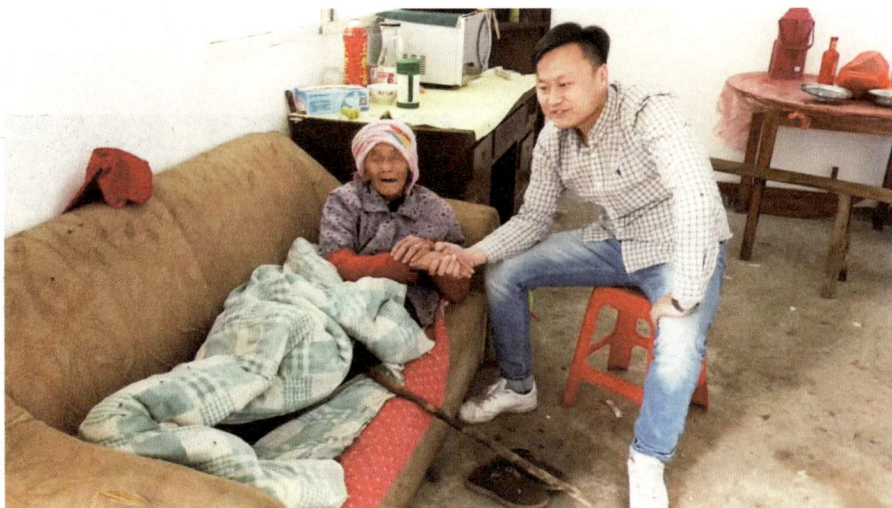

慰问常年卧床的92岁贫困户姜根芝

廖县平：脱贫攻坚"技术咖"

先进事迹

　　在全市脱贫攻坚领域，驻安义县新民乡尚礼村"第一书记"廖县平以自己的所学所长，成为村级扶贫产业规划、发展的"技术咖"。

在农田里帮忙种植大球盖菇

给大球盖菇进行包装

在田间地头查看农产品长势

帮助贫困户给西瓜田除草

罗俊辉：能与贫人共年谷　必有明月生蚌胎

先进事迹

　　罗俊辉，任职安义县长均乡把口村第一书记以来，用心用情扎实做好脱贫攻坚工作。他不忘初心，牢记使命，永不懈怠，毫不动摇，坚信把口村一定能打赢这场脱贫攻坚战，实现稳定脱贫的目标任务。

上门拜访贫困户张秀英，为她解读扶贫政策

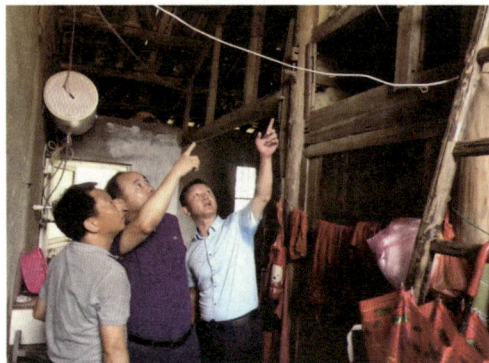

在贫困户家调研

走访农户，了解农户家庭情况

关心农户平时生活

罗勇：洒向人间都是爱

先进事迹

> 罗勇受南昌市教育局委派，来到安义县石鼻镇罗田村担任第一书记。一直在教育系统拿笔杆子的罗勇，刚到村里担任第一书记时，的确有些不适应。"开弓没有回头箭，既然来了，就一定要干出个样子来。"罗勇告诉自己。

罗田花果园水果种植基地

农户在种植基地辛勤劳作

在罗田花果园水果种植基地和农户一起工作

彭小华：精准方略"托起"贫困户新希望

先进事迹

> 彭小华担任驻村第一书记后，将党中央脱贫攻坚的精准方略落实落细。进一步加强市场调研分析，找准症结，带领村干部和合作社同志学技术、找市场、明股权、强管理。通过加强成本核算和规范财务管理，彭小华发现水稻、菊花两个产业根本不挣钱，经与村干部商议果断叫停，及时止损，开始一心一意种植西瓜。

在瓜地查看西瓜长势

村扶贫产业西瓜基地

介绍南昌企事业单位到村购买合作社种植的西瓜

万齐赟：万众一心加油干　干群合力齐攻坚

先进事迹

"现在，我们村里道路干净了，家家户户院子整洁了，村委会来往办事的人多了……这些都要感谢万书记。"村民口中的万书记就是南昌县武阳镇朱坊村党支部第一书记万齐赟。

带队进行村庄环境整治"五拆五清"，现场给村民做工作

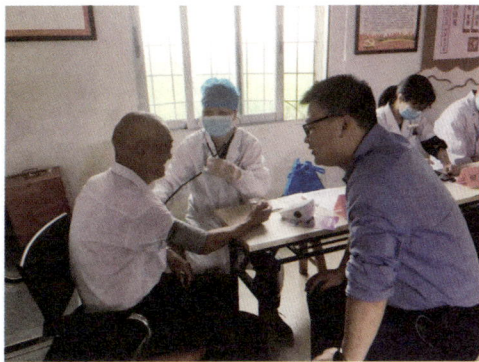

联络医疗专家来朱坊村为贫困户和村民开展义诊活动

上门拜访贫困户及老党员并听取他们的意见建议

在扶贫产业基地连栋大棚种下第一批果苗

与村民一起种植果苗

朱坊村开展"三讲一评"颂党恩暨爱心超市积分评定会议

杨美蓉：一心为民的"美蓉书记"

先进事迹

杨美蓉是2017年9月南昌市社科联下派到湾里区罗亭镇义坪村扶贫的第一书记。作为南昌市仅有的两名女第一书记之一，杨美蓉全身心投入驻村脱贫攻坚战。她是村干部眼里的好书记，村民心里的贴心人，孩子们心中最温柔的杨老师。大家都亲切地称她"美蓉书记"。

了解农产品的种植及收成情况

为全市第三批第一书记介绍首家爱心超市情况

在美蓉志愿服务室给孩子们辅导功课

南昌县八一乡钱溪村贫困户章星辉，夫妻残疾，依政策享受危房改造，二人养鸡、卖菜、卖鸽子。2018 年，章星辉被授予脱贫奋斗奖。

南昌县广福镇北头村第一书记郭惠平深入田间地头，为贫困户指导技术。

南昌县冈上镇安仁村贫困户万邵兰在村保洁员岗位上恪尽职守，任劳任怨。

南昌县冈上镇徐家村徐先锋（右）与合山村村委会签订了村级光伏电站光伏员用工协议，不甘贫困的徐先锋与朋友合开了和兴农资经营店。

南昌县广福镇北头村产业扶贫基地晶静家庭农场种植了南昌地区少见的无花果，盛夏时节是无花果的采收和销售旺季，广福镇第一书记熊剑骁（左二）来到果园与家庭农场经营者罗根权（左三）交流无花果销售问题。

南昌县广福镇北头村产业扶贫基地晶静家庭农场种植了无花果，贫困户在基地劳作。

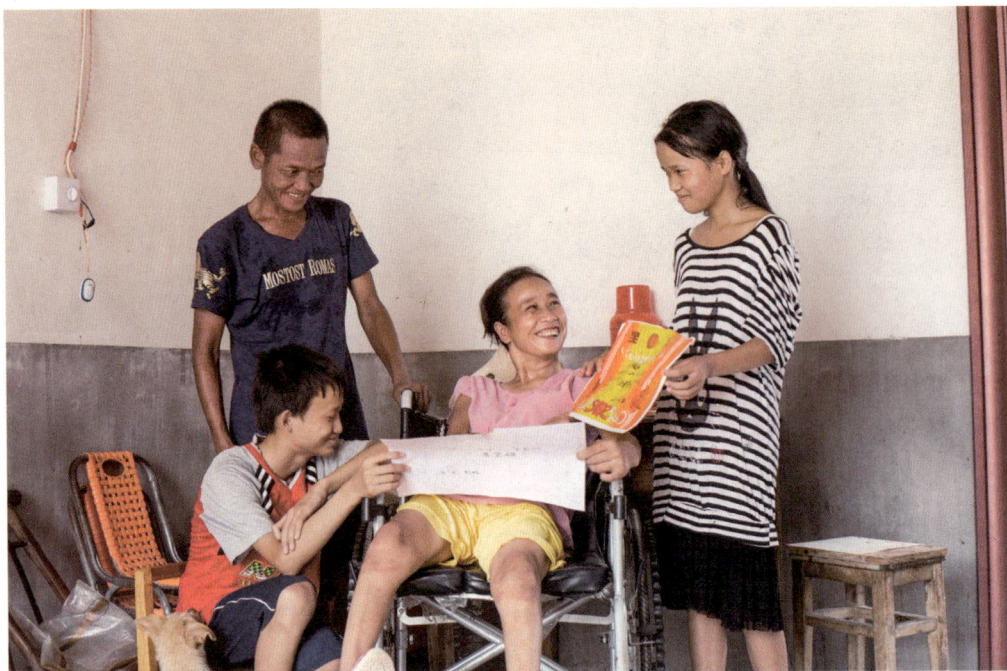

南昌县蒋巷镇三洞村刘法子家庭困难，妻子二级残疾，为了减轻家庭负担，让女儿辍学打工。镇村与学校共同努力，解决刘法子的家庭困难，最终孩子复学。

南昌县泾口乡东岗村第一书记曹俊（右一），帮助村民脱贫致富，受到村民的欢迎和喜爱。

进贤县扶贫车间负责人方宝根（左）向工人讲解嫁接后的薄壳山核桃苗木管理方法。进贤县根据贫困户的实际情况，因"人"制宜安排工作，让村里9名因残、因病致贫的贫困人员获得了一份工作，有了稳定的收入。

进贤县泉岭乡扶贫干部龚以斌（右一）在泉岭南岸游家村贫困户吴六乔家谈心话家常，了解贫困户生活状况。

进贤县民和镇前山村贫困户魏国安因为肢体残疾被列为精准扶贫对象，但他自强不息，在有关部门的支持下开始养殖肉鹅，实现了自主脱贫。(组图 1)

进贤县民和镇前山村贫困户魏国安因为肢体残疾被列为精准扶贫对象，但他自强不息，在有关部门的支持下开始养殖肉鹅，实现了自主脱贫。(组图 2)

进贤县乡贤杨京（左上图）出资 2 万元为贫困户胡丁群家改善家居环境。

安义县邓名祥与妻子熊桂英享受了低保兜底、"交钥匙工程"等扶贫政策，于 2017 年脱贫。

安义县东阳镇采取"公司＋基地＋合作社＋农户"的发展模式，建设集生态种植、休闲观光、有机加工为一体的综合性农业示范园，推动农业产业结构调整，让村民有了一份稳定工作。

安义县石鼻镇罗田村贫困户杨小兰被纳入精准扶贫对象后，扶贫干部介绍她到安义古村旅游开发公司做保洁员，莲蓬产业合作社农忙时请她去帮工。

　　安义县张礼全与妻子李爱德均身体残疾，享受国家保障扶贫，但张礼全仍然通过竹编手艺补贴家用、回馈相邻。凭着政府的帮扶和自己的努力，张家的日子越过越好。（组图 1）

　　安义县张礼全与妻子李爱德均身体残疾，享受国家保障扶贫，但张礼全仍然通过竹编手艺补贴家用、回馈相邻。凭着政府的帮扶和自己的努力，张家的日子越过越好。（组图 2）

湾里区纪检监察干部在红源村葡萄种植扶贫基地和种植户交流，核实扶贫政策落实情况。

新建区昌邑乡窑西村陶小吉是养羊场负责人，在乡党委、政府以及村支部的支持与帮助下依靠现代科技养殖技术养羊。

　　新建区联圩镇路司口村驻村帮扶的工作方式令人耳目一新。一方面建立起扶贫产业基地，另一方面重视帮扶贫困村村民文化素质的提高及文化活动的开展，既扶贫又扶志（智），两手并重扶持。

　　新建区流湖镇丁坊村在南昌缘恒和农业发展有限公司的脱贫带头人钟七根（右）带领下脱贫致富。钟七根在火龙果种植大棚里手把手指导贫困户丁槐华火龙果的种植技术。

新建区石埠镇程水妹担任就业扶贫车间里的班长，班长职务让她肩上多了一份压力，更是一份致富的动力。

新建区石埠镇西岗村南昌实业有限公司的千亩芦笋产业园，以产业扶贫带动西岗村整体脱贫致富。

新建区石埠镇竹园村胡素珍一家（残疾）在村第一书记帮扶下，开豆腐作坊脱贫致富，盖起了小洋楼。

落日余晖（摄于进贤县罗溪镇）

安居乐业（摄于湾里区罗亭镇）

播种希望（摄于南昌县）

不忘初心（摄于新建区樵舍镇）

春耕（摄于南昌县）

冬天的向家（摄于进贤县向家乡）

扶贫基地（摄于南昌县向塘镇）

扶贫基地展新貌（摄于新建区溪霞镇）

富硒莲子（摄于南昌县黄马乡）

富裕的生活（摄于
南昌县黄马乡罗渡村）

古朴村落（摄于安义县）

过去的"垃圾池"　今日的休闲广场（摄于安义县）

荷塘晨曦（摄于新建区象山乡）

辉煌的工控产业园（摄于南昌县）

良田万顷（摄于南昌县向塘镇）

莲花盛开，幸福花开（摄于安义县罗田村）

流连忘返（摄于南昌县黄马乡罗渡村）

美好生活　悠然自得（摄于湾里区罗亭镇）

美丽的油菜花（摄于安义县）

美丽乡村 幸福家园（摄于湾里区罗亭镇）

农村新画卷（摄于南昌县）

起飞（摄于南昌县向塘镇）

千丝万缕丰收情（摄于南昌县塘南镇）

晒年货（摄于新建区南矶山）

生态养殖（摄于南昌县塔城乡）

水上音符（摄于南昌县南新乡）

水天一色（摄于南昌县幽兰镇南山村）

我的中国梦（摄于南昌县塘南镇）

雾绕家乡（摄于南昌县黄马乡）

希望的田野（摄于南昌县东岗村）

夏天的向家（摄于进贤县向家村）

新农村展新貌（摄于湾里区罗亭镇）

致富新村（摄于新建区溪霞镇）

映日荷花别样红（摄于新建区窑西村）

爱心超市（摄于安义县大垅村）

安家落户（摄于新建区观前村）

百果香（摄于进贤县三阳集市）

采藕带，奔富路（摄于新建区）

春节关怀（摄于安义县）

丰收（摄于南昌县）

收获"致富果"（摄于新建区）

扶贫菊花（摄于新建区）

今年好收成（摄于新建区樵舍镇）

欢颜（摄于南昌县蒋巷镇三洞村）

好日子（摄于湾里区梅岭镇东昌村）

开心老人（摄于南昌县）

劳动所得（摄于南昌县）

莲蓬采摘（摄于进贤县梅庄镇新富村）

莲蓬丰产（摄于安义县罗田村）

青岚湖晒鱼（摄于南昌县塔城乡）

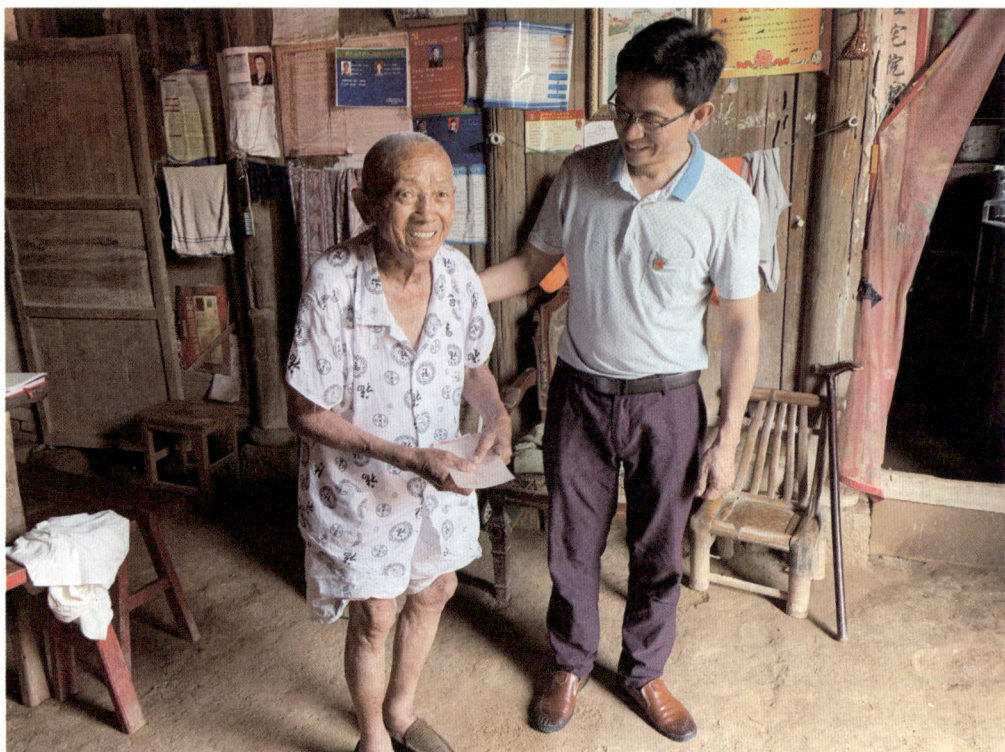

深情目光（摄于安义县）

生态农业（组图 1，摄于新建区溪霞镇）

生态农业（组图 2，摄于新建区溪霞镇）

生态农业（组图 3，摄于新建区溪霞镇）

幸福的笑容（摄于进贤县赵埠村）

硕果累累（摄于新建区石埠镇西岗村）

脱贫致富（摄于新建区石埠镇西岗村）

未来的希望（摄于湾里区岭口王家村）

我家瓜果成熟啦（摄于南昌县武阳镇朱坊村）

我是农家书屋管理员（摄于新建区大塘坪乡新富村）

我脱贫了（摄于进贤县赵埠村）

西瓜熟了（摄于进贤县前坊镇焦家村）

喜获丰收（摄于南昌县）

喜上眉梢（摄于湾里区罗亭镇）

喜悦（摄于新建区石埠镇西岗村）

夏日丰收（摄于进贤县七里乡寺背村）

乡村广场舞（摄于新建区溪霞镇万福村）

幸福的微笑（摄于进贤县赵埠村）

幸福的长寿面（摄于南昌县塔城乡）

幸福农舍（摄于湾里区岭口王家村）

后　记

　　本丛书是南昌市乡村振兴局为记录南昌市全面打赢脱贫攻坚战而编写的系列成果，是记载南昌市精准扶贫八年、脱贫攻坚五年的"信史"档案。丛书共四本，依次为《光辉历程——南昌市脱贫攻坚纪实》《举市发力——南昌市脱贫攻坚文件汇编》《使命担当——南昌市脱贫攻坚典型案例和先锋模范》《泥土真情——南昌市脱贫攻坚理论与实践探索》。

　　本丛书由南昌市乡村振兴局和江西农业大学精心统筹，由课题组负责人胡春晓教授领衔，五个子课题研究团队共同完成。五个子课题分别由翁贞林、陈美球、魏毅、朱晓东、朱述斌担任负责人。其中《光辉历程——南昌市脱贫攻坚纪实》由翁贞林团队负责，参与人员主要有胡永升、刘小春、梁志民、熊红华、谌洁、贺亚琴、汤晋、李观祥、鄢朝辉、霍达、唐文苏、吴新标、贺瑞欣、张梦玲、黄梦华、郑凯南、胡伟南等；《举市发力——南昌市脱贫攻坚文件汇编》由朱晓东团队负责，参与人员主要有高芸、赖运生、李海峰、王诗慧、周连伟、刘妍妍等；《使命担当——南昌市脱贫攻坚典型案例和先锋模范》由陈美球团队和魏毅团队联合负责，参与人员主要有廖彩荣、刘志兵、陈洋庚、潘锡杨、曹大宇、朱美英、于丽霞、洪土林、张洁、颜玉琦、肖意风、周国平、彭剑锋、朱国海、廖运生、胡永华、吴平、曹人龙、李飞、江春燕、张佳佳、盛开勇、廖超、孙尊章、王桂兰、赵玲玉、丁颖、付文、廖镇宇、雷勉芳、翁星、邓焕丹、王浩、冷竹青、李婷、魏天知、魏天言、杨帆、刘欢、宋彩虹、熊平安、余延红、许美娟、何俞玲等；《泥土真情——南昌市脱贫攻坚理论与实践探索》由朱述斌团队负责，参与人员主要有周波、刘滨、谢芳婷、康小兰、杜娟、刘小进、毛佳、宁才旺、肖慧等。

　　课题研究过程中，特别感谢江西财经大学吴志军教授、江西省社科院李志萌研究员等给予的指导和帮助！

　　本丛书在编写和出版过程中，得到了南昌市委组织部、南昌市委宣传部、南昌市委政研室、南昌市史志办、南昌市政府办公室、南昌市发展和改革委员会、南昌市教育局、南昌市科学技术局、南昌市工业和信息化局、南昌市民政局、南昌市财政局、南昌市人力资源和社会保障局、南昌市住房和城乡建设局、南昌市农业农村局、南昌市统计局、南昌市卫生健康委员会、南昌市医疗保障局、南昌市水利局以及南昌县、进贤县、安义县、新建区、湾里区乡村振兴局等部门及有关同志的大力关心支持。此外，还得到了主持单位江西农业大学副校长黄英金教授、科技处处长游金明教授及有关同志的大力支持，在此一并致谢。